剑桥家训

全集

柴一兵◎编著

图书在版编目（CIP）数据

剑桥家训全集／柴一兵编著．—北京：北京工业大学出版社，2014.4

　ISBN 978-7-5639-3819-3

　Ⅰ.①剑…　Ⅱ.①柴…　Ⅲ.①青少年教育－家庭教育　Ⅳ.①G78

中国版本图书馆CIP数据核字(2014)第039659号

剑桥家训全集

编　　著：柴一兵

责任编辑：姜　山

封面设计：尚世视觉

出版发行：北京工业大学出版社

　　　　　（北京市朝阳区平乐园100号　邮编：100124）

　　　　　010-67391722（传真）　bgdcbs@sina.com

出 版 人：郝　勇

经销单位：全国各地新华书店

承印单位：北京集惠印刷有限责任公司

开　　本：787 毫米×1092 毫米 1/16

印　　张：21.5

字　　数：297千字

版　　次：2014年5月第1版

印　　次：2014年5月第1次印刷

标准书号：ISBN 978-7-5639-3819-3

定　　价：35.00元

前　言

　　英国剑桥大学建立于1209年，与牛津大学并称为"牛剑"，被评为世界上最杰出及最顶尖的大学之一，因其科学的教学方式培养出了大批的优秀人才，被称为"科学家的摇篮"。20世纪以来，60多位诺贝尔奖的获得者出自剑桥，不仅如此，剑桥大学还培育出了三位英国首相和大批的著名学者，如分析哲学的创始人罗素，著名小说家和批评家福斯特等。剑桥大学对我国的学者也有着巨大的吸引力，著名诗人徐志摩曾以这句话来表达剑桥（当时译为康桥）对其影响之深：我的眼是康桥教我睁的，我的求知欲是康桥给我拨动的，我的自我意识是康桥给我胚胎的！剑桥的魅力之大可见一斑。

　　剑桥大学以"造就绅士"为理念，注重对学生人格的塑造，认为教育的最高目的是获得知识和发展自身的智慧。剑桥反对急功近利的教育方式，鼓励原创性的研究。剑桥大学首位全职女校长艾莉森·理查德教授认为，大学是为培养学生而存在的，剑桥要培养的是顶尖人才，是各个领域的佼佼者，他们是改变未来世界的人。而剑桥一直本着一切工作都要着眼于学生的需要和提高教学质量的原则，吸引优秀学生，留住最优秀的教学人员，实现培养社会精英的目标。

　　剑桥不仅注重对学生知识的传授，更注重训练学生的思维方式，开发和挖掘学生的潜力，培养学生的创新能力。此外，剑桥大学充分尊重学生的自主性，鼓励学生独立思考，敢于批判，勇于探索未知，故而剑桥有这样的一句名言：敢于尝试新事物，敢于丢脸，热爱丢脸，勇于挑战。剑桥的教授们认为，学生年轻时多犯几次错误，有好处。最重要的是，剑桥在继承传统的基础上，不断革新，发展成为一所古典与现代完美结合的经典学校，故而剑桥学子多是人中翘楚。

　　因此，很多西方家庭教育孩子时都会借鉴剑桥的教育方式，让孩子从小就接受剑桥式教育，希望孩子将来可以进入像剑桥那样的高等学府去学习。

　　本书不仅收录了这些体现西方教育理念的小故事，也颇具匠心地选取了部分符合剑桥精神的中国故事。结合这些故事，本书为读者详细介绍了培养剑桥才子的方法：学习方面包括培养孩子的自信心、要有坚持不懈的精神、让孩子树立远大的目标，等等；在为人处事方面，本书也有详细的介绍，比如如何让孩子心怀善念、怎样注意生活中的细节、如何与人和睦相处，等等。在本书的助力下，培养品学兼优的好孩子将不再是一个遥不可及的梦想。

　　孩子是一个家的希望，谨盼本书能帮助家长伴随孩子逐步向剑桥迈进，在不远的将来，您的孩子能踏上剑桥的沃土，成为令人钦佩的人才。

目 录

第一章　好性格、好心态带来好命运

第二章　成功的人生离不开崇高的目标

第三章　学会做人，让人生的道路越走越宽广

第四章　世上无难事，只怕有心人

第五章　亲情爱意，用心体会身边的天使

第六章 聪明在于勤奋，天才在于积累

第七章　修炼财商，让财富来敲门

第一章
好性格、好心态
带来好命运

性格也会决定成败

一直以来，有很多教育学家和心理学家对如何培养优秀人才十分感兴趣，并进行了许多的研究，其中，有几位心理学家采用了一种"笨"办法进行研究，结果取得了丰硕的成果。

他们先是在全美范围内对十几万名儿童进行筛选，从中挑选出了近2000名智商很高、品学兼优的孩子，然后对他们的成绩、性格、家庭等因素都做了详细的记录，然后每隔两年就回访一次，并做些相应的总结研究工作。在经过了长达30年的回访后，心理学家们发现，这些小时候很聪明的孩子在成年后并非都取得了令人称赞的成就。其中，有大约1/5的人从小到大都表现得很出色，有的成为年轻的医学家，有的成为作家，有的成为优秀的企业家，等等。但是，还有大约1/5的孩子无论在工作上，还是在生活中，都表现得很普通，儿时高智商的影子此时一点儿都看不出来了。

最值得心理学家注意的是，这些孩子们中间还有一些走上了歧路，如问题少年，甚至成年后成为狡猾的罪犯。到底是什么因素导致这些孩子在成长的过程中出现了这么大的变化呢？

原来，根据历次的回访记录，那些走上犯罪道路的人，大多在性格上有些问题，而这在他们小的时候就有一些征兆，但一直没有得到有效的纠正，如意志力薄弱、爱慕虚荣、偏激、自负等。而一些孩子虽然智商很高，但有懒惰、得过且过、不求上进的特点，随着年龄的增加，他们在中学、大学的表现也就逐渐泯然众人矣。

一个人的一生能否持续成功，其先天的智力水平虽然有一定的作用，但更重要的是其性格因素。性格，是一个人对周围的人和事的态度和行为中比较持续的、稳定的个性心理特征。性格在我们的儿童时期逐渐表现出来，随着年龄增加和阅历的增长，会逐渐稳定下来，一旦形成就很难彻底改变，成为人的"本性"。

不一样的性格，不一样的人生

一旦谈到幼儿的教育问题，有个名词就会常常被专家们提及——"潮湿的水泥期"。它的意思是，在孩子7岁前，他们的品性有很大的可塑性，就像拌在水里的水泥一样，可以被塑成各种样子；7岁以后，孩子的性格就会逐渐定型，犹如晾干的水泥雕塑般，很难再进行改变。

在20世纪的80年代初，英国著名的心理学家凯斯教授就针对这一问题进行了调查实证研究，他的研究方法和上一节中美国心理学家的方法如出一辙：跟踪调查。这种方式看似无甚新奇之处，而且费时费力，但确实很有效果而且往往很有说服力。

凯斯教授和同事们在英国各地共选择了800多名7岁前的孩子，他们对每个孩子的性格进行了全方位的调查，并向他们的父母进行了相应的咨询，然后根据相关模型一一分类。最后，他们将所有的孩子根据性格不同分为了五类人群，分别是自信心强类、适应性强类、内向沉默类、约束性强类和心理不安类。在20年后，凯斯教授又对这些孩子及其父母们进行了回访，采集了详细的数据，然后进行对比分析。

在这几类性格中，自信心强和适应性强的人数约占总人数的3/7，这些孩子中的8成成人后在性格上和7岁前差不多，没有明显的改变，他们依然自信乐观，很受周围人的欢迎。而其余的内向沉默类、约束性强类和心理不安类的孩子，他们在成年后的性格也大多和小时候一致。

这几类孩子的性格在成年后大多变化不大，但是各种性格给他们的影响都明显地体现出来，如自信的孩子更容易获得较高的成就，适应性强的孩子无论到哪里都能工作得很顺利，而内向沉默的孩子不愿意表露自己的喜好倾向，其余两类孩子的生活态度更消极些。

剑桥智慧

我们都知道职业和性格之间是有很大联系的，一个性格较好的人在工作的时候，会比难以适应的人更顺利一些，相比之下工作更出色一些，能得到更多的赏识，在遇到困难的时候也会有较多的自信。所以要想有更好的成就，就要从点滴处改正性格中不好的地方，尽量塑造积极的性格。

不能一味争强好胜

在一个春日，美国的一个小镇的中学里正在进行一场激烈的足球比赛。有一支球队打得不错，学生啦啦队开始有韵律地喊着："我们第一名！我们第一名！"

球队的教练对这加油声似乎颇感不解，就在啦啦队还喊着"我们第一名"时，他突然站起来大吼一声："第二名又有什么不好！"

啦啦队的成员惊讶地望着他，停止了加油声。教练这才面带微笑地坐了下来，结果他们球队虽然得了第一名，但教练却认为，第二名又有什么不好？

而事实却是很多人一生努力争取的，却是第一名。有很多人在追求第一的激烈的角逐中迷失了自我，忘记了自己人生的目的，忘记了自己的成长。

教练认为,获得第一名也不过是短暂的胜利。重要的不是你得到第几名,而是你从中学到一些什么。我们要有赢的决心,但同时更要把握自己,不要因为一心参与竞争而忘记了自身的成长。

剑桥智慧

努力奋进是好事,但一味争强好胜、只求第一名却是没有意义的。虽然我们现在生活在竞争的时代,但人生并非比赛,还有很多其他的事情等着我们去做。

撒切尔夫人成功秘诀

撒切尔夫人之所以能取得成功,和她的坚忍不拔、果断刚强以及敏锐的政治洞察力有着密不可分的关系。这样一位让诸多男性政治家都深为钦佩的"奇女子",是天生就有如此优秀的性格吗?不是,她深受她的父亲罗伯茨先生的影响,他们父女俩在性格、气质等方面都很相像。不仅如此,在她小的时候,她父亲就发现了二人的相似之处,并有针对性地对她的优秀性格进行培养。

向上查几代族谱,撒切尔夫人的家族都是平民百姓,和经济豪门、政治大佬什么的都没有一点儿关系。她的祖父是一个普通的修鞋匠,靠着手艺辛苦养活着一大家子人。因为家庭条件所限,她的父亲罗伯茨先生受教育也不多,但头脑灵活、性格刚毅且吃苦耐劳,凭着自己的打拼赚了一些钱,在家乡开了一间杂货铺,经过悉心经营慢慢做大,成为当地知名的成功商人。罗伯茨先生更为人称道的是他的热心和正义感,他对政治一直颇有兴趣,经常参加当地的政治活动,在不懈的努力下,他在不惑之年终于当上当地的市长，一时传为美谈。

在撒切尔夫人小的时候，罗伯茨先生的杂货铺才开业没有几年，尚处在艰苦经营的阶段，在那时他就发现女儿和自己的性格相似之处。为了将女儿培养成优秀的人才，他有意对其进行磨炼，除了必须博览群书外，还要在严格的家规要求下做事，如六岁就开始尝试做家务劳动，十岁时放学后就帮杂货铺卖东西。当其他同龄孩子在玩耍时，她却要和父亲一起进行劳动。小时候的她语言表达能力并不出众，但在父亲的鼓励下，她大胆当众讲话，表达自己的思想，积极参与每一次的学生辩论和演讲活动，在受到同学的嘲笑和打击时，她从小养成的坚韧性格让她能不为所动，继续努力。到了大学时，她已经成为学校中活跃的政治分子了。

剑桥智慧

每个人都有自己的性格，但不是每个人的性格都是完美的，让人愿意完全接受的，也不是每个人的性格都是适合自己梦想的。我们要做的是发挥自己的性格优势，找到适合自己性格的职业，这样在成功的路上就会事半功倍。

性格是可以修正的

美国纽约大学的心理学家罗宾教授做了一项细致的研究，以探寻孩子看电视、玩电脑游戏的时间和其性格变化之间的关系。他们从纽约的多家小学里共找了300名喜欢看电视和玩电脑游戏的学生，把他们平均分为两个队：第一队是原有的娱乐时间不变，和以前一样看电视玩游戏；第二队则不同，罗宾教授将他们每天的娱乐时间减为半个小时，并每周上两次关于看电视和玩电脑游戏的课程，以帮助他们正确认识这些娱乐活动对自己的不利影响。三个月后，罗宾教授发现，第二队的学生遇事时不像以前那样暴躁冲动了，半年后，这些学生大都不再喜欢斗殴了。而第一队的学生还是和以前一样，经常惹麻烦，喜欢用暴力解决问题。

罗宾教授的研究证明，孩子的不良性格是可以"修正"的，哪怕只是减少他们接触电视、游戏的时间，坚持下去也会有不错的收效。

剑桥智慧

古人云"江山易改，本性难移"，但这不代表没有改变的办法，只要我们少接触对自己性格不好的东西，多做一些对性格有益的事情，自己来引导自己。相信在时间的见证下，我们还是会有收获的。

理性对待表扬

老威特曾告诫世人不要过多地表扬孩子，否则就失去了表扬的意义。小威特到8岁时已掌握德语、法语、拉丁语、希腊语等6种语言，还通晓动物学、植物学、物理学、化学等多种学科。

可是，在他成长的过程中，老威特从不过分表扬他。小威特取得好成绩时，老威特会说"啊，不错"，做了好事，他会说"做得好，上帝一定会很高兴的"。家里来的客人要夸小威特时，老威特总是把他支出屋子不让他听，因为别人的赞扬不一定出于真心实意，有时只是说些奉承话。慢慢地，小威特自己也能理性对待别人对他的评价，也因为这样，他一步步取得了更好的成绩。

剑桥智慧

别人表扬我们这并没有错，但是我们不应因为别人的两句赞扬就产生骄傲的情绪，这样不但不会让我们进步，反而会让我们因为自大听不进别人的意见而后退。要时刻记住自己的分量，让表扬的话随风而去吧。

选 女 婿

有个富翁想为自己的女儿挑选一位心地好的丈夫，于是就暗地里观察村子里的青年，最终，他把目标放在了两个青年身上。这两个青年都十分喜欢他的女儿，女儿也对他们很有好感，但这两个青年一个富有、一个贫穷，让人难以取舍。

"这个周末，请你们来家里做客，我会为我的女儿选择一个真正适合她的好青年。"富翁对两位青年说。

两位青年很紧张，怕表现不好错失机会。

富有的青年心想："如果我拿着父母的钱去做见面礼，那岂不说明我太没诚意？"

为了表示诚意，富家子亲自出去打了几天的工，用这几天赚来的钱，买了一篮子水果，用来作为见面礼。

穷小子心想："我家什么也没有，如果就这样两手空空地去见富翁，还不被赶出来吗？"于是他左思右想，最后出去借钱买了身像样的衣服和一份不便宜的见面礼。

两个小伙子如约来到富翁家。富有的青年一进屋就发现屋里地面擦得很干净，他急忙脱下鞋穿着袜子走了进去。

穷小子看见了，并没有和他一样去脱鞋，而是径直走了进去，因为他想这鞋可是我借了很多钱买来的，要是不展示一下太可惜了。

富翁看见了两位小伙子，他用同样的热情欢迎着他们的到来。穷小子首先把自己的礼物放在了富翁的手上，心想我送了这么贵重的礼物，你应该高看我一眼了吧。

富有的青年把自己带来的水果拿到了厨房，亲自切好了放在果盘里，然后端到了富翁的手上。

富翁微笑地点点头问："听说你家非常富有，可是我看你的礼物倒不是很值钱的。"

富家子红着脸说："我家里是很有钱，但是用父母的钱会显得很没诚意，这个果篮是我打工赚钱买的。"

富翁又问："我还发现你进屋就脱掉了鞋，为什么？"

富人家的小伙子说："我看地面很干净，不忍心踩脏了，等我们走后还要劳烦主人收拾。"

富翁听完微笑地点点头，然后招呼他们一起用餐。席间富翁一直为穷小子夹菜、问长问短，对富有的青年不但不理不睬，还支使他为他们斟酒夹菜，把穷小子乐得嘴都合不拢了。看着富翁对他的态度，他认为他做定了富翁的女婿了。

富有的青年无精打采地听任富翁的支使，他本想一走了之，可是又一想他就是不能成为富翁的女婿也不能做这种失礼的事。

终于他们酒足饭饱，富翁把富家子叫到身旁说："现在请你替我送走这位客人。"

原来，富翁决定选富有的青年做自己的女婿。

穷人家的小伙子大声地问："为什么选他不选我？"

富翁不紧不慢地说："我怎么能把女儿交给一个爱慕虚荣粗心大意的男人？"

剑桥智慧

不管是贫穷还是富贵，一个人的精神和品格才是最重要的。做人，千万不能只追求表面的荣华，这样只会让你丢失很多美好的事物。

两个朋友的故事

一对好朋友结伴去山间旅行，途中，两人因一个小问题而产生争执，其中一人在冲动之下扇了另一个朋友一记耳光。被扇耳光的朋友很伤心，但他并没有与对方决裂，而是用手指在沙土上写下"今天好朋友扇了我一个耳光"。

之后，他们继续前行，没过多久，那个被扇耳光的人一不小心踩到了山崖边松动的石块，差点摔下山崖，他的朋友连忙相救。被救起后，他用一把小刀在石头上刻下了"今天我最好的朋友救我一命"。

后来，打他耳光的朋友好奇道："为什么我打你，你把字写在沙土上，我救你，你却用刀刻在石块上？"

他回答道："关于受到伤害的事，写在沙土上，让风吹散它。而受到恩惠的事则必须刻在石头上，永远铭记它！"

剑桥智慧

法国著名作家雨果曾说，世界上最广阔的是海洋，比海洋更广阔的是天空，比天空更广阔的是人的胸怀。一个人拥有宽广的心胸，也就拥有了快乐的源泉。所以，对他人的宽容，就是对自己心灵的解放，凡事斤斤计较，不能原谅、包容他人的人，就会将烦恼和不快带到自己身上。

11

消气的方法

有个人每次生气和人起争执的时候，就以很快的速度跑回家去，绕着自己的房子和土地跑两圈，然后坐在田地边喘气。

后来，这个人因为工作非常勤劳努力，他的房子越来越大，土地也越来越广，但不管房地有多大，只要与人争论生气，他还是会绕着房子和土地跑两圈。

这让很多认识他的人都感到好奇，但是不管别人怎么问他，他都不愿意说明。

直到有一天，这个人已经很老了，他的房地又已经太广大，他生气时拄着拐杖艰难地绕着土地跟房子，等他好不容易走完两圈时，太阳都下山了。

他坐在田边喘气，他的孙子在身边恳求他："爷爷，你已经年纪大了，这附近地区的人也没有谁的土地比你的更大，您不能再像从前，一生气就绕着土地跑啊！您可不可以告诉我这个秘密，为什么您一生气就要绕着土地跑两圈？"

他禁不住孙子的恳求，终于说出隐藏在心中多年的秘密。

他说："年轻时，我一和人吵架、争论、生气，就绕着房地跑两圈，边跑边想，我的房子这么小，土地这么小，我哪有时间、哪有资格去跟人家生气？一想到这里，气就消了，于是就把所有时间用来努力工作。"

孙子又问："爷爷，你年纪大了，又变成最富有的人，为什么还要绕着房地跑？"

他笑着说："我现在还是会生气，生气时绕着房地走两圈，边走边想，我的房子这么大，土地这么多，我又何必跟人计较？一想到这儿，气就消了。"

剑桥智慧

当人们在生气的时候，可以不用忍耐，适当的宣泄能帮助你冷静下来。当然，宣泄时的心态也很重要，是积极向上，还是消极倦怠，对你的影响很大。

做个勇敢的孩子

游乐场中，一个男孩想玩过山车这项刺激的游戏，但却不敢一个人去玩，他想让爸爸陪他一起去。结果，爸爸一口回绝，还告诉他："你既然想玩这个游戏，就要独自面对惊险和自己的恐惧，否则你永远都无法体会到这项游戏的乐趣了。你真的愿意一直遗憾下去吗？"

男孩听后，站在原地仔细想了一会儿，然后从爸爸手中接过玩过山车的票说："爸爸，我自己去，我想做个勇敢的人！"

爸爸看着孩子奔跑的背影，满意地笑了。

剑桥智慧

我们不可能一生都处在家长的羽翼之下，终有一日，我们要独自走向社会，自己面对所有的竞争与挑战。因此，我们要从小学会去面对，在逆境与挫折中不断历练，勇敢接受挑战。

令人佩服的小女孩

一群孩子去郊区山里游玩，不料想迷了路，他们害怕极了。那一夜，他们没有找到出路，在饥饿与惊恐中无助地痛哭。孩子们都哭泣着说："没有人能找到我们了，我们会死在这里的……"这时，一个11岁的女孩站起身，坚定不移地说："我不想死，我爸爸说过，沿着小溪走，小溪就能把我们带到稍大点的小河，沿着小河的地方肯定有村庄。现在我就沿着小溪走，你们如果愿意，就跟我一起走。"结果，在这个小女孩的带领下，这群孩子顺利走出了森林，来到了一个有人居住的村庄，并在村民的帮助下各自回到了家人的怀抱。

剑桥智慧

人们可能都认为那个带领孩子们走出森林的女孩，生来就是当领袖的材料。但实际上，孩子的领导能力并不是天生的，而是后天造就的。

正如美国体育运动心理中心主席安德逊所言，领导人不是天生的，各个管理机构、领导社团和带领体育运动队的领袖，都是经过长时间的后天的锻炼，让自己具备了坚强的毅力、独立思维等领导者所不可缺少的品质。成功的决定因素不是先天的优良基因，而是后天的努力。

富翁和乞丐

有位富翁十分有钱，但却得不到旁人的尊重，他为此苦恼不已，每日寻思如何才能得到众人的敬仰。

某天在街上散步时，他看到街边一个衣衫褴褛的乞丐，心想机会来了，便在乞丐的破碗中丢下一枚亮晶晶的金币。

谁知乞丐头也不抬地仍是忙着捉虱子，富翁不由生气地问："你眼睛瞎了？没看到我给你的是金币吗？"

乞丐仍是不看他一眼，答道："给不给是你的事，不高兴可以要回去。"

富翁大怒，意气用事起来，又丢了十个金币在乞丐的碗中，心想他这次一定会趴着向自己道谢。却不料乞丐仍是不理不睬。

富翁几乎要跳了起来："我给你十个金币，你看清楚，我是有钱人，好歹你也尊重我一下，道个谢你都不会吗？"

乞丐懒洋洋地回答："有钱是你的事，尊不尊重你则是我的事，这是强求不来的。"

富翁急了："那么，我将我的财产的一半送给你，能不能请你尊重我呢？"

乞丐翻着白眼看他："给我一半财产，那我不是和你一样有钱了吗？为什么要我尊重你。"

富翁更急起来道："好，我将所有的财产都给你，这下你可愿意尊重我了？"

乞丐大笑："你将财产都给我，那你就成了乞丐，而我成了富翁，我凭什么来尊重你？"

剑桥智慧

尊重是用钱买不到的，我们不能把金钱和尊重画上等号，也不能利用金钱，来"买"他人的尊重。

站在队伍的什么地方才好

古时候，有一个非常勇敢的士兵，每次打仗都表现得很出色，经常立大功，于是将军提拔他做了副将。刚当上副将的时候他很兴奋，每次行军都要走在队伍的后面，高兴地看着这支浩浩荡荡的大军，体验做将军的威风。

有一次出征，他们将敌人打得落花流水，还带回来一支被俘虏的军队。敌人看到他走在队伍的后面就笑话说："看啊，他哪里是一个将军，分明就像一个放牛的老汉。"

副将听了以后，觉得他们的话有几分道理，一个副将怎么能像放牛的人一样跟在后面呢，于是就骑马走到了队伍的中间，以为这样就比较得体了。可是，敌人又嘲笑道："还是个将军呢，躲到队伍里做什么，是害羞呢，还是害怕呢？"

士兵们听了都忍不住笑起来，他觉得很没有面子，心想，副将的确不应该躲在士兵的队伍里，便快速跑到队伍的前面，走在将军的身后，心想："看你还有什么可说的。"敌人看见后骂道："不过就是个副将，还跑到队伍前面要威风，真是不知羞耻！"

副将一听，马上红了脸，他勒住缰绳，骑在马背上原地不动，不知道该往哪里走。走在前面的将军回过头说："你想怎么走就怎么走，何必那么在意别人的看法呢？"副将仔细琢磨了一下将军的话，忽然觉得自己还是比较喜欢走在后面，因为他可以看到整个军队的气势，然后飞马向军队的后面跑去，任敌人怎么说也不再理睬，高兴地跟着自己的队伍前行。

剑桥智慧

　　这个副将就是因为没有坚持自我，太在意别人的看法才会让自己陷入尴尬的局面。其实，每个人的生命都是有限的，不要总是活在别人的看法里，一定要知道自己到底想要什么、想做什么，坚持本心才不会被世俗左右。而且，做自己想做的才能够真正实现自己的价值，让自己体会到成功的喜悦。

列宁理发

　　一天，列宁去理发室理发。因为理发的人很多，尽管两位理发师忙得团团转，可还是有多人在排队等着理发。大家看到列宁来了，都给他让座，并且请列宁先理发。可是列宁却遵守着理发师的规定，坚持按顺序理发。他微笑着说："谢谢你们，不过这样可不好，我后来的反而先理发了，这不符合规矩。我们每个人都应该遵守秩序，排队理发。"说完，他拿过一把椅子，走到最后的位置坐了下来。

剑桥智慧

　　苏联的苏沃洛夫有句名言："纪律是胜利之母。"在战争中要获得胜利就要依靠铁一般的纪律。正是有了纪律，我们的生活才显得有条不紊，也显得更加文明。而且遵守纪律并不是限制自由，有纪律，才有相对意义上的自由，反过来也一样，没有纪律就无所谓自由。

为自己做的陷阱

一只狼躲在一个山洞里，等待着猎物的到来，但是，好长时间过去了，也未见猎物的踪影。狼想，这一定是陷阱布置得缺少诱惑力，于是，狼采集了一些鲜嫩的青草，沿路撒着，一直延伸到洞里。

狼继续隐藏在洞口等待着猎物，果然一只山羊吃着草，钻进了洞里。狼高兴地扑上前去，将洞封住。山羊情急下向洞的深处跑去，最后竟然从后面的一个小洞逃走了。

狼十分懊丧，它将洞内所有的出口巡视一番后又全部堵住，然后又躲在洞口等待猎物。一会儿，传来了一阵脚步声，一群持枪的猎人蜂拥而入，因洞内所有的出口全被堵住，狼只能束手就擒。

剑桥智慧

很多时候，我们为别人所设的陷阱，最后困住的却是自己。

鲁滨孙漂流记

《鲁滨孙漂流记》是丹尼尔·笛福的第一部小说，讲述了鲁滨孙通过努力，靠着智慧和勇敢在一个孤岛上生存的故事。

鲁滨孙生于英国，从小过着体面的日子。1561年，他离开家，坐船来到伦敦，从当地购买了一些玩具、手工艺品和玻璃器皿等运到非洲贩卖，赚取高额的利润。

不太幸运的他第二次前往非洲时，被海盗劫持，成了俘虏。接着他又被带到了摩洛哥，成了一名海盗的奴隶。在一次出海捕鱼时，他带着海盗的另一个奴隶逃跑了。

鲁滨孙在海上漂流了10天，在南美洲海洋遇到了风暴，只身一人流落到一个荒凉的海岛上。上岸后，他身上仅有一把小刀、一支烟斗和一小盒烟叶。在一棵大树上度过艰难的一夜后，他找到了那艘破船，并且把船上的粮食和其他物品搬到了岛上。

接着，他在这个荒凉的岛上，用有限的物资给自己搭了"窝"，在岛上安家落户了。在岛上，鲁滨孙自己动手做了桌子、椅子，捕食野山羊，还种植了一些农作物。漫长的岁月里他走遍了岛上的每一处地方，发现了岛上的果树，在海滩上抓鱼和海鸟充饥，他还捕获了一只鹦鹉，给它命名为"波尔"。

15年后，某一天他营救了一个"野人"，并给他取名为"星期五"。两人在岛上又度过了好几年。直到1686年12月19日，鲁滨孙离开了这个荒岛，回到了他亲爱的祖国——英国。算下来，他总共在岛上生活了28年2个月零19天。

剑桥智慧

要想适应社会，学会自理是最基本的要求。不能在社会上独立生活，总有一天会遭到淘汰。所以我们要立刻行动起来，找机会让自己进行一次短途旅行，试试自己的勇气和能力。

人在旅途，要顺其自然，并且随时准备改变路线做出新的选择。如果遇到问题懂得停下来思考而不是为即将面对的事情发愁，则会体验到另一种成长的滋味。

平等的人

有一位知名的画家深受大家喜爱，每天都有青年画家登门向他求教，他总是很耐心地指导每一个人，经常因此而浪费很多时间。

画家的朋友有些看不下去了，就问他："你为什么不拒绝这些人而把宝贵的时间浪费在他们身上呢？要知道，如果你能把这些时间用来创作，将会获得多么巨大的财富。"

画家笑着摇了摇头，给朋友讲了一个故事：

30前，有一位青年拿着自己的作品去请教一位名师，想得到这位名师的指点。但名师见青年是个无名小卒，连画都没看，就将青年赶出了家门。

青年心有不甘，在离去前对名师说："老师，您现在站在山顶，往下看我这个无名小卒，把我看得很渺小；但您知不知道，我站在山下，仰视山顶的您，同样也是那么的渺小。"

青年不知道名师听完这句话是什么表情，但他却从那以后发愤图强，终于成为一代大师。

他一直记着自己当年遭遇的那次冷遇，虽然对那位名师已经不再怨恨，但也时刻提醒自己，不要骄傲自满，一个人的形象是否高大，并不在于他所处的位置，而在于他的人格、胸襟和修养。

"我，就是当年的那位青年。"画家微微笑道。

后来，画家送了朋友一幅画，画中是一座高山，山脚下有个人在仰望着山上的人，山上的人同样也在望着山下的人，两个人同样都只是画中的一点墨水。

剑桥智慧

不要因为你的地位高就忽视别人，看不起别人，也不要因为你的地位低而看轻自己。高处的人和低处的人其实都是平等的，大小一样，同样都是沧海一粟。如果你只看到他人，而看不到自己，就会因为先高看了他人，而轻视自己，当你仰视他人的时候，就会习惯性地去俯视自己，从而让自己失去信心，小看自己。

开设烹饪课

2011年，英国政府公布了一项别开生面的规定：目前为止，还没有开设烹饪课的学校，要立即开设烹饪选修课，而已经开设烹饪选修课的则改为必修课，目的是向11至14岁的学生传授烹饪技巧。英国政府希望通过这个举动对青少年起到鼓励作用，提倡自己动手做一些既新鲜又健康的食物，而不仅仅是将自己的饮食交给快餐店打理。

为什么下这道规定？原来，英国国家健康论坛曾指出，过去的15年，从学校毕业的学生大部分都没有掌握烹饪技巧。"这简直是全国的丑闻。"他们说，而这些已经毕业的学生现在都成了父母，除非他们在专门的烹饪学校培训过，否则将不能很好地照顾自己和子女。

英国的专家认为，不会做饭的人会因为食用太多垃圾食品和高油、高糖食物而减少寿命，而且还会让他们的子女养成不健康的饮食习惯。

"部分原因是，我们没有教给他们基本的生活技能，他们才养成这种不良饮食习惯。"英国教育监管机构如此说道。现在，并不是学校里的每一个学生都能学习烹饪，因为是选修课，而且能真正学到的对健康有利的烹饪方法也很少，很多孩子在烹饪课里学到的只是如何在比萨饼上撒配料，或者是如何用电脑设计漂亮蛋糕模型。

因此，英国政府规定，学生们每周必须有一节烹饪课，用于学习处理水果和蔬菜，利用简单的原料做出健康的饭菜。

剑桥智慧

没有烹饪能力就不能照顾好自己的身体，并且长期在路边餐馆用餐会对健康造成威胁，增加肥胖和患病概率。而身体是一切的根本，想做出一番成就、达到自己的目标，没有健康的身体一切也就无从说起。所以，我们想要在人生道路上走得更远，想要实现自己的梦想，首先要做的就是保证身体健康。

愚蠢的自负者

在美国求学的学子总会受到教授的善意提醒，千万不要做早年的富兰克林。这是怎么一回事呢？

原来，富兰克林年轻时很自负，直到有一天，一个朋友看不下去，才真诚地劝告他说："富兰克林，像你这样是不行的，当别人与你的意见不同时，你总是表现出一副强硬而自以为是的样子。你这种态度令人觉得很难堪，以致别人懒得再听你的意见了。你的朋友们不同你在一处时，还觉得自在些。你好像无所不知、无所不晓，别人对你无话可讲了。的确，人人都懒得和你谈话，因为他们费了许多气力，反而觉得不愉快。你以这种态度来和别人交往，不虚心听取别人的见解，这样对你自己根本没有任何好处。你从别人那儿根本学不到一点东西，但是实际上你现在所知道的却很有限。"

富兰克林听了之后讪讪地站起来，一边拍着身上的灰尘，一边说："我很惭愧。不过，我实在也是很想进步的。"

"那么，你现在要明白的第一件事就是，你已经太蠢了，而且是愚蠢得没有自尊了。"

他又受到了打击，不过他站起来的时候，已经下决心把一切骄傲都踩在地下……他所需要的第二步，便是与自己私自做一次谈话。这一点他马上实行起来了。他现在要研究一个新的题目，那便是他自己。他曾经在印刷工厂学过制版，现在他要从一些似乎毫无希望的材料中，制造出一个新的自己。

剑桥智慧

一个人如果过于骄傲，就会变得自负，从而无法正确地认识自己，慢慢地就会毁灭自己。不要因为自己的小聪明而沾沾自喜，这样并不会让你变成一个了不起的人，只会让你成为一个愚蠢的自负者。

公主们的发卡

靠近海边的地方有一个富饶的国家，这里的国王有七个漂亮的女儿。国王这七个女儿每个人都有一头乌黑亮丽的长发，这里的臣民都知道这七个可爱的公主是国王的骄傲。

国王下令让全国最好的手工匠人为他的宝贝公主们每人打造了100个镶满钻石和各种珍珠的发卡。七个漂亮的公主每天都用这些发卡整理头发。

这天早上，大公主醒来，像平常一样用100个精致的发卡整理长发，可不知怎么回事却少了一个发卡。大公主想了一会儿，便偷偷地跑到二公主房里拿走了一个发卡。

二公主醒来之后也发现少了一个发卡，她思考一番便来到三公主的房里，偷偷拿走了一个发卡。

三公主醒来后发现少了发卡，就到四公主房里去拿了一个。接下来的四公主和其他公主都重复着姐姐们的做法。

这么一来，最后只有七公主少了发卡，她无法像姐姐们一样去拿妹妹的，于是她只能用99个发卡夹好头发。

过了一个月，邻国一位英俊的王子造访。他告诉国王："前些天我的画眉鸟叼给我一个发卡，我见这发夹精巧珍贵便想找到她的主人当面还给她。经过打听我得知贵国的公主每个人都拥有一头长发，我想知道我手里的发卡是哪位公主的？"

前六位公主见王子风度翩翩，长相又英俊，都想告诉王子"是我掉的"，可头上却有整整100个发卡，只好把话憋在心里。

这时候七公主站出来说："我有一个发卡不见了。"说完，因为少了一个发卡，一头漂亮的秀发像柔软的丝绸一样倾泻下来，王子被七公主的美惊呆了。最后，王子娶走了七公主，和她过上了幸福的生活。

剑桥智慧

这个故事的道理很简单，国王送给她们的100个发卡其实代表着一种完美，丢失了一个发卡就好比有了缺陷，公主们自然不愿意自己的人生有缺陷，于是想办法补救。其实正因为有了缺陷，人生才有无限可能，就像故事中的七公主，因为丢失的发卡而收获了幸福。

生活中，我们也在为自己不完美的人生而懊恼。家庭条件太普通了点、个子太矮了点、眼睛有点小……因为这些小缺点而闷闷不乐，老拿自己的缺点跟别人的优点比，却不知道这个世界上根本就不存在完美，或者说缺陷本身也是一种美。

鹦鹉的悲剧

有这样一个故事：一只鹦鹉整日被主人喂得饱饱的，过着衣食无忧的日子，唯一让鹦鹉不开心的一点是，自己总是被关在笼子里。后来，鹦鹉的主人大发善心，看到在天空自由自在生活的其他鸟儿，替鹦鹉感到伤心，想让它也能够在天空中自由飞翔。于是，主人打开鸟笼将鹦鹉放回大自然。本以为鹦鹉从此会变得幸福，却没料到鹦鹉在几天之后就饿死了，因为它不会寻找食物。

剑桥智慧

生活中有很多像鹦鹉一样的人，整天在衣食无忧的牢笼里，丧失了生存的本能。虽渴望天空，却没有在天空中生存的本领，最后只有被饿死。如果我们不想和鹦鹉一样，走出家庭后仍可以好好地活着，就要从现在开始放弃安逸的日子，掌握"觅食"的本领。

愉快接纳自己的缺点

女歌星琳达原来只是一个电车车长的女儿，她自幼酷爱唱歌和表演，想让自己成为一名当红的好莱坞明星。但是她的脸长得并不好看，她的嘴很大，还有龅牙，每一次在夜总会公开演唱的时候，她一直想把上嘴唇拉下来盖住她的牙齿。她想要表演得"很美"，却让自己大出洋相，注定了失败的命运。

但是，在那家夜总会里听琳达唱歌的一个人，却认为她很有天分。

"我跟你说，"他很直率地说，"我一直在看你的演唱，我知道你想掩藏的是什么，你觉得你的牙齿长得很难看。"

琳达当时一下子觉得无地自容，可是那个人继续说道："难道说长了龅牙就罪大恶极吗？不要总想去遮掩，张开你的嘴，观众看到你不在乎，他们就会喜欢你的。"

他很犀利地说："那些你想遮起来的牙齿，说不定还会带给你好运呢。"

琳达接受了这位男士的忠告，不再去在意牙齿。从那时候起，她只想着她的观众，她张大了嘴巴，热情而高兴地唱着，使她成为电影界和广播界的一流红歌星。其他的喜剧演员如今都还希望能学她的样子呢。

剑桥智慧

一个人，要创造出自己的价值，就应愉快地接纳自己的缺点，要对自己有信心，全面地接受自己，走出自卑，这样才能发现美，活出精彩的人生。

杰克家族

曼哈顿是美国纽约的商业和金融中心，同时它也是位于纽约市中心的一个小岛。在曼哈顿码头上，一位年轻人正在努力地工作，操纵着吊车把货物从集装箱上卸下来，时不时地用一块毛巾擦去脸上的汗水。他是码头工人们公认的好小伙，他叫杰克。这位工作勤奋的码头搬运工其实大有来头。

他是哈佛大学经济管理系毕业的才子，同时也是洛克菲勒家族的一员。他的祖父是洛克菲勒财团的董事，他父亲是曼哈顿集团的经理。洛克菲勒财团在美国十大财团中名列前茅，是家喻户晓的富翁家族。

可富翁家的孩子并不比穷人的孩子生活得轻松。洛克菲勒家族有个规定，一旦过了18岁，就要学会自己打理经济问题，靠自己的能力赚取学费和生活费。杰克说，他父亲也是这样过来的，当年父亲考取的是普林斯顿大学，高昂的学费使他必须更努力地挣钱。为此，他每年的假期都是在密西西比河的货轮上度过的。

剑桥智慧

无数人羡慕洛克菲勒家族的财富和成功，却不知道他们在成功之前付出了多少汗水和努力。简单的吃苦受累，但却是极好的人生训练，成功要有强大的生存能力，只有独立面对生活中的任何困难，才能扎实地走向成功。

詹妮弗的妈妈

詹妮弗的家庭条件并不好，但是她并不看重金钱，而她的母亲却相反，只要是能够赚钱的方法，无论是否合理，她总要试一试，还为此吃过不少苦头。

"詹妮弗，你这个月做兼职挣了多少钱？"詹妮弗刚进家门母亲就问。"有300美元。""哦，那赶紧给我吧，省得你乱花掉。"母亲说着就向她伸出了手。詹妮弗虽然有点委屈，不过还是乖乖地把钱交给了母亲，因为她知道，自从给姐姐交了学费后，家里这个月的伙食费还没有着落呢。

一个周末，詹妮弗刚要出去做兼职，母亲就叫住她说："詹妮弗，今天陪妈妈出去买菜，我一个人拿不了太多东西，你不知道，咱们要准备的东西实在是太多了。"詹妮弗听了只好答应她。

在去超市的路上，她们碰到一伙做宣传的人，其中一个大声说："只要拿出300美元，你就能得到3000美元的回报。"然后又天花乱坠地讲述如何赚大钱，母亲很快就被吸引了，赶紧问："你说的是真的吗？"那人答道："当然，我从来不会骗人。"

母亲从口袋里摸出了300美元，悄悄地递给那个人说："这可是我们家这个月的生活费，你千万不能骗我。请问我什么时候能拿到3000美元？""别着急，很快的，下个星期您就能够得到3000美元了。"

詹妮弗觉得事情很奇怪，阻止母亲说："这种方法可靠吗？我们还是不要这么做吧。"不过母亲一心只想着那3000美元，并没有听詹妮弗的劝。

回家后，母亲苦苦地等了一个星期，可是她并没有得到3000美元。由于没有足够的生活费，这一个月，他们全家只能吃廉价的面包和青菜。

剑桥智慧

无论生活是否富裕，我们都应该记住，金钱并不能代表一切，虽然金钱可以买到很多我们想要的东西，却买不到精神上的享受，比如快乐和发自内心的幸福感。想要不劳而获，会让人从心理上备受煎熬，有人则"体会"到了好处，变本加厉地挥霍着自己的贪婪。

愚蠢的野兔

一只野兔在猎人遗弃的木屋里发现了一支老旧破烂的猎枪。

野兔知道这种能够喷火的玩意儿很厉害，凶猛的老虎、残忍的狼和力大无穷的熊都怕它。于是，野兔欣喜若狂地把枪扛在了肩上。

野兔觉得自己瞬间威武了许多，趾高气扬地在山林中绕了一圈，动物见了它无不俯首称臣，这使它胆子更壮了，扛着枪闯进了一座城市。

人们在喧闹的大街上发现了这只不可一世的野兔。

由于它扛枪的样子十分滑稽，逗得围观的人哈哈大笑。野兔见人非但不怕它，而且还拿自己开心，特别恼火，便把枪口对准了人群。

但是野兔忘记了自己不会开枪，当看到人们朝它追来时，它吓得把枪扔在地上，仓皇逃回了森林。

剑桥智慧

扛着枪并不代表你就是猎人了，我们在任何情况下都不能忘记自己是谁，不能认为自己有点本事，就妄自尊大，看不起他人。

爸爸教育艾玛的故事

艾玛是个调皮的小姑娘，整天混在男孩堆里"摸爬滚打"，一点也没有小女孩的样子，妈妈常说她是"假小子"。因为贪玩，艾玛的功课总是不能及时完成，每次开家长会的时候老师都会提到"艾玛的功课总是拖延"，这让妈妈忧心忡忡。

尽管妈妈循循善诱地跟艾玛讲道理，可艾玛对妈妈的建议总是置之不理，觉得只要自己开心就可以了。至于学习，艾玛说其他小伙伴都不把成绩放在眼里，所以她也觉得成绩好坏都无所谓。

一天早上，艾玛跟几个小伙伴约好一起去滑雪。正要出门的时候爸爸走过来拦住她，给她讲了一个故事。

"前些日子，我跟你安迪叔叔一起去打扫了农场的大烟囱。"爸爸说，"烟囱很大，又没有别的工具能用，我们只能踩着里面的水泥踏梯慢慢地移动。你安迪叔叔走在前面，我跟在他身后。等我们打扫完烟囱，顺着踏梯一步一步爬出烟囱时，我觉得有点不对劲：你安迪叔叔的身上沾满了漆黑的烟灰，连脸上都是黑乎乎的；我低头看看自己，身上一点烟灰也没有。"爸爸看了看艾玛继续说，"看着你安迪叔叔滑稽的模样，我想我脸上可能有烟灰，虽然没有镜子我不知道脸上到底有没有烟灰，但我还是找了个水管洗了把脸。可是你安迪叔叔只洗了洗手，他看我的脸上是干净的，还以为他脸上也是干净的。结果走到大街上，人们还以为他是小丑，在表演喜剧呢！"

艾玛听到这里，忍不住哈哈大笑起来。父亲在一旁微笑地看着她，郑重地说："其实，人不能跟别人比，拿别人当镜子看不到自己的情况，只有自己跟自己比才能成长。"

艾玛听完爸爸的话满脸愧色，她决定改正以前贪玩的坏习惯，用实际行动弥补自己的过失。于是，艾玛远离了那些顽皮的男孩子们。她学会了用自己做镜子，把现在的自己跟昨天的自己比较。终于，开家长会的时候妈妈再也不用听老师念叨"艾玛的功课又没完成"之类的了。

剑桥智慧

每个人都有逃避责任的心理。作为一名普通的人，其实不必为自己"想要逃避责任"的心理而感到羞愧，因为我们并没有想象中那么勇敢。但是人应该懂得只有勇敢地面对错误，承认错误，并且想办法弥补因为错误带来的负面影响，这才是正确的做法。

牧民丢羊

从前有一个牧民，养了几十只羊。他白天放羊，晚上就把羊赶进木桩做的羊圈。

一天早晨，这个牧民去放羊，发现羊少了一只。原来羊圈破了个窟窿，夜间有狼钻进来把羊叼走了。

邻居劝告他说："赶快把羊圈修一修，堵上那个窟窿吧。" 他说："羊已经丢了，还去修羊圈干什么呢?"结果第二天早上，他去放羊，发现又少了一只羊。原来狼又从窟窿里钻进羊圈，叼走了一只羊。

这位牧民很后悔，马上听从邻居的劝告堵上了窟窿。

剑桥智慧

犯错并不可怕，可怕的是知道自己错了却不知改正，最终跌个更大的跟头。我国有句古话叫"知错能改，善莫大焉"，说的就是这个道理。谁能不犯错呢?犯错并不可耻，能从中吸取教训，让自己有成长的人，往往有优异于常人的成就。

农夫的欲望

从前有一个农夫，家境贫寒，他每天早出晚归地耕种一小片贫瘠的土地，累死累活，收效甚微。一位天使可怜农夫的境遇，就对农夫说，只要他能不停地跑一圈，他跑过的地方就全部归其所有。

于是，农夫兴奋地朝前跑去。跑累了，想停下来休息一会儿，然而一想到家里的妻子儿女们都需要更多的土地来生活，又拼命地再往前跑……有人告诉他，你到了该往回跑的时候了，不然，你就完了。农夫根本听不进去，他只想得到更多的土地、更多的金钱、更多的享受。最终，他因心衰力竭，倒地而亡。生命没有了，土地没有了，一切都没有了，欲望使他失去了一切。

　　每个人的生活中都有着形形色色的欲望，但是欲望从来不能帮助人们实现目标，只能破坏我们的心理环境。因此我们应放下欲望，摒弃贪婪，实事求是地去追求，才能得到想要的。

可怕的"杀人蝠"

　　非洲有一种黑驴，它们体格健壮，尤其喜欢在夏天的夜晚出来觅食。晴朗的夜空，星星在不停地闪烁，周围一片安静，在草原上吃草的黑驴感到特别安逸，鲜嫩的青草吃起来也特别的爽口。

　　在黑驴享受这美妙又惬意的夜晚的时刻，有一种身形小巧的蝙蝠会悄悄地落在黑驴旁边，起初它们只是用细小的舌头轻轻地磨蹭黑驴的踝部。温柔的动作看起来就像爱护自己的宝宝。

　　刚开始的时候，黑驴一点也不习惯因为磨蹭而产生的酥痒，它不断地驱赶着那些讨厌的蝙蝠，长长的尾巴来回抽打。可蝙蝠却没那么好打发，它们顽固地围绕着黑驴。这样过一段时间，黑驴慢慢地习惯了蝙蝠的骚扰，它不再驱赶了，而是任由蝙蝠在身边打转，似乎蝙蝠一点也不影响它，一如既往地品尝可口的青草。

　　其实，这是因为蝙蝠悄悄地向驴体内注入了麻醉液，驴已经感觉不到疼痛了。

　　不一会儿，黑驴的腿被蝙蝠咬开了一个小口，它开始享受黑驴新鲜的血液了。又过了一会儿，吸饱了新鲜驴血的蝙蝠悄悄飞走，接着，又飞来另一只饥饿的蝙蝠。

　　一只又一只，蝙蝠排着队轮流吸黑驴的血，可是被麻醉了的黑驴却毫无知觉地在吃草。终于，健硕的黑驴被蝙蝠们吸走了很多的血液，它体力不支，倒下了。

这种吸血蝙蝠不仅能杀死黑驴，对人类也存在威胁，人们将其称为"杀人蝠"。

剑桥智慧

体格健壮的黑驴在不知不觉中，被小小的蝙蝠吸走了大量的鲜血，的确让人吃惊。可是，仔细想想，有时候人也会犯黑驴的错误。温柔的假象通常会使人迷失方向，失去理智，殊不知自己正走在通向毁灭的道路上。因此，我们应时刻擦亮自己的双眼，不要被表象所迷惑，让自己陷入困境，难以自拔。

电子产品带来的后遗症

英国一份调查报告显示，越来越多的成年人热衷于参加户外露营活动时，年轻的孩子对这项具有挑战性的活动却逐渐失去兴趣。一些青少年在被问及对露营活动的态度时，他们更多的是抱怨野外生活的不方便，不能为手机充电让他们很难接受。超过一半的孩子认为如果能在野外为自己的电子产品充电，他们会更喜欢野外露营活动。而25%的青少年表示露营时不能看到自己喜欢的电视节目，还有22%的受访者表示野外手机信号不好也会减少他们对野营的兴趣。五花八门的原因只有一个结果，过分依赖电子产品让越来越多的英国青少年对亲近大自然的活动失去了兴趣。

剑桥智慧

越来越多的电子产品虽然丰富了孩子们的生活，但也让孩子不愿出门接触大自然，从而失去了很多开阔视野和锻炼身体的机会，让我们感到心痛。所以，为了孩子的健康成长，还是少玩一会儿手机、电脑，多去户外走走吧！

死里逃生的乔伊

2001年9月11日，美国纽约。从早晨的阳光来看，这天跟以往没有任何区别，上班的人像往常一样忙碌，上学的人也照常上学。可这种平静和谐很快就被破坏，随之而来的是一起恐怖事件——9·11事件。

灾难发生的时候，纽约世贸大楼里一片混乱，大家都想逃命，都想逃离这个恐怖的地方。一名叫乔伊的男子跟另外3名同事当时在世贸大厦89层的办公室里商量工作。他看到大楼出现摇晃，接着像地震似的开始摇摆，他立刻意识到发生了紧急情况。乔伊迅速关上办公室门，并带领同事向窗户的方向移动。

大楼开始着火，烟雾顺着门缝侵入办公室，收音机里传来"世贸大楼遭到袭击"的实况转播。此时大厦的物业管理人员在广播里喊"大家尽快找安全的地方避难"。

乔伊和他的同事听到广播后从办公室向避难楼梯移动。楼梯很窄，只能容一个人行走，但大家没有拥挤也没有争抢，而是有秩序地通过，同时尽量留出一些空间让消防队员们通过。当他们走到第16层，烟雾开始变浓，并且还停电了。很多人慌张地往上爬，这样一来狭窄的楼梯就变得拥堵。

这时，传来消防队员的指挥"请不要拥挤，尽量走别的避难楼梯"。于是，乔伊和他的同事穿过因为停电而漆黑一片的楼道来到另一边的避难楼梯。终于他们安全到达了一楼。这时，摇摇欲坠的世贸大楼落下了大片的玻璃和水泥。乔伊赶紧跑向安全的地方，成功地保住了自己的生命。

乔伊能成为幸运的人并不是因为受到命运之神的青睐，主要是因为他所在的公司曾经组织员工进行过逃生训练，所以他才能在这次灾难中安全逃生。

剑桥智慧

灾难总是在预料之外发生，往往在平静的时候突然驾到。由于这种不确定性，我们有必要学习一些逃生技巧，因为生命只有一次，当灾难来临时一些简单的逃生知识能让我们幸免于难。在危急时理智显得尤为重要，因为只有正确的方法和行为才能让自己得救，而保持理智是采取正确措施的前提。

诚信带来的财富

美国富豪摩根曾在1835年时，入股了纽约一家名叫伊特纳的火灾保险公司。起初，这家保险公司有不错的经济收益。但天有不测风云，伊特纳公司在开业后不久便突发一场大火灾。结果，股东们纷纷退股，可摩根先生并没有这样做。经再三考虑，他决定卖掉自己苦心经营多年的旅馆和酒店，低价收购其他股东的股份，尽可能保住所有投保客户的利益。

在摩根看来，一个商人若想谋大利，首先应该讲诚信。后来，他又通过其他融资渠道，很快偿还了投保人的保险赔偿。这时，偿还了保险金的摩根先生已濒临破产，但他并没有就此放弃，他开始刊登广告：本公司为竭力偿还保险金，从现在开始，凡光顾本公司的投保人，保险金一律增加一倍。

连摩根自己都没有想到的是，广告登出第二天，全身只有5美元的摩根去伊特纳上班时，发现公司门外聚集了很多人，他们都是前来投保的客户。看到这么多"上帝"把整条大街都堵得水泄不通，摩根对公司的未来充满了希望。很快，伊特纳公司的美誉就遍及纽约城，而摩根先生不仅又买回了原来的旅馆和酒店，还净赚了几十万美元。

后来，积累了富可敌国的财富的摩根说：诚信产生了无穷的复利效果，也成就了整个摩根家族的事业。

剑桥智慧

无诚业难立，无信事难成。做人要有诚信，因为诚信是人生最宝贵的财富，是一个人获得他人信任和支持，并逐步走向成功的重要资本。

信任与诚信

苏联曾有这样一个男孩，他小时候偷过东西，被同学视为败类。可后来，他已改过自新，不再偷任何东西，但仍然没有同学愿与他交往，他很渴望得到信任。

一次，一位著名的教育家遇到了这个男孩。了解了男孩的情况后，教育家就派他去几十里外的一个小镇上帮他取一大笔钱。男孩简直不敢相信有人会将这么重要的任务交给他，他问如果取不回来怎么办，教育家微笑着说："怎么可能？我相信你是个诚实的好孩子，一定能做好这件事！"

于是，获得信任的男孩飞奔向几十里外的小镇，用最快的速度取回了那笔钱。男孩将钱交到教育家手上时，要求他再数一遍，没想到教育家却说："不用了，你数过的肯定没问题！"

剑桥智慧

教育家用自己的信任换来了男孩的诚信，让他懂得用诚信赢得他人的尊重与支持。在日常生活中，我们也要学会信任他人，这样才能体会到诚信的重要意义。

打碎的花瓶

伟大的无产阶级革命家列宁，小时候也是个调皮的男孩，他也是在不断犯错和不断改正的过程中成长起来的。

列宁小时候，一次妈妈带他去姑姑家做客，他不小心打碎了一个花瓶。当时，亲戚问是谁打碎了花瓶，列宁因害怕受长辈责罚而没有承认，但妈妈知道花瓶就是他打碎的，因为在自己家时他也做过不少这样的事情。

但猜到事情真相的妈妈并没有立即揭穿列宁，也没有继续盘问他，而是装出什么都不知道的样子，带列宁回了家，并且之后几天都没再提此事。可妈妈每天并没有闲着，一有时间她就会给列宁讲些关于诚信、勇于改错的美德故事，目的是让列宁反省自己并主动认错。

终于，一个星期后，列宁低着头，带着羞愧的表情对妈妈说："妈妈，对不起，上次是我打碎了花瓶，我不应该说谎的。"

听了列宁的话，妈妈非但没有批评他，反而表扬道："孩子，你能反省自己的言行，主动承认错误，这就很了不起了。不过，你打碎的是姑姑家的花瓶，给她写封信道歉好吗？你能主动认错，姑姑一定会原谅你的！"

列宁点了点头，之后立即开始写信。而从那以后，他也养成了时常反省自己并及时改错的好习惯，也正是因为具备这样可贵的品质，他才在后来获得了人民的极大支持。

剑桥智慧

"悟以往之不可谏，知来者之可追"，千百年前，人们就在不断强调自我反省对人生的重要意义。时至今日，我们常受自身学识、阅历、性格等因素的影响而陷入某些错误或危局中，给自己带来许多不良后果。只有学会自我反省，并认真分析如何避免失误，才会在人生的道路上向前迈进。

道歉的勇气

有个小男孩把好朋友最喜欢的玩具弄坏了，见朋友没发现，就偷偷逃回了家，但他总觉得良心不安，每天心情都很郁闷，想去承认错误但又怕对方不原谅他，到时候自己岂不是很没面子。

可他又觉得再这样下去也不是办法，自己的心情肯定会越来越差的，于是他就找到了爸爸，对他说出了这件事的经过，强调自己并不是故意弄坏朋友的玩具的，然后问爸爸："反正他也没发现，我是不是不用道歉啊？"

"做错了事情就得认错，当然要去道歉。"爸爸很肯定地回答道。

"但是……"男孩吞吞吐吐地说道："他要是不接受我的道歉，我们就做不成好朋友了，然后我们以后就会变成仇人，再也不会在一起玩，也不会再说话，我不想变成这样。"

"你怎么能这么想呢。"爸爸很惊讶地看着他，对他说，"你要多向前看看，不要把事情想得那么悲观。你可以告诉自己，你朋友一定会原谅你的，因为你是这么勇敢，主动承认了自己的错误。你一定要在心里对自己说，他一定会原谅我的。"

"真的……会吗？"

"你可以不停地在心里这样对自己说：他会原谅我，他会原谅我……那么，你一定会拥有去道歉的勇气的。"

最终，他的好朋友接受了他的道歉，他们又能在一起玩玩具了。

剑桥智慧

做了错事就要敢于承认，为自己的行为埋单，而不是因为害怕就逃避责任。道歉，不会让你受到惩罚，相反，还会让你收获更多宝贵的东西。比如，友谊。

能干的儿子

"儿子，我猜你肯定不会读这个字。"周末，妈妈和儿子在家里一块儿看书，当看到一段文字时，妈妈心思微动，想考考儿子，便指着其中的一个字对儿子说，"来，读一下。"

"妈妈真是小瞧人。"儿子鄙夷地哼了一声，扬着头把书中的字读了出来，还解释出了它的意思。

"哎呀，我儿子不简单啊，不光会读，还懂它的意思。"妈妈夸奖道。

儿子马上自豪地又扬了扬头，很有成就感地说道："那是。我懂的东西可多了，妈妈有什么不懂的随时可以问我。"

"真的吗？"妈妈问。

儿子点点头，回答道："那当然！"

"那儿子能从柜子的缝里把那本书拿出来吗？"妈妈指着一个有着一臂粗缝隙的木柜说道："妈妈都拿不出来，儿子你肯定不行。"

儿子跑过去一看，很简单嘛，自己的手臂正好能伸进去。"怎么不行，我这就拿出来让您看看。"

儿子说着，就伸出手，不一会儿就抱着一本书来到了妈妈面前，自豪地说道："妈妈，我能干吧？"

"能干，我儿子最能干了！"妈妈抱住儿子，拍拍他的背，母子俩嘿嘿笑了起来。

剑桥智慧

当我们一旦拥有自信，就会做到平时以为做不到的事情，成就感也会油然而生，产生一种"我能"的积极生活态度。在这种态度下，我们的自信心将会大大提高，获得"向前冲"的动力。

原谅失败的自己

有一位潜艇兵叫罗勃·摩尔，参军之前他在一家税务局工作，表现一直很不好，而每次工作上的失败都让他很有挫败感，他无法原谅自己一次又一次的失误。慢慢地，他越来越不自信，也渐渐厌烦了自己的工作，经常发牢骚，有时还把情绪带到家里，动不动就和妻子吵架，生活一团糟。

后来，"二战"爆发了，他加入海军做了一名潜艇兵。有一天早晨，他发现一支日本舰队正朝他们逼近，为了躲避日本舰队，他奉命操作潜水艇紧急下潜。

不过，日本海军又接连发射出许多水雷，连续轰炸了12个小时。水雷一颗一颗地在潜艇周围爆炸，他和战友们都感到非常恐惧，潜艇舱里寂静得可怕，曾经灰暗的生活浮现在他的脑海中。

他突然意识到，和生命相比，那些小小的失误都不算什么。日军撤退后，他和战友们都安然无恙。战争结束后，他重新回到了税务局，又做起了以前的工作，即使工作中出现了失误也不再闷闷不乐，而是想办法去解决。渐渐地，他喜欢上了自己的工作，也更加热爱生活。

剑桥智慧

与失去生命相比，失败并不是不可原谅的，所以他给了自己一次原谅失败的机会，改变了自己的命运。普希金说："而那过去了的，将成为美好的回忆。"失败也是你美好的回忆，因为失败是成功之母，接受失败才会迎来成功。

双赢意识

研究者让参与实验的一群小学生两两结合为一组，每一组的成员都要在A和B之间做选择，但两人不能互相商量，只能按自己的意愿悄悄将选项写在答题板上。并且，选择A还是B，有一定的规则——若小组两名成员都选A，则每人各得10分；若一人选A，一人选B，那么选A的人要被扣掉15分，选B者则得到15分；若小组中的两名成员都选B，则两人都被扣掉5分。

实验开始两分钟后，大多数学生都还没有动笔，每个人都在犹豫不决，都在猜测组内另一名成员会选什么。但其中有两组学生很快就在答题板上写下了自己的答案，待研究者喊"时间到"时，他们亮题板的速度是最快的，而且答案很一致，都选择了A。至于其他几组学生，每一组的答案要么都是B，要么一个选A一个选B。

于是，研究者笑着走到那两组都选了A的学生跟前说："恭喜你们，如果今后要找人合作，我肯定会找你们。你们的双赢意识，也必定会给自己带来更多好处。"

在做选择的时候，所有学生都不清楚对方会选什么，这时如果自己选择A，就有可能失去15分。但最先写下答案的那两组学生，他们并非只考虑自己的利益，而是希望对方也选A，这样两人就能共赢。

剑桥智慧

这个简单的实验，证明了一个十分重要的理念：拥有双赢意识，愿意与人合作，你达成自己愿望的可能性会更大。

在充满竞争的现代社会，人人都会追求自身利益的最大化。但在此过程中，有些人意识到竞争与合作都是达成目标的重要手段，于是会通过良性竞争与协同合作获得双赢的结果；可有些人单纯为了自身利益与别人争胜，甚至恶意排斥他人，结果往往让自己承受了重大损失。

快乐无价

从前有一个富商，生意做得很大，店铺遍布大江南北。但是这个富商并不像人们想的那样衣食无忧，过着快乐的生活，恰恰相反，这个富商每天算计，担心收入，烦恼得不得了。让富商更难接受的是，隔壁那对卖豆腐的穷夫妻，每天挣不了几文钱，却天天有说有笑的，一副快乐似神仙的样子。

一天富商的太太在家里的花园散步，又听到隔壁传来的笑声，顿时心生嫉妒。富商说："夫人别生气，我保证不出三天，他们就笑不出来了。"说完让人趁天黑在卖豆腐的田地里埋了几块金子。

隔天豆腐夫妻卖完豆腐下地干活的时候，发现了几块沉甸甸的金子。从来没见过这么多金子的夫妻开始琢磨怎样才能弄到更多的钱，好几天茶不思饭不想，往日的欢笑再也听不到了。

这时，富商得意地跟妻子说："你瞧，这不就解决了吗，跟咱们当年一样！"

剑桥智慧

虽然每个人的追求不一样，但是最终还是都希望自己能够幸福快乐，就像很多人都希望能有足够的金钱，买到自己喜欢的东西。但金钱并不一定能给人带来快乐，对金钱的不正确追求甚至会夺走我们的欢乐，所以我们应谨记，在追求的过程中不要忘了我们追求的初衷是幸福。

死去的狐狸

有两只狐狸，一只在笼子里，一只在野地里。

在笼子里的狐狸三餐无忧，在外面的狐狸自由自在。两只狐狸经常进行亲切的交谈。

笼子里的狐狸总是羡慕外面狐狸的自由，外面的狐狸却羡慕笼子里狐狸的安逸。一日，一只狐狸对另一只狐狸说："咱们换一换。"另一只狐狸同意了。

于是，笼子里的狐狸走进了大自然，野地里的狐狸走进了笼子里。从笼子里走出来的狐狸高高兴兴，在旷野里拼命地奔跑；走进笼子里的狐狸也十分快乐，它再不用为食物而发愁。

但不久，两只狐狸都死了。

一只是饥饿而死，一只是忧郁而死。从笼子中走出的狐狸获得了自由，却没有同时获得捕食的本领；走进笼子的狐狸获得了安逸，却没有获得在狭小空间生活的心境。

剑桥智慧

人们总是觉得自己生活在不幸中，而身边的人总是那么的幸福，所以十分羡慕。其实，每个人都是幸福的，也都是不幸的。他人的幸福，放在你的身上，可能就会变成不幸。

今天你读书了吗

4月23日是"世界读书日",不少地方都开展了相应的读书活动,以唤起人们对读书的热情。然而,现代社会的生活节奏快,人们工作忙碌,面对巨大的竞争压力,很多人都觉得没有时间读书,也根本不可能静下心来认真学习。

2010年,世界读书日前夕,有关机构公布了"第七次全国国民阅读调查"结果。调查结果显示,在2009年我国全体识字的、有阅读能力的国民,人均每天用于读书的时间还不到15分钟,甚至不及一天时间的1%,那么另外99%的时间,人们都做了些什么?

世界读书日前后,国内各大媒体都做了相应的报道、调查,关于读书量、读书时间少的问题,绝大多数成年人的回答是"工作太忙"。

剑桥智慧

现代人往往表现得心浮气躁,根本无法安心学习、读书,却以工作太忙为借口,把读书当作一种奢侈的消费,吝啬得连15分钟时间都不肯投入。其实,常读书对于陶冶一个人的情操,净化人的心灵很重要。事实上,不爱读书是一种浮躁的表现,是自身心态的问题。人们总是被一些其他事情所干扰,而"工作忙"只是一个借口。孩子应该从小养成每天读书的习惯。

愁眉不展的瑟琳娜

瑟琳娜长得很漂亮，金色的卷发长过腰际，眼睛也是碧绿碧绿的，就像童话里的公主。很多女孩都非常羡慕她，可是她却很少笑，经常愁眉不展的，这让朋友们很费解。

今天，瑟琳娜又很不开心，下课时同学们都在讨论一些有趣的事情，只有她坐在一旁闷声闷气的。

"瑟琳娜，你是不是有什么不开心的事？"好朋友爱丽丝问道。

"你看，今天的乌云那么厚，等会儿可能会下雨，一下雨我的鞋又要脏了。"瑟琳娜很是担心地说。

爱丽丝听了先是一愣，然后哈哈大笑，说："亲爱的，这么点小事也值得你发愁吗？今年夏天这么热，好久都没有下过一场雨了，要是真的会下雨，那可是一件天大的好事，你别这么闷闷不乐的了，和我们一起聊天吧！"

瑟琳娜听了点点头，微微一笑，说："你说得也对，反正我也不能控制天气。"于是便加入大家的讨论中。

下午放学回家，爱丽丝和瑟琳娜同路。走到一个十字路口，她们看到一辆小汽车差点撞到一位老人的身上，瑟琳娜感慨道："你看，现在的人开车多么不小心，怪不得经常出现交通事故。"然后就一直念叨着，抱怨交警不称职、社会不安定，等等。

"瑟琳娜，难道你没有发现，事后那个车主赶紧下车向老人道歉了吗？还有那个交警，他也过来安慰了受惊的老人。"爱丽丝看了看满腹牢骚的瑟琳娜，接着说，"其实，只要你愿意，你看到的事情应该都是很美好的。"

瑟琳娜看了看，车主和交警确实正在和老人开心地交谈着。她认真想了想，说："爱丽丝，为什么我总是看不到生活中的美呢？"

爱丽丝把手伸到她的眼前，问："你看到了什么？"

"一只手。"瑟琳娜答道。

"还有呢？"爱丽丝又问。

"没有了。"

爱丽丝叹了一口气，笑道："你没发现我的食指上戴了一枚漂亮的戒指吗？"

瑟琳娜仔细一看，果然，有一枚戒指正戴在她的食指上，可是她却说："这只是一枚普通的塑料戒指，没有什么光彩，怎么能说它漂亮呢？"

爱丽丝摇了摇头，说："瑟琳娜，它就是很漂亮，因为我觉得它漂亮。"

剑桥智慧

"生活中不是缺少美，而是缺少发现美的眼睛。"努力去发现生活中的美，不但能够愉悦心情，还可以培养自己乐观向上的心态，让自己更加热爱生活、热爱生命。美存在于生活中的每一个角落，但是很多人却看不见它，因为大家不去观察和体会。想要在生活中捕捉到更多的美，那就要眼观六路、耳听八方，无论是在上学的路上还是回家的途中，都应该把眼睛睁大一点、把耳朵竖直一点，四处看看、听听，说不定能找到很多美丽的细节。

提醒快乐

闹钟响了，乔尼迅速按下闹铃，极不情愿地睁开眼睛。一想起还要上学他就头疼。

乔尼磨磨蹭蹭地穿好衣服，然后去刷牙、洗脸。妈妈已经做好了美味的早餐等着他，可是，她发现乔尼在卫生间的时间实在是太长了，就说："亲爱的，你应该快一点，否则就要迟到了。"

乔尼没精打采地从卫生间出来，看着妈妈的爱心早餐，勉强挤出笑容说："谢谢妈妈。"

妈妈看乔尼的情绪不太好，就笑着说："我在今天的早餐里放了一些快乐剂，快尝尝吧！"

乔尼并没有因此开心起来，他随便吃了几口面包，又喝了半杯牛奶，然后提着书包就要出门。妈妈拉住他，笑着说："亲爱的，说'我很快乐'。"

乔尼觉得很无聊："妈妈，可是我觉得不快乐。"

妈妈摇着他的肩膀，高兴地说："所以我才要你说'我很快乐'啊。"

乔尼虽然不明白妈妈的意思，但在她的要求下，他小声地说了一句："我很快乐。"

妈妈大声说："不对，亲爱的，要大声说出来。"

乔尼只能又提高音量说："我很快乐。"

妈妈依然不满意，"乔尼，一个男孩子的声音只有这么小吗？你是不是还可以大点声儿？"

乔尼突然觉得妈妈今天很有趣，便大声说："我很快乐！"

妈妈终于满意了，开心地说："亲爱的，你再多说几遍，妈妈喜欢听你这么说。"

乔尼又大声地说了好几遍，他一下子觉得自己精神了许多，然后热情地拥抱了妈妈，说："谢谢您，我不该垂头丧气地开始我的一天。"

妈妈笑着说："是的，亲爱的。也许还有什么事正困扰着你，但是，不要让它毁了你一整天的快乐。"

乔尼背上书包上学去了，他骑着单车，一边哼着歌一边欣赏路上的风景。他发现花丛里的蔷薇已经开了，火红的颜色，非常耀眼，几只蝴蝶正在花丛里飞来飞去。乔尼突然意识到让自己快乐有多么重要，在一个开心的人眼里，一切普通的事物都会变得美好起来。

下午回到家里，乔尼对妈妈说："妈妈，我今天过得很开心，以后一定要提醒我。"妈妈笑着问："提醒你什么？"

乔尼笑道："我很快乐啊。"

剑桥智慧

不论你昨天遇到了多少困难，第二天醒来的时候都要告诉自己，"我很快乐"。告诉自己"我很快乐"虽然只是一种简单的心理暗示，但是，它却能够帮助你摆脱昨天的烦恼，把精神都投入今天，让你的今天过得充实而有意义。"我很快乐"也是在提醒你要做一个快乐的人，而快乐的人是很幸运的，因为快乐的人往往喜欢帮助别人，也有很强的交友欲望，当你去帮助别人或者结交新朋友的时候，幸运就会悄悄地来到你身边。

剑桥家训全集

第二章
成功的人生
离不开崇高的目标

迈出第一步的勇气

美国布鲁金斯学会经常出一些难题来考验学员的推销能力。

有一次，策划人员又想出了一个难题，让学员把一把旧式的斧头推销给当时的总统布什。

很多学员都觉得不可思议，一位总统怎么会买一把斧头呢，根本就没有什么用处，大家都没有勇气去尝试。

可是有一位名叫乔治的学员却不这么认为，他认真地思考了一下布什的情况，发现他有一个农场，而且农场里种着很多树。

乔治亲自去农场走了一遭，看到有些树木已经枯死了，他想，布什总统一定会修整这些树木的，只是用什么工具的问题罢了。

于是，他就给布什总统写了一封信，向他介绍了农场的情况，然后又分析了用旧式斧头砍树的好处。

布什总统看到这封信之后觉得很有道理，直接给他寄去了20美元，买下了他这把一般人都不会买的旧式斧头。

如若乔治像其他学员一样觉得这件事不可能完成的话，那么他就不会成为"最伟大的销售员"之一了。

剑桥智慧

有时候我们会觉得自己的理想太遥远，所以一直不敢迈出第一步，其实完全不需要有这些顾虑，只要拥有自信，勇敢地踏出去，就有可能实现你的目标。

以居里夫妇为榜样

约里奥·居里是居里夫人的女婿，他从小就非常崇敬居里夫妇，一直把他们当作学习的榜样，甚至从杂志上剪下他们工作时的图片贴在自己卧室的墙上，每天都要瞻仰瞻仰榜样的尊容，让他们的精神鼓励自己努力学习。他非常热爱科学研究，并以考上巴黎理化学校为目标，因为居里夫妇曾经在这里奋斗过。在上学期间，每次实验遇到困难时他都会想起居里夫妇永不言败的精神，这种精神也一直激励着他，直到他以优异的成绩从学校毕业。

后来居里夫妇创建的镭研所需要人手，他得知消息后第一时间跑去报了名，凭着出色的表现被居里夫人录用了。在镭研所，他认识了居里夫妇的女儿伊伦，伊伦认真而严谨的工作态度深深吸引了他，最后他们相爱并结婚了。

婚后的约里奥和伊伦以居里夫妇为榜样，终身为科学事业奋斗着，1935年他们获得了诺贝尔化学奖。

剑桥智慧

榜样能够给你前进的勇气和力量，还会指引你的奋斗方向。不过，学习榜样并不是一种简单的模仿，要让他们的精神融入你的体内，否则你只能学到一些皮毛，甚至到最后什么也学不到。

目标是奋斗的动力

查理·斯瓦布出生在美国宾夕法尼亚州的一个小山村，从小过着艰苦的生活，以赶马车为生，生活毫无指望。

一次偶然的机会他进入了卡内基钢铁公司，虽然只是一名临时的苦力工，但是从进入公司的第一天起他就给自己树立了一个目标，他要成为卡内基钢铁公司的总经理。

为了实现自己的目标，他任劳任怨，从不偷奸耍滑。领导非常欣赏他的工作态度，两年以后就让他加入了公司，成为公司的一名正式员工。

当然，这只是查理的第一步，他的最终目标是成为总经理。

后来，为了让自己成为一名全能型的员工，他不只做好自己的本职工作，还去其他部门进行学习，如此辛苦奋斗了十几年，终于成功地坐上了总经理的位置。

如果他没有树立远大的目标，只甘心做一个苦力工的话，可能一辈子都会生活在社会的底层，永远也看不到幸福的光芒。

剑桥智慧

远大的目标是一个人奋斗的动力，一旦树立了目标他就会好好地把握现在，严格要求自己，不会再迷茫和懒惰。

鱼和渔竿

有两个饥饿的人得到了一位长者的恩赐：一根渔竿和一篓鲜活硕大的鱼。其中一个人要了一篓鱼，另一个人要了那根渔竿，然后他们分道扬镳了。得到鱼的人原地就用干柴生火煮起了鱼，他狼吞虎咽，还没有品出鲜鱼的肉香，转瞬间，连鱼带汤就被他吃了个精光，不久，他便饿死在空空的鱼篓旁。

另一个人则提着渔竿继续忍饥挨饿，一步步艰难地向海边走去，可当他已经看到不远处那片蔚蓝色的海洋时，他浑身的最后一点力气也使完了，他也只能眼巴巴地带着无尽的遗憾告别人间。

又有两个饥饿的人，他们同样得到了长者恩赐的一根渔竿和一篓鱼。只是他们并没有各奔东西，而是商定共同去找寻大海，他俩每次只煮一条鱼，经过遥远的跋涉，来到了海边，从此，两人开始了捕鱼为生的日子。几年后，他们盖起了房子，有了各自的家庭、子女，有了自己修造的渔船，过上了幸福安康的生活。

剑桥智慧

一个人只顾眼前的利益，得到的终将是短暂的欢愉；一个人目标高远，但也要面对现实的生活。所以，只有把理想和现实有机结合起来，才有可能成为一个成功之人。

梦想的选择

法国少年皮尔从小就喜欢舞蹈，他的理想是当一名出色的舞蹈演员。可是因为家境贫寒，父母根本拿不出钱来送他上舞蹈学校。

皮尔的父母将他送去一家缝纫店当学徒，希望他学一门手艺后能帮家里减轻负担。他为自己的理想无法实现而苦闷。

皮尔认为，与其这样痛苦地活着，还不如早早结束自己的生命。就在他准备自杀的当晚，他突然想起了他从小就崇拜的有着"芭蕾音乐之父"美誉的布德里，皮尔觉得只有布德里才能明白他这种为艺术献身的精神。

他决定给布德里写一封信，希望布德里能收下他这个学生。

在信的最后，他写道，如果布德里在一个星期内不回他的信，不肯收他这个学生，他便只好为艺术献身了。

很快，皮尔便收到了布德里的回信。

布德里在信中说，他小时候很想当科学家，因为家境贫穷无法送他上学，他只得跟一个街头艺人跑江湖卖艺……人生在世，现实与理想总是有一定的距离，在理想与现实生活中，首先要选择生存。只有好好地活下来，才能让理想之星闪闪发光。一个连自己的生命都不珍惜的人，是不配谈艺术的。

布德里的回信让皮尔猛然醒悟。后来，他努力学习缝纫技术，从23岁那年起，他在巴黎开始了自己的时装事业。很快，他便建立了自己的公司和服装品牌。他就是皮尔·卡丹。

在一次接受记者采访时，皮尔·卡丹说："其实我并不具备舞蹈演员的素质，当舞蹈演员只不过是少年轻狂的一个梦而已。"

很多时候，因为各种各样的原因，梦想和现实相差很远，这时候，我们要做的不是如何想尽办法向着梦想前进，而是努力地活下去，只有活下去，才会有希望。

痴迷的谢里曼

德国有个叫亨利·谢里曼的商人，幼年时期深深迷恋《荷马史诗》，并暗下决心，一旦他有了足够的收入，就投身考古研究。

谢里曼很清楚，进行考古发掘和研究是需要很多钱的，而自己家境十分贫寒，在现实与理想之间，没有直线可走，他决定走曲线。

于是，从12岁起，谢里曼就自己挣钱谋生，先后做过学徒、售货员、见习水手、银行信差，后来在俄罗斯开了一家商务办事处。

但谢里曼从未忘记过自己的理想。他利用业余时间自修了古代希腊语，而通过参与各国之间的商务活动，他学会了多门外语，这些都为日后打下了基础。

多年以后，谢里曼终于在经营石油业的过程中积攒了一大笔钱，当人们以为他会大大享受一番时，他却放弃了有利可图的事业，把全部时间和钱财都花到追求儿时的理想上去了。

谢里曼坚信，通过发掘，一定能够找到《伊利昂纪》和《奥德修纪》中所描述的城市、古战场遗址和那些英雄的坟墓。

1870年，他开始在特洛伊挖掘。不出几年，他就发掘出了9座城市，并最终挖到了两座爱琴海古城：迈锡尼和梯林斯。

就这样，歇业商人谢里曼就成了发现高度发展的爱琴海文明的第一人，其发现在世界文明史中有着重要意义。

剑桥智慧

在追求理想的道路上，并没有真正意义上的障碍，阻碍自己的从来都是自己的内心。有时候，我们不需要时刻勇往直前，遇到阻碍时绕个弯，或许就能解决所有的问题。

试着调整人生的计划

有一个人立志要成为一位闻名遐迩的作家。为了实现自己的梦想，他给自己制定了一个人生计划，计划中清楚地写明了每天要读多少书，每个星期要写多少字的文章，如此坚持了两年。

他不停地进行创作，可是投到出版社和报社的文章却没有一篇被刊载过。他虽然很失望，但却不想就这么放弃。一次，他拿着自己写好的稿子找到一家报社，对主编说："先生，您看一下这篇文章，是否有刊载的价值？"

主编接过稿子看了看，笑着说："年轻人，你的文章倒不如你的学问好。"

他疑惑地问："您的意思是……？"

主编说："你写的是小说，可是情节和人物都不突出，不过里面的知识倒是很丰富，我看你不适合当作家，试着做一下文学研究吧。"

他以为主编年纪大了，思想认识太古板，就把稿子拿给同学们看，大家看了都说："你的小说太没有意思了，全是理论，谁看得下去啊！"

他听了大家的评价，仔细读了读自己的文章，觉得大家说得有道理，也许自己真的不太适合当作家，于是就把自己的计划修改了一下，把每个星期写三篇小说改成写一篇文学研究。持续几个月后，他发现自己对文学研究越来越感兴趣，整天泡在图书馆里翻阅各种有关文学理论的书籍，而且还对前人的著述提出了不同的看法，探讨得非常深入。

有一次，他把自己的研究成果写成文章投到了杂志社，不久杂志就刊登了这篇作品，这使他非常兴奋，对自己的研究越来越有信心。大学毕业后他继续努力钻研，挖掘出很多文学理论的课题，而且一一查漏补缺，最后写成了一本厚重的文学理论教材，并在研究的道路上一直走下去，取得了非凡的成就。

剑桥智慧

无论是在今后的人生道路上还是在眼前的学习过程中，适时、合理地调整计划是很有必要的。这既能提高我们的做事效率，又可以更好地实现自己的价值。

司机的理想

有一次，崔永元在美国录制节目。在马路上，他看到一辆大卡车停在路边。他马上就被这辆卡车吸引住了，凭着一种职业的敏感和好奇，崔永元走了上去，想和这辆卡车的司机聊聊。

卡车司机大约40岁，身体很健壮，戴着一顶棒球帽，穿着西装，系着领带，胡子刮得很干净，和卡车司机的职业看起来一点不搭配。

当他听说崔永元是来自中国中央电视台的节目主持人，要采访他时，他显得非常高兴但是随即又说："您先不要忙着采访，我们来一起参观一下我的大家伙吧。"

于是，在司机的带领下，崔永元和他一起参观了这辆卡车。崔永元惊奇地发现，卡车里面就像是一个小型的家，卧室、电视、书柜、卫生间和洗澡间，应有尽有。

　　卡车司机说："它就是我流动的家，我人到哪儿，我的家就跟着我到哪儿，开着这辆大卡车，我已经快走遍全美洲了。"

　　当崔永元问这名司机是什么时候开始萌发了要开卡车的理想时，司机徐徐说道："在我6岁的时候，就有了将来长大了要开大卡车的理想。那时，我常常遐想，我要是能开着大卡车，跑遍全国各个地方，那是一件多么令人高兴和幸福的事。"

　　就是怀揣着这种理想，司机努力学习开车技术，掌握相应的知识和技巧，终于拥有了自己的大卡车。

剑桥智慧

　　每个人都有怀揣理想，并实现理想的权利，不管是什么样的理想，只要我们为之努力，就会获得相应的尊重和敬佩。

史泰龙的目标

　　安东尼·罗宾访问史泰龙，他说："史泰龙，我已经听过所有成功的故事，我见过世界上最成功的人士，包括总统，包括元首，包括女王，包括领袖、企业家，诺贝尔和平奖的得主特雷莎修女、曼德拉……这些我都访问过。史泰龙，你到底是如何成功的？你可不可以给我一些不一样的成功故事？"

　　史泰龙开始跟他讲，说他那个时候下定决心，一定要从事演艺事业。可是一直找不到这份工作，所以史泰龙每一天都没有什么饭吃。

　　那个时候史泰龙养了一只小狗，他的小狗也没有饭吃。"你知道让你的狗没有饭吃，你会有什么感觉？那种感觉不是很好。"史泰龙说。

　　史泰龙自己可以不吃饭，但是小狗却不能跟着他一起挨饿。

后来，史泰龙只好把狗卖掉，他下定决心告诉自己说："假如我没有找到一份有关演艺事业的工作，我拒绝去干任何一份临时的工作来养活我自己。我拒绝！"

这就是他强烈的企图心！

一个人如果连自己都养活不了，又有什么条件去养活一只宠物呢？有时候，我们必须舍弃一些东西，知道自己的目标在哪里，才能有所作为。

顽强的毅力

美国总统林肯的出身并不高贵。他的父亲是个大字不识的文盲，母亲也只是一个普通的农村妇女，他从小就要帮父母砍柴、做农活，为了给家里减轻负担，小小年纪就跟着父亲做过木匠、鞋匠、伐木工人等，尝尽了生活的苦难。

长大以后，林肯开始独立生活，他当过水手，做过短工、乡村邮递员、土地测量员等。他做过很多种工作，也接触了各行各业的人，虽然只上过一年学，但是，虚心好学的他把每个人都当作自己的老师，还在工作之余读完了莎士比亚全部的著作和《美国历史》。

22岁时，与朋友合办的公司破产后，他开始报考法学院，但是，由于没有良好的教育基础，他没有得到入学资格。不过，他没有放弃，一直在努力地自学，他相信总有一天自己能够成为一名出色的律师。两年后，他终于如愿以偿，实现了自己的律师梦。

第一次经商失败后，他吸取了经验教训，重新开始做生意。但是，这一次他的损失更大，由于经营不善，他欠下了巨额的债款，这笔债他用了

16年才还清。在这16年中，他既要打工赚钱，又要努力学习，还经历了一次重大的打击：26岁的时候，他的未婚妻病逝，他为此而精神崩溃，在病床上躺了六个月。

林肯从23岁起就开始参加州议员的竞选，但是，他的政治道路非常不顺利。林肯一生参加过八次竞选，每一次都以失败告终，但是他从来没有在失败面前低过头，这种顽强的毅力让他最终当选了美国第16任总统。

因为出身寒微，又在社会上磨炼多年，林肯深知百姓的苦难。任职期间，他出台了很多利民的政策，得到大多数美国人民的支持。当发现美国南部的黑奴生活在水深火热中时，他不顾种植园奴隶主的坚决反对，毅然提出废除种植园经济的政策，虽然遭到很多奴隶主的抨击，但他毫不退缩，最终成功地解放了美国南方的黑奴。

剑桥智慧

只要有毅力，铁杵也能磨成绣花针的。很多伟人，就是受到这个启发才发愤图强，并最终获得成功的。培养毅力可以帮助我们形成坚强的性格，为以后的成功打下良好的基础。

打破纪录的吉姆

吉姆自幼喜欢绘画，曾经在田野里信手涂鸦，还画了一幅3千米长的画，被当地的老师誉为绘画天才。

后来，他看到一个关于一位画家在水中作画的故事。他十分向往，也决定在水中作画。但是他的父母、亲人和老师都觉得这是天方夜谭，一笑了之。

但吉姆却十分认真，他来到湖边，挥着彩笔在水中画了一笔，却眼睁睁看着彩色化为乌有。吉姆很伤心。

后来，他在求学的过程中，问一位老师："我能不能水中作画？"

老师说："水中是不能够作画的，但你可以在冰上画。纽约的冬天到处都是湖冰，你可以在那上面画出最精彩的画。"

14岁的吉姆于是宣布："我要在贝加尔湖上画出世界上最大最长的一幅画。"

这则消息有些振奋人心，也吸引了众多同学的注意力。

但是，这一次，他还是没有成功，还差点因为突然出现在冰上的裂缝而掉进湖里。

但他并没有放弃，16岁的时候又试了一次。马上就要完成的时候，却遭遇了土匪。他们不仅糟蹋了画作，还将他们劫进了一座山洞里，幸运的是，抢光了他们身上的钱财后，将他们扔在了冰天雪地里。

接二连三的沉重打击并没有使吉姆放弃自己的梦想。他更加坚定了信心，要在冰层上制作出一幅让世界刮目相看的画作。

直到2010年8月，吉姆终于在贝加尔湖上创作了一个面积达23.31平方千米的巨型几何图形，他也打破了他本人于2009年创造的世界最大艺术品纪录。

剑桥智慧

思想有多远，梦想就有多大。人生就像是一面巨大的画布，只要你拥有梦想，就能绘出一幅巨作。

成功的追求

在高中的时候，乔丹的教练告诉他："迈克尔·乔丹，你身高不够高，没有超过180。所以即使你球打得再好，以后也不可能进入NBA，我们不可能要你这个球员。"

迈克尔·乔丹想："怎么可能？我未来要进北卡罗来纳大学，怎么可能我连高中的校队都进不去，你嫌我身高太矮？"

迈克尔·乔丹就跟他教练讲："教练，我不上场打球，可是我愿意帮所有的球员拎行李。当他们下场的时候，我愿意帮他们擦汗。请你让我在这个球队，跟这些球员一起练球，这是我要成功的企图心。"

教练被他的真诚感动，于是接受了迈克尔·乔丹的建议。

有一天早上8点钟，篮球场的管理员跑去整理球场，发现有一个黑人倒在地上睡觉。他问道："你叫什么名字？"这个黑人好像很累的样子说："我叫迈克尔·乔丹。"

原来，迈克尔·乔丹早上练球，中午练球，下午跟着球员一起练球，晚上还要练球，他比任何人都要努力。而通过自己的努力和想要成功的企图心，他成功地长到了198厘米，比之前又长高了20厘米。后来迈克尔·乔丹果然如愿以偿进入北卡罗来纳大学，并最终成为NBA一代巨星。

剑桥智慧

很多时候，我们之所以放弃希望，是因为想要获得成功的企图心还不够，只有强烈的企图心，才能让我们奋发向上，最终实现目标。

崛起的咖啡品牌

在美国佛蒙特溜冰场的座位席上坐着一个年轻人。他静静地坐着，看着在眼前不时闪过的那些溜冰人。这个人刚刚卖掉了家传的卷烟纸厂，得到了一笔可观的资金，此时他正琢磨着如何借着这笔钱再发一次财。

在溜冰场旁边有一家咖啡店，每次他到溜冰场的时候，都会在这个咖啡店里喝上一杯。这家店的咖啡很合他的口味，他决定把这家小店买下来，自己卖咖啡。

对于一个从来没有接触过咖啡领域的人来说，想要在咖啡这个陌生的领域有所建树，不仅需要做出巨大的努力，机遇也很重要，但是他还是决定成立一家咖啡烘焙公司。

一开始，公司并没有赚钱，而且还在公司刚成立的前几年里亏损了上百万美元。他不再想亏钱，为了了解顾客的意见，他决定免费邀请顾客品尝咖啡，让顾客提出意见和建议，并且进行相应的改善。

但他的公司生意还是不见起色。

有一次，他无意间听到有两名顾客在聊天，一名顾客说："公司的速溶咖啡太难喝了，而我们出来喝咖啡，老板又不乐意，真是苦恼。"

说者无意，听者有心。这个人马上想到，为什么自己不把美味的咖啡卖到办公室去呢？

于是，他找到了当时的办公用品供应商史泰博，说服了史泰博和他达成打折协议，他的咖啡如愿进入了史泰博北美的600家办公用品超市，并且进入了超市的邮购目录。

紧接着，他敏锐地考虑到未来的个人咖啡机市场是一个还未开发的处女地，他率先想到投资生产单杯咖啡机和K杯的克里格公司。

后来，他还进行了多方面的改革和努力，让咖啡成为更加平民化的产品。

这家咖啡公司的名字叫作"绿山咖啡"，而这位创造它的年轻人，就是鲍勃·斯蒂勒。

剑桥智慧

一旦心里有了计划和梦想，我们就要努力去实现它，不能让它变成一个空想。不管追求梦想的路多么难走，我们都要咬牙走下去，因为成功，可能就在下一步。

期待对手的总统

林肯成功当选总统后工作非常认真，出台了很多利民的政策，对美国经济的发展起到很大的促进作用。但是，一段时间以后他发现自己的生活过于平静，工作上也是出奇地得心应手，心里便有些不安。

秘书爱丽丝见他一直愁眉不展的，就问："先生，我们的工作很顺利，您为什么还闷闷不乐呢？"

林肯叹了一口气，严肃地说："爱丽丝，你不觉得我最近一直没有什么变化吗？"

爱丽丝不解地问："您希望自己有什么变化呢？"

林肯意味深长地说："进步，我需要进步。可是你看我，一直都在原地踏步呢，这可不是什么好事。"

爱丽丝不知道应该怎么帮助他，但是她突然想起一件事，就说："先生，萨蒙·赛斯要来汇报工作，您什么时候见他？"

林肯一听，顿时兴奋起来，笑道："我现在就见他，快让他过来！"

不一会儿，萨蒙来到他的办公室，林肯一见他就高兴地说："伙计，你对财政部长的职位有兴趣吗？"

萨蒙冷淡地答道："我更喜欢总统的职位。"

林肯听后更高兴了，搓着手说："总统的职位是美国人民给予的，我无法给你授权，不过，我可以让你成为所有议员都梦寐以求的财政部长。"

萨蒙的脸上露出了一丝喜悦，不过他马上收起了笑容，说："大选的时候我虽然输给了你，不过，我一定会努力工作，而且一定会让大家知道，我比你更适合做总统。"

林肯笑道："这一直是我所期望的。"

成为财政部长后，萨蒙在工作上更用心了，他的能力非常强，很多议员都很敬佩他，这对林肯造成很大的压力。但是，林肯并没有因此而丧失信心，他一直把萨蒙的名字写在自己的办公桌上，每天都用萨蒙强大的人气和能力来激励自己，心想："如果不努力的话萨蒙就会超过我。"于是他又会干劲儿十足，无论遇到什么困难都不退缩，就这样，他带领美国进入一个全新的发展阶段。

剑桥智慧

因为有了萨蒙这个竞争对手的刺激，林肯才会不断地进步，成为美国人民爱戴的总统。由此可见，给自己找一个竞争对手是多么的重要。有竞争就会有压力、有动力，在学习上给自己找一个竞争对手，不但能够激励你取得更好的成绩，还可以让你拥有正确的竞争意识，培养你坚强的性格。

有志者，事竟成

在美国东部的一个小城镇里，一位少年正在埋头学习。

这时，他的一位邻居看到了只知道读书的少年，便笑道："假若再让我回到你这个年纪，我干的事就大不一样了！"

这句话深深触动了少年的心灵。

他想了想，拿出一个日记本，在上面写道："我的终生计划。"

之后几天，少年把自己能想到的计划和目标全都记在了日记本上，他决定，有生之年，一定要完成这些计划。

在计划中，有要去旅游的，也有关于阅读目标的，甚至还提到了登上月球等。少年写完后数了数，竟然有一百三四十条计划。

为了实现这些计划，少年在他日记本上还列出了周计划和月计划。

从那以后，他开始做各种准备，每周都要量体重，锻炼身体，先从小计划入手，每天阅读十页书，然后在附近的风景区旅游，再慢慢地学着写日记，年龄大后，开始去较远的地区旅游。

每完成一项计划，他就会在日记上画个钩，直到他70多岁时，他已经完成了计划中的近100项。

剑桥智慧

我们要趁着年轻，多设定一些理想和目标，并在成长的过程中，一点一点朝着这些目标努力和前进，这样才能在年老的时候有所作为。

心中的榜样

有个法国人的事业很不顺利，四十几岁的时候又被老板炒了鱿鱼，经济状况非常糟糕，连房租都已经负担不起了。儿子已经到了上学的年龄，可是他根本没有钱支付孩子的学费，妻子对他完全失去了信心，便领着九岁的孩子离开了他。

家庭破碎之后他一蹶不振，不是去酒吧喝廉价酒就是整天窝在自己租的小房子里，活得如同行尸走肉一般。

一天，他从破旧的小酒吧里出来，不经意间抬头看了看天空，他已经很久没有看过天空了。今天的天空好像被雨水洗过一样，干净、清明，阳光也特别灿烂。

这一切的美好让他暂时忘记了自己的处境，他仰着头，尽情地享受着阳光的爱抚。忽然一丝冷风掠过，他从片刻的美好中清醒过来，又想起了破碎的家庭和窘迫的经济状况，心里非常痛苦，满面愁容。

这时，一个小男孩走过来拉拉他的衣角，仰着头对他说："叔叔，你长得很像拿破仑，就是那个大英雄。"

他蹲下身问："孩子，你觉得哪儿最像呢？"

小男孩认真地说："哪儿都像，简直是一模一样。"

他虽然知道小男孩的话并不可信，但是，他突然感觉到自己好像就是拿破仑，心里的痛苦顿时减轻了许多。他冲小男孩笑了笑，说："也许我真的就是拿破仑呢！"然后带着一丝喜悦离开了。

回到家后，他翻出一本《拿破仑传》来认真阅读。渐渐地，他发现拿破仑的精神慢慢渗进了自己的身体里，他的全身都充满了力量，对生活也有了热情，于是他决定以拿破仑为榜样，做一番大事业。

从此他开始了自己的奋斗历程，只要遇到困难他就会想："拿破仑不会放弃，我也不会。"凭着百折不挠的精神，他终于创造出巨大的财富，最后与妻子和孩子团聚了，一家人过上了幸福的生活。

剑桥智慧

因为有了拿破仑这个榜样，这位失意的法国人才会重新振作起来，并且创造出巨大的财富。可见，榜样的力量是巨大的。如果你也想像这位法国人一样成为一名成功人士，那就给自己找一个榜样吧，从现在开始就向他学习，让他的精神鼓励你不断进步。

实现的梦想

有位退休的老教师，在整理自己的旧物时，发现了一沓练习册，它们是他曾教过的一个班的学生写的作文，写的是"未来我能成为什么样的人"。

这位老教师随手翻了几本,很快被孩子们千奇百怪的自我"设计"迷住了。

比如有个叫彼得的小家伙说:"未来的我是海军大臣,因为有一次我在海中游泳,喝了三升海水都没被淹死。"

还有一个说:"我将来必定是法国的总统,因为我能背出20多个法国城市的名字,而同班的其他同学最多只能背出几个。"

最让人称奇的是一个叫戴维的小盲童,他认为将来他必定是英国的一个内阁大臣,因为在英国还没有一个盲人能进入内阁。

总之,31个孩子都在作文中描绘了自己的未来。老教师读着这些作文,突然有一种冲动,何不把这些本子重新发到同学们手中,让他们看看现在的自己是否实现了几十年前自己的梦想呢。

于是,在一家报纸的帮助下,他找到了当时的这些学生们。

这些学生中,有的成了商人,有的成了政府官员,而更多的是没有身份的人。他们都很想知道自己儿时的梦想,并且很想得到那本作文本。

老教师把这些作文给他们寄了过去,只有那个叫戴维的人一直没有消息。

突然有一天,老教师收到了戴维·布伦基特的来信。信中说:"感谢你还为我们保存着儿时的梦想,不过我已经不需要那个本子了,因为我已经实现了那个梦想。"

剑桥智慧

我们应该趁着年轻,牢记自己儿时的梦想,并为之努力。没准哪一天,你就会发现,你离梦想,其实只是一步之遥,只要你再努力一把,伸出手去,就能实现它。

想飞的兄弟俩

两个兄弟俩跟着父亲一起，以替别人放羊为生。有一天，他们赶着羊来到一个山坡上，一群飞鸟鸣叫着从他们头顶飞过，并很快消失在远方。

小儿子问父亲："这些鸟要往哪里飞？"

父亲说："它们要去一个温暖的地方，在那里安家，度过寒冷的冬天。"

大儿子羡慕地说："要是我也能像这些鸟一样飞起来就好了。"

小儿子也说："我也想像鸟一样飞起来。"

父亲想了想，笑着说道："只要你们想，你们也能飞起来。"

两个儿子不相信父亲的话，父亲对他们说："我因为年纪大了已经飞不起来了，但是你们还小，只要不断努力，将来就一定能飞起来，去你们想去的任何地方。"

两个儿子牢牢记住了父亲的话，并一直努力着，等他们长大后，他们发明了飞机，果然飞起来了。

而这对兄弟，就是美国的莱特兄弟。

剑桥智慧

只要有目标，就要去努力，这样才能有实现目标的一天，否则，目标只能成为空想，使你一生平庸，没有任何作为。

远大的目标

有一个美国男孩，他出生在纽约的贫民窟，家里很贫穷，父母每天都要拼命地赚钱，根本没有时间管教他。于是，他就和贫民窟的小混混们走在了一起，成天打架斗殴，有时还会做一些小偷小摸的事情，让父母很头疼。

在学校里他也从来不听老师的教导，逃课、捣乱是经常的事情。有一天，他溜出教室，打算翻墙出去找他的混混朋友们，可是刚爬到墙上就被主任抓住了。这个主任在学校里是出了名的火暴脾气，被同学们称为"魔鬼主任"，每个刺儿头学生都不敢轻易冒犯他。

这个男孩站在墙头上吓坏了，哆嗦着双腿。主任厉声说了一句："跳下来！"他只好从墙上一跃而下，准备任凭"魔鬼主任"的处置。主任把他上下打量一番，然后突然大笑起来，说："你这个小子，反应挺快的，一看就是当州长的料。"小男孩听了很惊讶，就连他的父母也没有说过他能成为州长，他看着笑眯眯的"魔鬼主任"，大声地问："您确定吗？"主任说："当然确定，我的话从来都不会出错。"小男孩听了很高兴。

放学后小男孩跑回家，兴奋地对母亲说："我要成为纽约州的州长了，以后我们不用住在贫民窟了。"母亲疑惑地看着他，问："孩子，你这是怎么了？"他笑着说："我要当州长了，妈妈，您说州长是什么样的？"母亲虽然不知道发生了什么事，但是，孩子能够有当州长的想法毕竟是好的，于是她就笑着回答孩子："州长都是聪明、有能力又有涵养的人。"

小男孩记住了母亲的话，他励志要成为一个聪明、有能力又有涵养的人，从此，他开始努力学习，改掉自己的坏习惯，一直为成为州长这个目标而努力。终于，皇天不负有心人，在51岁的时候，他被选举为纽约州的第53任州长，他就是罗杰·罗尔斯。

剑桥智慧

罗杰·罗尔斯虽然出身贫民窟，但是从小就树立了要成为纽约州州长的远大目标，并为此不断努力，终于在51岁的时候如愿以偿。由此可见，树立远大的目标能够成就一个人的事业，改变他的命运。

拿破仑的"空想"

拿破仑小的时候，有一次他的叔叔问他长大了想要做什么。

拿破仑说："我要从军，然后带领法国的雄兵，席卷整个欧洲，建立一个前所未有的超级大帝国，并且还要成为这个大帝国的皇帝。"

叔叔听完他的回答后，当场大笑不已："空想，你所说的一切全都是空想！想当法国皇帝？那是不可能的！依我看，你更适合当一个小说家比较合适，哈哈哈……"

但拿破仑却静静地走到窗前，指着远处的天边，认真地问道："叔叔，你看得到那颗星星吗？"

这时正是白天，天空中一颗星星也看不到。拿破仑的叔叔诧异地走到窗前朝天空看了看，"什么星星？现在是中午，怎么会有星星呢？"

拿破仑却大声说道："就是那颗星星啊！我真的看得到，它依然高挂在天边，不分日夜，一直为了我而闪烁着，那是属于我的希望之星。只要它存在一天，我的目标就永远不会破灭。"

每个人的心里，都藏着一颗"希望之星"，只要你相信它会照亮你，愿意为之努力，就会目标成真，反之，只能一事无成。

失败的教训

体操运动员杨威是中国体操队的全能选手，他的体操生涯很辉煌，但也非常坎坷。他经历了很多次世界大赛，有过胜利的喜悦，也体验过失败的痛苦。

2004年的雅典奥运会杨威遭遇了滑铁卢，他带领着被大家称为体操"梦之队"的中国体操男队前往雅典，肩上担负着中国人民的厚望，所有人都盼着这支身经百战的队伍能夺下男团的金牌，但是，赛场上发生的状况让大家很是震惊，队员们的表现都不尽如人意，尽管最后奋力赶超，也仅仅获得了第四名。

男团失败后，杨威的压力非常大，接下来他还要争夺男子体操全能项目的冠军，可是，此时的他已经因团队的失败而深陷痛苦之中，很难振作起来。几番调整之后，他还是出现在了赛场上，决定为自己的冠军一搏。这一次大家又把期望集中到了杨威的身上，他是中国体操队的领头人物，也是大家心目中的全能王。

杨威顶着巨大的压力，稳定地完成了前几项，就在大家为他即将到来的冠军而准备欢呼的时候，杨威在单杠上出现了重大的失误，一只手从单杠上滑落下来，身体刹那间失去了控制，尽管他重新调整了心态，但是整套动作依然完成得很吃力，最后以第七名的成绩结束了比赛。

这次失败给杨威的打击很大，他无法原谅自己，甚至产生了退役的念头。在队友和教练的帮助下，他终于从失败的阴影中走出来，决定再一次为奥运而战。

2008年，杨威又一次带领中国体操男队进入奥运会的赛场，赛场上飘扬的五星红旗让他和队友们激动不已。这一次，他们是作为东道主与其他国家的选手进行角逐，每个人都非常渴望得到金牌。在中国观众的呐喊声中，他们以出色的表现拿下了男团的金牌，而杨威更是以零失误的表演得到了一枚全能金牌，继1996年之后，他终于又将这枚金牌收进了自己的囊中。

剑桥智慧

在生活中，每个人都会经历很多次失败，如果不能从失败中走出来，我们就很难进步，我们要学会给自己一次改过和强大的机会。原谅失败并不是不思进取，而是为了理智地总结经验教训。

1000多次的失败

有一位穷困潦倒的年轻人想成为一名演员，但是他现在很穷，连一件像样的衣服也买不起。但即便如此，他也不愿意放弃自己的目标。

他决定带着自己亲自打造的剧本，拜访好莱坞所有的电影公司。但第一遍拜访下来，所有的电影公司都拒绝了他。但是他没有灰心，从最后一家被拒绝的电影公司出来之后不久，他又来到了第一家电影公司，开始了第二轮的拜访与自我推荐。

结果第二轮拜访也以失败而告终。他再接再厉，开始了第三轮的拜访，结果还是失败了。

但是，这位年轻人并没有放弃，不久后又咬牙开始了第四轮拜访。

这一次，终于有一家电影公司愿意留下他的剧本先看一看。几天后，他获得通知，请他前去详细商谈。就在这次商谈中，这家公司决定投资开拍这部电影，并请他担任自己所写剧本中的男主角。

而这部电影，便是好莱坞明星史泰龙主演的《洛奇》。史泰龙在经历了1000多次的失败后，终于获得了成功。

剑桥智慧

很多时候，我们面对一次失败，还能咬牙坚持下去，第二次失败，我们就会开始犹豫，当第三次失败来临时，我们可能就会放弃。但如果你相信自己做的是正确的选择，不妨一直坚持下去，在经历上千次的失败后，只要你还坚持，总会有成功的一天。

肯德基的创始人

一个镇子上住着一位退役上校，他的名字叫桑德斯。

他离开部队后，因为年纪的原因，一时找不到合适的工作，而且他的积蓄也快花光了。尽管他很沮丧，但他不愿向命运低头。

他想到自己会做味道特别的炸鸡腿，就把制作过程写成一个秘方，想卖给餐馆，以此赚钱来度过余生。

于是，他就一家餐馆一家餐馆地推荐自己的炸鸡腿秘方。

但每次敲开餐馆的大门，他都被无情地拒绝了。

即便如此，他依然没有放弃，用了两年的时间，他才找到一家愿意接受他秘方的餐馆。

当听到第一声"同意"时，老人流下了幸福的眼泪，而这个执着的老人就是肯德基的创始人。

　　不要因为自己的想法被拒绝，就放弃追求。只要我们选定了目标，就要坚持走下去，只有这样，才会有实现目标的一天。

从擦鞋匠到总统

　　1948年夏天，南美洲一个叫加拉尼温斯的小城就像在热锅里炙烤着，气温接近40℃。小城街头，有一位绰号叫"鱿鱼"的小男孩，每天要拿着鞋刷给人擦皮鞋。他穿着一件破旧的衣衫，汗如雨下，对每个过往的行人都发出期盼甚至乞怜的目光，指望有人能停下脚步，把皮鞋伸过来让他擦，否则他今天就得挨饿。这年，"鱿鱼"才8岁。

　　当时他的目标不过是自己每天能吃上一顿饱饭，不再挨饿。想要实现目标，就得改变。所以，"鱿鱼"想了很多办法，然后一一实施。他当过小贩子，做过临时邮差，还当过洗染铺的学徒工。

　　虽然"鱿鱼"和其家人都很勤奋，但他们一家仍没能脱贫，总是要忍饥挨饿。

　　后来，他觉得自己应该改变一下目标，必须要由一个人吃饱，变成要让一家人衣食无忧。14岁那年，他辍学走上了打工生涯。先是当仓储员，后来成了一家五金厂的工人。开始只是干些杂活，工资很低。为了提高收入，他苦读车工课程，成了一名车床工。

　　但是在18岁那年，因为一次工伤事故，他失掉了左手小拇指，却没有获得应得的赔偿。后来，他加入了冶金工人工会，投身工人运动，却因为手头拮据，在25岁那年，眼睁睁地看着怀有8个月身孕的妻子撒手人寰。

　　沉痛的打击，让他看清了社会问题，他又有了新的目标——要为工人争取权益，要让所有的工人都能吃上饭。

这个目标一直激励着他，让他成为反抗军政府独裁统治的"先锋"，工人的工资得到增加，一些权益也逐步得到维护。

后来，他又有了更伟大的目标，经过不懈的努力，终于由一个擦鞋匠，成为巴西总统，他就是卢拉。

剑桥智慧

我们一生中不可能只有一个目标，要先去实现心中的小目标，才能一步步完成自己的大目标，收获成功的果实。

自我暗示的力量

1991年，一个名叫坎贝尔的女子徒步穿越非洲，人们都十分惊叹于她的壮举。在此之前，几乎没有人相信一个女子能独自完成这般令人难以想象的活动。

在非洲的森林中，在漫无边际的沙漠里，坎贝尔面临的困难、所受的煎熬，也都是人们意想不到的。但每一次，她都暗自激励自己："我能，我一定可以成功！"

终于，在强大的意志力支撑下，在不断的自我激励后，她成功战胜了自己。

剑桥智慧

平时生活中，我们要学会积极地自我暗示，当遇到困难和挫折时，不断暗示自己"我可以做到"、"坚持就是胜利"，逐渐消除不良情绪，增强我们的自信心，帮助自己更快走出困境。

机　遇

　　麦森陶瓷厂的技师因为跟厂方意见不合而发生争执，技师一怒之下带着自己的几个徒弟回到了家乡，而麦森陶瓷厂因无人接替技师的位置而被迫停产。

　　麦森陶瓷厂的高层领导顿时乱成了一锅粥，就在这时，贝特格站出来向厂领导说："能不能让我试试？"

　　但贝特格当时只是一名小小的垃圾工，谁都不相信他能担当技师的工作。

　　贝特格当即从家里拿来了自己烧制的一个花瓶说："请您看看这个，它的质量跟咱们厂的产品相比哪个更好？"

　　厂领导看后，一个个目瞪口呆，纷纷问贝特格："这个花瓶真的是你烧制的？"

　　贝特格肯定地回答说："是的。"

　　原来，贝特格一直在偷学技师的手艺，厂方正式派去跟技师学艺的工作人员都没能学到的东西，却被贝特格全部学会了。

　　了解情况后，厂方问贝特格："你有什么需要，尽管提出来。"

　　贝特格却说："我只希望我的工资能多涨10欧元。因为我的母亲患有严重的哮喘病，每月需要服用10欧元的药物，而我的工资只够全家人每月的生活费。"

　　厂领导被他的诚恳所感动，马上对他说："只要你能够取代技师的职位，你不但可以不再干运垃圾的工作，而且从现在开始，你的月薪也跟技师一样。"

剑桥智慧

　　机会总是为那些有准备的人留着的，不管何时何地，只要你为了自己的目标而做足准备，机遇就会来到你的身边。

实现梦想的梅西

　　被球迷们亲切地称为"新版马拉多纳"的足球运动员里奥·梅西，曾在2009年带领巴塞罗那俱乐部取得西班牙足球甲级联赛、国王杯、欧洲冠军联赛三冠王的成绩，还在同一年里击败C罗获得欧洲金球奖，20天后又在第19界国际足联颁奖典礼上荣获"2009年世界足球先生"称号。

　　那一刻，他微笑着说："我相信，只要努力，梦想就离你不远了。"

　　梅西从小就喜欢足球，但10岁的他在和几个同龄孩子一起踢足球时，却受到了很大打击。那天，队友好几次将球传到他脚下，可他却因过度紧张而闭上了眼睛，几次都错过进球的好机会。结果，他的球队惨败，队友们都将手指放在嘴边，对他发出嘲笑的嘘声，还往他脱下来的球鞋里吐口水，甚至当场给他起了"臭鞋大王"的外号。

　　这场球赛之后，梅西难过极了，他想过要放弃。可正当他失落、心烦意乱之时，弄清事情原委的父亲告诉他，一个人要想成功，就要勇敢坚强地接受失败，要自信地昂起头，一步一步地走自己的路。父亲的话给了梅西很大的震撼。思考一夜后，他暗自发誓，要经过不懈努力，成为像马拉多纳那样伟大的球员，登上足球的顶峰，成为世界足球先生。

　　自那以后，梅西每天都信心满满地参加足球训练，教练的批评、队友的指责，他都能坦然面对。无论何时，他都相信自己能够走出困境，也相信这个世界会接纳他，他的梦想也会一步步实现。

可以说，如果不是从小拥有充分的自信，里奥·梅西很难取得这样的成就。但梅西的自信并不是生来就有的，他也曾有过从自卑到自信的人生经历。我们也要向他学习，增加自己的自信，勇敢面对眼前的困难。

一半秘诀

有个年轻人准备离开故乡，去外面闯荡一番。

在离开家乡之前，他去拜访了村长，想让经验丰富的村长指点一二。

村长听了他的讲述后，写了三个字交给了年轻人。年轻人打开一看，写的是"不要怕"三个字。

"村长，谢谢你。"年轻人刚要离开，村长接着说："孩子，其实，人生的秘诀只有6个字，今天先告诉你3个，等你归来的时候，我再告诉你另一半秘诀。"

当年轻人终于做出一番成就回到故乡时，村长已经去世，但是村长并没有忘记当初的约定，村长的家人取出了一封信，交给了他。

他打开后，看到村长在信中写道："我知道有一天你肯定会再来，人生的另一半秘诀就是——不要悔。"

其实，人生的秘诀就是这么简单，年轻的时候不要怕，步入中年后不要后悔当初的所作所为。

五彩的郁金香

荷兰是郁金香花的故乡，这里有各种各样的郁金香种类。在到处生长着郁金香的某个小镇上，有一对好朋友，她们是艾米和菲比。这两个女孩都是镇上的花匠。

有一天，她们从电视上看到一则消息，说镇上要举行一次种植大赛，谁要是能种出黑色的郁金香，便能得到一大笔奖金。艾米和菲比的种植园正好缺少一笔资金，因此都动了心思，想参加这次种植大赛。

可是郁金香的颜色都是黄色、红色、粉红等各种鲜艳的颜色，却从来没见过黑色的郁金香，到底能不能种出来呢？不过，尽管从来没见过黑色的郁金香，也没有把握一定能种出来，但是两个女孩都想试试看。

菲比撒下了种子，每天都花费大把的时间用来研究怎样才能种出黑色的郁金香。几个月过去，撒下的种子慢慢长大开花了，她从所有开花的郁金香中挑选出颜色最深的一朵，并且留下了它的种子。第二年，菲比再把这些深颜色的郁金香种子撒下去，然后再从开花的郁金香中选出颜色更深的一朵取下种子，如此循环往复，每次她种出来的郁金香颜色都变得更深。

艾米也撒下了种子，同样花费了很多时间和精力侍弄这些郁金香。可她跟菲比不一样，当郁金香开花的时候，她不仅只选深颜色的郁金香种子，也选出一些颜色不同的郁金香种子。然后将这些不同颜色的种子撒下去，再次精心培育，如此循环往复。

这样过去了很多年，当年的种植大赛早已结束，可两个女孩却并没有因为失去了奖金而放弃对自己的挑战，她们继续为培育出黑色郁金香而努力。

一天早上，菲比起床后到她的种植园工作，突然她看到了自己一直以来所梦想的事情———一朵黑色的郁金香花似乎在对她微笑。菲比欣慰地笑了。很快，菲比种出了黑色郁金香的消息传遍了小镇，传遍了荷兰。很多人慕名而来购买她的黑色郁金香。

可一样努力培育郁金香的艾米却一直没传出消息。直到有一天，电视上播出了一条"五彩郁金香"的消息，并且称艾米是这个五彩郁金香的培育者，这些郁金香有黑的、蓝的、白的，等等。

（剑）（桥）（智）（慧）

艾米和菲比全力以赴地为培育新品种的郁金香付出了巨大的努力，当然她们的收获虽然各不相同，但都实现了自己的梦想。虽然没有得到奖金，但她们用行动说明了一个道理：只要肯持之以恒地努力，总会实现自己的目标。

信　念

一个年轻的警察在一次缉捕行动中，被歹徒的冲锋枪射中了右眼和左膝盖。不幸的他成了一个残疾人，荣誉和勋章无法抚平他内心的伤痛和愤怒。

年轻的警察发誓一定要抓住歹徒，他比任何人都要努力，为了一条线索，甚至可以跑遍全国。虽然同事建议他放弃这次行动，但他还是坚持参与了抓捕歹徒的行动。

皇天不负苦心人，多年后，歹徒终于落网了。年轻的警察却已不再年轻，他成了英雄，各界媒体纷纷播报他的传奇经历。

但让人们没想到的是，仅仅数天，这名英雄警察就在自己家里自杀了。

人们在他家发现了他的遗书，上面写道："伤害我的凶手已经被抓到了，我心中的恨消失了，我生存的信念也随之消失了……"

剑桥智慧

信念往往是支撑一个人活下去的重要支柱，一旦人们失去了信念，那么生命也会随之消散，经不起任何事的打击。

舍弃自己的退路

美国堪萨斯州一个偏僻的小镇上，有一个名叫汉娜的女孩，她出生在一个农场，像所有农场里长大的孩子一样，汉娜的童年有很多趣事。度过了无忧无虑的童年和少女时代，汉娜开始向往大城市的生活，于是20岁那年，她离开了家人和熟悉的农场，独自一人来了到了繁华的城市——纽约。

她两手空空地来到这个陌生又热闹的地方，除了一个破旧的行李箱之外，汉娜几乎一无所有。她在一个破旧的汽车旅馆暂时住下，想为自己找份工作。可热闹的纽约也是一个冷酷的城市，汉娜找了好几天都一无所获，没有一家公司愿意聘用她。眼看身上的钱马上要花光了，汉娜躺在吱呀作响的床上一筹莫展。

她想到了放弃，她想回到熟悉的农场，那里有她的家人和朋友，有温暖有亲切。但是，如果回到农场，就意味着要回到当初令她厌倦的贫困之中，而那样一点好处也没有，既不能帮家里的忙，连自己的未来也变得毫无悬念。这么一想汉娜决定留下来，为了自己的未来，也为了让人生更加精彩，她愿意忍受这暂时的困窘。汉娜认真地分析了自己的处境，觉得当务之急是要找到一份填饱肚子的工作，否则很可能就要流落街头了。

打消退缩的想法后，汉娜将自己的想法付诸行动。第二天她看到一则招聘服务员的消息，于是立即去那家餐厅面试。餐厅的老板觉得汉娜诚实肯干，就聘用了她。尽管这份工作的收入很微薄，但汉娜总算在纽约站稳脚跟了，不必担心自己会流落街头，也不必担心会饿肚子。汉娜在工作的同时也不忘学习，不断地参加考试，为改变自己的人生做准备。

就这么做了几年，汉娜终于告别了服务生的工作，因为一个偶然的机会，她成功地跻身于中产阶级行列。汉娜想想自己这几年的经历，庆幸当初没有选择放弃，而是将自己的理想用行动实现，克服了退缩的心理，否则很有可能自己正在农场里工作，继续过那种乏味的生活。她想起了小时候父亲常常跟她说的一句话：不要退缩，把帽子扔过栅栏。这是父亲对她的鼓励，因为汉娜小时候不敢翻过栅栏，而父亲则告诉她，先把帽子扔到栅栏那边，因为没有了退路，就必须想办法翻过去。

这句话一直鼓励着汉娜，无论在什么时候，只要汉娜想要退缩时就会想起父亲这句亲切的话语。

剑桥智慧

很多时候，人们对人生、对未来会产生各种想法和期盼，通常我们把这种对生活的期盼称为"梦想"。梦想是成功的开始，但是光有梦想是不够的，如果不付诸行动，不用行动实践自己的梦想，那么梦想就会变成空想，一切将会是一场虚无。

地下的管道

有人把一只鼹鼠和一只松鼠同时装进了一个管道里，管道被埋入地下，一端通向地面的出口，另一端则用玻璃封住，并且在玻璃外面安装了一盏光线微弱的灯。

被关进管道后，两只动物都焦躁不安起来，它们到处嗅着，用爪子使劲儿地抓着，寻找着出口。

这时，松鼠看到了管道一端微弱的灯光，它奋力扑向光源。可是，灯光被玻璃隔住了。一次一次地，松鼠努力又失败，但是它不肯放弃，一再地扑向玻璃，直到筋疲力尽。

而鼹鼠的视力几乎等于零，它在管道里四处乱闯，还时常被撞倒在地上，但就在鼹鼠即将筋疲力尽的时候，却找到了另一端的出口。

不过，遗憾的是，一出地面，鼹鼠就被外面强烈的阳光吓住了，相比地下的冰冷和黑暗，阳光更令它不适应，于是，它只好退回去，继续待在黑暗中。

剑桥智慧

当我们在追寻目标不断碰壁的时候，不妨先放下目标，学会变通，不要让自己的努力变成徒劳；而当我们靠着自己的蛮力和运气闯出了一片天地的时候，也不能因为眼高手低，而错过收获的大好时机。

青年的烦恼

一位青年满怀烦恼地去找一位智者。他大学毕业后，曾豪情万丈地为自己树立了许多目标，可是几年下来，依然一事无成。他找到智者时，智者正在河边小屋里读书。智者微笑着听完青年的倾诉，对他说："来，你先帮我烧壶开水！"

青年看见墙角放着一把极大的水壶，旁边是一个小火灶，可是没发现柴火，于是便出去找。他在外面拾了一些枯枝回来，装满一壶水，放在灶台上，在灶内放了些柴火便烧了起来。可是由于壶太大，那捆柴火烧尽了，水也没开。于是他跑出去继续找柴火，等找到了足够的柴火回来，那壶水已凉得差不多了。这回他学聪明了，没有急于点火，而是再次出去找了些柴火。由于柴火准备得足，水不一会儿就烧开了。

智者问他："如果没有足够的柴火，你该怎样把水烧开？"

青年想了一会儿，摇摇头。

智者说："如果那样，就把壶里的水倒掉一些！你一开始踌躇满志，树立了太多的目标，就像这个大壶装的水太多一样，而你又没有足够多的柴火，所以不能把水烧开。要想把水烧开，你或者倒出一些水，或者先去准备柴火！"

青年顿时大悟。回去后，他把计划中所列的目标划掉了许多，只留下最近的几个，同时利用业余时间学习各种专业知识，几年后，他的目标基本上都实现了。

剑桥智慧

有时候，目标过多反而会使我们遇到很多烦恼，万事挂怀，只会令我们半途而废。目标，需要一步一步来做，才能达成。

可爱的小老鼠

风景怡人的公园里，一对落魄的年轻男女坐在公园的长椅上，他们无暇欣赏公园里的风景，因为他们此刻正在商量今天晚上该去哪里度过。因为没钱付房租，房东把他们赶了出来。

"我们该怎么办？"女人轻轻地问。

这时，一只小老鼠从他们简陋的行李箱中伸出了小脑袋。这只小老鼠是他们养的宠物，以前在公寓的时候有条件喂养，也给他们带来了很多快乐。看着小老鼠，这对男女非常感动，没想到这只小东西竟然躲在他们的行李中一起离开了公寓。

这只小老鼠暂时缓解了他们的情绪，他们像以前一样逗小老鼠玩了一会儿。

也许是快乐的时光总是过得太快，一转眼太阳就开始西下，夜幕即将降临。这时，困扰他们的问题又浮现出来。忽然，男人似乎想到了什么，连眼神都充满了兴奋，他大声喊着："小老鼠这么可爱，能为人带来快乐，而世界上穷困潦倒的人一定也很多，我们为什么不让更多穷苦的人们也看看这只小老鼠的可爱呢！"

他眼前浮现出一幕欢乐的奇景：小老鼠一改往日遭人厌恶的角色，变成了辛苦劳动的好老鼠，它们辛勤劳动，用自己创造的食物填饱肚子。为了对抗敌人它们团结互助，用机智赢得了胜利，它们甚至还愉快地跳舞、恋爱。

这对男女为这个主意而感到兴奋，他们开始行动起来，沉醉在创作小老鼠形象的过程中。后来，这位青年成了美国甚至全球的名人，他就是沃尔特·迪士尼。而以那只小老鼠为原型的米老鼠，也得到了大家的喜爱。

剑桥智慧

如果有命运这回事，那么命运是公平的，它不会热情款待谁，也不会冷落谁。迪士尼只有一只老鼠，可是命运却因为老鼠而改变。人生的道路总是由黑暗和光明轮流掌控，人人都有遭遇困难的时刻，也有取得成功的时刻。

剑桥家训全集

第三章
学会做人，
让人生的道路
越走越宽广

将军喝了刷锅水

有这么一位将军，他平时非常严肃，也不怎么关心战士的生活。一天，他突然跑到厨房去视察，要亲眼看一看战士们的伙食。灶台上放着一口锅，锅里刚好装着"汤"，他问都没问就对厨师说："给我尝一勺。"厨师赶紧说："将军，这是……"他打断了厨师的话，大声说道："住口！"于是自己拿起勺子喝了好几口，然后生气地骂道："混蛋，这汤怎么能喝呢，明明是刷锅水！"厨师在一旁小声地说："将军，我刚才是想告诉您，这是刷锅水。"

剑桥智慧

如果这位将军能多关心一下战士的生活，不打断厨师说话的话，他就不用糊里糊涂地喝刷锅水了。在倾听他人说话的时候要注意对方的表达要点，体会说话人的言外之意。

你的字很漂亮

法国著名作家大仲马小时候家境贫困，他为了赚点钱给父母贴补家用，就决定到巴黎去碰碰运气。

他一个人背着行囊走遍了巴黎的大街小巷，却没有一个老板肯雇用他。他非常失望，对生活也失去了信心，一想到自己的父母和兄弟姐妹们还在过着贫苦的生活就悲痛欲绝。

有一天，他因为处处都吃了闭门羹而坐在一家饭店的门口哭泣，一位正在吃饭的客人看见后就问他："年轻人，你为什么这么伤心呢？"

大仲马回答道："我还没有找到一份工作，可是我的家人还在忍饥挨饿呢。"

客人听了以后很同情他，就把他带进饭店里，想给他找个差事，于是就问："你的数学怎么样，能帮别人算账吗？"

大仲马摇摇头，说："我没有学过算术。"

客人又问："那你精通历史吗？"

大仲马还是摇摇头："我也没有学过历史。"

客人又问："那你懂点法律吗？"

大仲马低下头，小声说："我不懂法律。"他觉得很尴尬，不好意思抬头正视眼前的好心人。

客人叹了一口气，说："那把你的名字和地址告诉我吧，如果有合适的工作我就通知你。"

大仲马拿出一个小本子，撕下一页纸写上自己的名字和地址递给客人，客人一看，高兴地说："年轻人，你的字写得真漂亮啊，这可是个优点啊！"

大仲马一听，心想："字写得好都会被人夸奖，如果我能写出好的文章，不就可以赚很多钱了吗？"受到夸奖后的大仲马突然对生活又有了希望，自此他就一直走在写作的路上。多年之后，他终于成为一位名满天下的大作家，被世界的读者所喜爱。

剑桥智慧

一句简单的夸奖就让大仲马变成了著名的作家，因此，适当的夸奖能够成就一个人，因为赞美的话会让人感到自信。夸奖别人的时候一定要诚恳，要从心底去赞美对方、认可对方，如果你不够真诚，那你的言语一定会比较虚假，态度也会很轻率，对方是很容易识破的，这样的夸奖就不会收到好的效果。

让她哭出来吧

安妮的好朋友朱莉最近很不开心，因为最疼爱她的奶奶过世了，这让朱莉十分痛苦，每天眼睛都哭得又红又肿。安妮很是担心，想为好朋友做点什么，但又不知道应该做些什么。

安妮去问妈妈，妈妈说："那你就多陪陪她，多对她笑，她不开心的时候就哄她开心，她难过的时候就逗她笑一笑。"

"那她要是想哭呢？"安妮一想起朱莉这几天红肿的眼睛就难受，怎么才能让她不再哭呢？

"那你就让她哭出来吧。"

"啊？"安妮以为自己听错了，不解地问，"让她继续哭？"

"对，再哭一次，这次之后，就只能笑了，因为人活着，必须要笑对人生！"

"妈妈，你这话好酷哦。我这就去找朱莉。"安妮在妈妈脸上亲了一口，兴冲冲地跑出家门，去找朱莉了。这一次，她一定要让朱莉笑出来，打从心眼儿里笑出来。

剑桥智慧

笑对人生，不代表我们这一生都不能哭，但是不能让悲伤占据我们的一生。我们要懂得笑对人生，更要懂得笑对人生的技巧，这样不但自己能不被悲伤压倒，也会帮助我们的朋友度过不快乐的日子。

他有一个好朋友

法国著名历史学家托克维尔出生在一个贵族家庭，从小就过着锦衣玉食的生活。他饱读诗书，非常有见识，连国王都很赏识他，在他21岁的时候，国王给了他一个既轻松又有面子的职位。但是，托克维尔并不满意，他不喜欢这种没有新鲜感的生活，与法国的陈旧相比，他更喜欢美国的活跃和自由，于是毅然辞去了职位，只身一人去了美国。

在法国他是贵族，而在美国他却是一个极其普通的欧洲外来者，来到美国之后他没有受到当地人的礼遇，生活并不富裕。但是他对美国的历史很感兴趣，一直痴迷于对美国历史的研究，但是经常遇到困难。

有一次，他把自己的研究成果拿给美国一位知名的历史学家看，谁知这位历史学家对他的观点很不认同，嘲笑他说："一个法国小子居然敢研究美国的历史，你不觉得可笑吗？"这句话让托克维尔非常难为情，他拿起自己的稿子愤然离开了历史学家的办公室，决定放弃对美国历史的研究。好朋友克尔格雷知道后找到他，说："你的研究非常不错，怎么能放弃呢？"托克维尔沮丧地说："我的研究连美国人都不认可，根本就没有什么价值。"克尔格雷劝道："那只是一个人的见解罢了，你要知道，无论是怎样的言论，总会有人认可的，不要轻易放弃。"托克维尔接受了他的劝导，继续自己的研究。

后来，在论及美国民主的弊端时，美国领导阶层的很多人都反对他，这给了他很大的精神压力，他差点就失去了坚持自我的勇气。就在他陷入痛苦中时，好朋友斯托菲尔勇敢地站出来，对反对者说："他不过是说了几句实话而已，你们的言论是在亵渎美国的民主和自由。"斯托菲尔的支持让托克维尔重新找回了勇气。他坚持了自己的观点，并不断地深入探索，终于在1835年完成了《论美国的民主》，这本书一出版就获得很多好评。

剑桥智慧

　　托克维尔虽然很有能力，只身一人在美国为自己的事业奋斗，但是，如果没有朋友的帮助，他可能就不会有这么高的成就。由此可见，一个人的力量是有限的，在解决问题时，接受别人的帮助往往能收到事半功倍的效果。

我帮你吧

　　一次，美术老师让一位同学画一幅同学们在操场上活动的图，而且三天内必须完成。他的美术成绩很一般，这个任务对他来说确实是个难题。他一下课就趴在桌子上涂涂改改，一直也画不好。同学艾伦看见他在为画人物而发愁，就说："我帮你吧，我的人物画得还行。"后来，同学迈克看见他因为画不好操场的场景而抓耳挠腮，就说："我帮你吧，我会画场景。"都画好以后，同学比尔发现他拿着彩笔不敢下手，就说："我帮你吧，我学过上颜色。"就这样，在多位同学的帮助下，原本需要三天才能完成的任务他只用了一天的时间，提前把画交给了老师。

剑桥智慧

　　其实，接受别人的帮助也是一种善良的举动。我们经常说助人为乐，但是如果对方不接受你的帮助，你的乐又从何而来呢？所以，当别人主动提出要帮助你，而你正好又需要帮助的时候，千万不要辜负对方的好意，否则会让对方的自尊心受到伤害，而且对自己也没有好处。

下雨天留客

有一位年轻人，他去一个小山区游玩，下午的时候天空突然乌云密布，眼看就要下大雨了。他经过一户人家的时候，主人对他说："年轻人，在我家里歇一晚吧，下雨天走山路不安全。"他推辞说："不用了，这雨下不大的。"主人几番苦留都没能留住他，他走后，主人生气地说："真是不听劝，以为我骗你啊！"结果年轻人刚走了一半的路程天就下起大雨，山上的泥土和石块在雨水的冲刷下滑落下来挡住了他的去路，他很后悔没有接受那个人的帮助，便原路返回找到那户人家。还好那个主人没有计较，让他借宿了一晚。

剑桥智慧

遇到困难的时候要理智地接受别人的帮助，这样既不会辜负对方的热情，也避免了让自己在困境中忍受痛苦。遇到无法解决的困难并不代表你能力不行，接受别人的帮助，并不是件没面子的事情。

雨伞引起的偏见

两个十几岁的女孩在同一家餐厅吃饭，其中一个女孩穿戴朴素，所点饭菜也都是比较便宜的，另一个女孩则是一身名牌，出手十分阔绰。

餐厅里客人比较多，这两个女孩只能同桌用餐。可在她们快要吃完饭的时候，外面突然下起了雨，穿戴朴素的女孩没有带雨伞，但看到雨下得不小，她一时慌张，就拿起桌上放着的一把折叠伞往外走。

这时，出手阔绰的女孩叫住她："喂！这是我的伞。"

穿戴朴素的女孩这才反应过来，她有些尴尬，红着脸向对方道歉，说自己一时误拿，不是故意的。另外一个女孩就没再说什么。

之后，穿戴朴素的女孩就跑出去买伞。她买了两把伞，另一把是要送去给还没下班的妈妈的。可是，在去妈妈单位的路上，她又遇到了刚才与她同桌用餐的那个女孩。那个女孩看她手里拿着两把伞，就说："看来你今天的成绩不错嘛！"

原来，出手阔绰的女孩已经对误拿雨伞的那个女孩有了偏见，看她一副"穷酸样"，又差点拿走自己的伞，便以为那个女孩本就有"顺手牵羊"的坏毛病。

剑桥智慧

人一旦有了偏见，就会把人看"扁"，因为偏见会像一堵厚厚的石墙挡住人的视线，让人无法看清人、事、物的本来面目，进而无法公正、客观地去分析问题。因此，若想看清事情的真相，我们就要先摒弃过去的误解和偏见。

你没看到我

有位教授，他想招聘一名研究生来帮助自己处理一些杂事。招聘信息发出去之后，许多研究生都投递了简历和作品。教授逐一地进行筛选，可不是文采不好就是基础不牢，好不容易才找到一个比较合意的男生，于是他打电话通知这个男生来面试。

下午两点钟，这个男生来到了教授的办公室。教授让他坐下，说：

"你平时做过什么兼职吗？"男生被教授书架上的书吸引住了，左右看了看，然后说："我做过家教、销售和编辑。"

教授点了点头，问道："那你喜欢看书吗？"男生一听，正合自己的心意，高兴地说："非常喜欢，我最喜欢看人文理论方面的书，我看见您的书架上就有好几本，都是我平时很难看到的。"他很兴奋，甚至没等教授提问就把他看过的书都简单地介绍了一下。

教授面无表情地看着他，又问："那你为什么想应聘这份工作呢？"男生的眼睛不停地瞟着书架，说："因为这份工作能让我学到很多东西，而且我还能够接受您的指导，这个机会是很难得的。"

教授严肃地说："你在系里应该很优秀吧？"男生笑道："还好吧，我的论文经常被刊登到一些比较知名的刊物上，成绩也还不错。"

教授摘下眼镜擦了擦，说："年轻人，你的确很出色，但是我并不打算聘用你。"男生听了这话有些不好受，他收起脸上的笑容，问道："教授，这是为什么？"

教授戴上眼镜说："因为你太出色了，以至于你的眼中已经容不下我。"男生一听，突然紧张起来，他不明白教授为什么这样讲："我没有，我怎么可能呢？"

教授平静地说："年轻人，看来你还没有意识到自己的错误。你在和我说话的时候眼睛一直盯着书架，虽然表示你很爱学习，但是，你忘记了我还坐在你的前面，而我一直在看着你。"

男生这才明白，原来是自己太没有礼貌了，他只能向教授表示歉意，然后离开教授的办公室。

剑桥智慧

说话时看着对方的眼睛能够让你变得更谦虚、更随和。交际专家卡耐基曾经说过，"你见到的每个人都觉得自己在某个方面比你高明，因此通向他心灵的可靠途径就是用微妙的方法让他感受到你承认他是重要的，而且要诚心诚意地尊重他。"所以，不论你自己有多么优秀，都一定要在交谈的时候认可对方，看着他的眼睛，并对他所说的话做出适当的反应。否则，对方会认为你太骄傲，太目中无人。

做人要谦虚一点

有一个学生，他的各科成绩都非常出色。有一次，一位同学向他请教问题，他一边写作业一边就把答案告诉了这位同学，连头都没抬。他本来还以为这位同学会因此而更佩服他，没想到同学突然发了火，生气地说："有什么了不起的，不就是学习好嘛，至于这么瞧不起人吗，连头都不抬！"刚开始他还不明白自己到底错在哪里，向老师请教之后他才明白，原来这是自己的骄傲之心在作祟，那种目中无人的样子让同学很伤自尊，所以才会那么不高兴。

老师告诉他说，他应谦虚一点，放下手里的事情再和同学交流，这样就不会伤了同学之间的友谊了。

剑桥智慧

在生活中我们可以发现，往往是那些谦虚、尊重别人的人，更能受到别人的尊重，而那些趾高气扬、对别人不屑的人，虽然能力强，但是依然难以得到别人真诚的尊重。不仅如此，骄傲还是个很伤感情的东西，会把感情很好的朋友变得疏远而陌生。

打碎灯泡的助理

爱迪生发明灯泡的过程很坎坷，他经过很多次实验的失败才做出了一个完整的灯泡。

这一天，他把刚刚做好的灯泡交给一个助手，说："把这个拿到楼下的实验室去，我们还要认真研究一下。"

助手很清楚，为了做好这个灯泡，爱迪生花了好几天的工夫，连觉都没有好好睡过，所以他特别小心，生怕碰坏了爱迪生的研究成果。

可是，怕什么来什么，刚走到楼梯的拐角处，助理的左手不小心碰到了楼梯的扶手，灯泡从他的手里掉了下来，"乓"的一声碎了。

他站在那里吓呆了，不知道该怎么和爱迪生交代。他慢慢地走向爱迪生的实验室，心里盘算着找个什么理由才好。等来到爱迪生的旁边时，他还是没有想出比较好的借口，只能支支吾吾地说："灯泡碎了，我不小心碰到了扶手，真的很抱歉。"

爱迪生听后很生气，好几天的工作成果就这么消失了。但是他知道，助理一定是过于紧张才犯下这种错误，而且灯泡已经碎了，再去苛责他也没有什么意义，所以爱迪生没有责备这个助理，只是淡淡地说了一句："以后小心点。"

刚听到这句话时，助理简直不敢相信自己的耳朵，心想："他一定是在安慰我，根本就不可能原谅我。"为此，他一直有些不痛快。

有了第一个灯泡的制作基础，第二个灯泡很快就做好了。过了两天，爱迪生又把新的灯泡拿给助理，对他说："把灯泡拿到楼下去，这一次要小心点，我已经好几天没合眼了。"

助理很感动，他知道爱迪生是真的原谅了自己，于是每走一步都很留心，最后，他把灯泡安全地送到了楼下的实验室。

剑桥智慧

　　爱迪生可以原谅助理打碎他的研究成果，我们就更可以原谅朋友的一两次不仗义了。原谅朋友不但能够减少朋友的愧疚感，还能使朋友关系更加和谐。

　　当朋友背叛你或者欺骗你时，他自己也会觉得内疚，如果再缺乏承认错误的勇气，他就不可能主动向你道歉，只能躲避你、疏远你。所以，倘若你还想挽回这段友谊的话，一定要拿出男子汉的气度来，主动找朋友谈谈，既解决了你的烦恼，也能让朋友的心里舒坦些，而且还能增进你们的友谊。

原谅不仗义的朋友

　　乔和杰克是好朋友。有一次两个人都参加了科技创意比赛，乔非常想得到第一名，但是他一直没有好的想法。正发愁的时候，杰克兴高采烈地过来说："乔，你看我的设计，我花了好几天才想出来的，一定能得奖。"乔一看，果然很有新意，他对杰克夸奖一番后，头脑中突然冒出一个想法——借用杰克的创意。比赛当天，乔先出场展示他的作品，完全是套用了杰克的想法。杰克看到后非常生气，不但退出了比赛，还和乔断绝了关系。可是，杰克并不高兴，他一直忘不了和乔在一起玩耍的日子，突然觉得自己太无情了，而且越想越觉得难过，于是，他决定原谅乔。当他把这件事抛开后，心情真的好了许多，好像这件事从来没有发生过一样。乔也十分后悔，向杰克真诚地道了歉。二人于是和好如初。

不要为朋友的不仗义而难过，如果真的很想继续这段友谊，就放下这段不美好的记忆，让自己过得开心一点。

当然，原谅朋友不代表要纵容朋友的一切不友好行为，有时候，朋友所犯的错误是比较严重的，或者他的某些行为会对他以后的生活造成不好的影响，那么，你除了要原谅他之外，还应该积极帮助他改正错误，让他成为一个更优秀的人。

真正的朋友

路易和内特是好朋友，大学毕业后两个人合伙做生意，一起经历了不少磨难，也创造了很多财富。后来他们的生意出了问题，公司一直在亏损。内特支撑不下去了，因为他有一个生病的母亲需要照顾，而且母亲的医药费很高，他必须赶快找个薪水比较高的工作，于是他就决定和路易分开。

内特临走时对路易说："兄弟，我现在没办法帮助你了，我的母亲还躺在病床上呢。"路易很体谅他，不但没有因为他的撤退而生气，还安慰他说："我知道你的难处，不过我现在没有能力减轻你的负担，真的很抱歉。"后来，路易独自一人硬撑着，好不容易才扭转了公司的经济状况。

公司盈利之后，路易拿着分红去找内特，说："这是你应得的，公司现在发展得还不错，你想回来吗？"内特笑着说："我现在的工作很稳定，薪水也不低，我想继续做下去。不过，只要你有困难，随时都可以找我。"路易虽然很失望，但是他一直把内特当作最好的朋友，毕竟他们同甘共苦了很多年。

20年过去了，路易也老了，身体越来越差，最后只能躺在病床上勉强活着。一天他把儿子叫到身边说："如果你遇到困难了，就去找内特，他一定会帮助你的。"然后让儿子记下了内特的地址。

没过几天路易就病逝了，他本来给儿子留下了不少的财富，可是儿子的生活很奢侈，经常领着一群朋友到家里大吃大喝，而且他又不善经营，没过几年就把路易留给他的钱都花完了，还欠下了一身的债。

债主追上门的时候他去找朋友们帮忙，但是所有人都躲着他，走投无路之下，他突然想起了父亲对他说的话，于是决定去找内特帮忙。

内特知道了他的情况后，二话没说，从屋里抱出一个小箱子，他说："孩子，这是你父亲当年给我的分红，应该能帮你渡过难关，但是，不要再挥霍了，好好珍惜路易给你留下的东西。"孩子听了之后很感动，他终于明白，像内特这样能够在最困难的时候向你伸出援手的才是真正的朋友。自此他远离了原来那些狐朋狗友，开始本本分分地生活。

剑桥智慧

我们每个人都会遇到一些困难，而且很渴望能够找个朋友来帮忙分担，但是这样的朋友却不多。所以，你应该做一个肯为朋友分担痛苦的人，不但能够减轻朋友的压力，也能让自己活得更开心。

帮助别人除了能够增进友谊外，还可以增强一个人的责任意识。如果你能够把别人的困难当作自己的困难，并不遗余力地给予帮助，那么在处理自己的事情时你也会非常用心，而且应该处理得非常好。

美丽的谎言

医院里有一个病重的老人，他每天都只能孤单地躺在病床上看着天花板，觉得生活已经没有了指望。有一天，他的病房里来了一个病友，这个病友虽然病得很重，但却非常喜欢说话，每天都要和他聊上几句。

有一次病友问他："你的家人呢？"

他伤感地说："我的儿女都不要我了。"说着就流下泪来。

病友安慰他说："其实他们不是不管你，只是不想看见你这么痛苦。"他听了觉得很有道理，说："是啊，还不如不让他们看见呢。"

第二天他醒来以后，病友高兴地对他说："你的孩子刚才来看你了，还给你买了水果。"

他看了看床边的小柜子，上面果然放着一兜水果，有苹果、香蕉、草莓，五颜六色的，真好看。

他高兴地说："那他现在在哪儿呢？"

病友羡慕地说："他看你睡着了就没有吵醒你，现在去上班了，他还让你好好养身体。"

他的儿子已经很久没有来看过他了，他非常开心，说："让护士给我们洗草莓吃吧，我一个人吃不了这么多。"病友笑着答应了。

在后来的半年里，他每隔几天就能收到儿子送来的水果和鲜花，心情一天天地好起来，健康状况也改善了许多。但是病友的状况却不容乐观，精神越来越恍惚，在一天夜里去世了。临走前病友还对他说："你儿子说，等你病好了，他就来接你。"

后来他能够坐轮椅了，还可以自己到医院的小花园里晒晒太阳，儿子也经常来看他。有一次他问儿子："你那年怎么突然想起来给我送水果？"儿子诧异地说："没有啊，我没给您送过水果。"他回到病房后想了想，然后问护士："我的水果是谁送的？"护士看着他，认真地说："是您以前的病友。"他听了点点头，然后拿起一颗草莓放进自己的嘴里，两行眼泪从眼睛里落了下来。

剑桥智慧

病友虽然对这个老人说了谎话，但这些谎话却让他重新找到了生活的热情，他不但不会怪罪病友，反而还会感激他一辈子。在和别人交往的时候，我们有时不得不说几句善意的谎言，虽然它是谎话，但却能够给听者带来希望和自信。

需要自己的空间

双耳失聪后，贝多芬的脾气变得更加暴躁了，稍有不满就会对身边的人大发雷霆。即便如此他依然有很多朋友，而且朋友们也非常关心他。

贝多芬的住宅很大，平时只有他和保姆两个人住，屋子里冷冷清清的，只能听到钢琴的声音。有个朋友非常热心，他觉得贝多芬太过孤单了，况且又丧失了听力，就想多给他一点照顾，让他感觉到来自朋友的温暖，所以他经常拜访贝多芬。

这一天，朋友又去拜访了贝多芬。此时贝多芬正在创作新曲，他叼着一根金属棒，把金属棒的另一端顶在钢琴上，然后通过金属棒传递的声音来感受音乐。朋友被这种方式逗乐了，他在一张纸上写道："朋友，你这种方法管用吗？"

贝多芬本来就为丧失听力而苦恼，他很不喜欢这种折磨人的弹琴方式，心里正不自在，看了朋友递过来的纸条后，满脸的怒气，严肃地说："你每天都跑过来，难道不嫌麻烦吗？"

朋友以为他在关心自己，便写道："没事，我来看看你是不是需要帮助。"

贝多芬看了他写的话，心里的怒火更大了，他大声地说："你以为你做得很对吗？我正在创作，需要一个人待着，你可不可以不要经常过来，我都不知道怎样才能把你赶走！"

朋友听了立马就红了脸，他觉得很尴尬，不知道该怎么和贝多芬继续交谈下去，只能拿起帽子走了。

在接下来的两个星期里，朋友没有再去拜访过贝多芬。贝多芬以为朋友生气了，就写了邀请函让保姆送去。保姆刚要出去却听见有人敲门，她打开门一看，那个朋友正站在门口，他小心地问保姆："先生今天忙吗？"

保姆把手里的邀请函递给他，笑着说："今天再闲不过了。"

朋友走进屋来和贝多芬打招呼，贝多芬显然很高兴，他笑着说："我以为你再也不会来了。"

朋友笑了笑，写："怎么会呢？以前我做得不对，你应该有自己的空间。"

贝多芬很感激朋友能这么体谅自己，以后他们便约定两个星期见一次，每次见面都聊得很开心。

剑桥智慧

贝多芬之所以生气是因为朋友没有给他足够的私人空间，影响了他的创作。通过这件事我们可以看出，在和朋友交往的时候，不应过多地打扰朋友的生活，一定要和他保持适当的距离，给他留一点私人空间。

叔本华说："人类就像刺猬，由于寒冷而想挤在一起，但挤在一起又怕互相刺痛，又不得不离开一些，离得太远又怕冷，所以只好保持不近不远的距离。"朋友之间的相处也是一样。

一段距离遥远的感情

梅克夫人在丈夫死后，一直在音乐中寻找安慰。在听过柴可夫斯基的《暴风雨》后，她了解到他生活条件很不好，于是不断地资助他，经常在两人的通信中鼓励他要坚持自己的音乐风格。

作为回报，也作为交流，柴可夫斯基经常为梅克夫人作曲，而梅克夫人也在他的音乐中得到了自己所渴求的东西。在这种交流中两人的感情日渐深厚，但是在他们交往的14年中，两人并没有见过面。梅克夫人在信中这样说："我曾经很希望和你见面，但是我发现我越对你着迷，就越怕和你见面。我觉得到那个时候，我就不会像现在一样和你交谈了……所以，目前我宁愿远离你，只在音乐中和你心心相印。"

剑桥智慧

情感是个很复杂的东西，隔得太远，它会慢慢地变淡；离得太近，又会因为说得太多而变得无话可说。最好的办法就是保持一定的距离，不跨越彼此的界限，保持那最美的距离。

永远的绅士

美国好莱坞巨星格里高利·派克被称为"永远的绅士"，即使年过八旬也依旧风度翩翩。他的绅士风度不仅体现在得体的衣着和文雅的谈吐上，更体现在高尚的品德上。

1953年派克和赫本主演了一部爱情影片《罗马假日》，这是他们第一次合作。当时的赫本还只是一个名不见经传的小演员，而派克已经名声大振，在好莱坞很有地位。当他知道与自己合作的是一位不太出名的女演员时，他并没有像其他的好莱坞巨星一样摆谱，不但积极配合赫本的表演，还在表演技巧上给了她很多指点。

有一次，赫本不知道怎样才能表演出自然而又逼真的惊恐表情，一直对着镜子不断地练习。派克笑着说："没关系，其实这很简单，等一会儿你只要配合我就好，不要把它想得太复杂。"派克把剧情稍微改动了一下，故意做出一个危险的动作。赫本非常紧张，以为真的出了意外；她惊叫起来，连忙一把拉住派克，很顺利地就做出了惊恐的表情。导演对她的这段表演非常满意。

《罗马假日》的宣传海报刚刚做好的时候，派克仔细看了看上面的信息，他发现自己的名字非常醒目，而赫本的名字却被写在了海报的小角落里，很不起眼。他觉得这是对女演员的不尊重，于是找到了策划人，要求把赫本的名字写在最显眼的地方。策划人说："赫本的名气还不高，这样会影响票房的。"派克严肃地说："赫本的表演很出色，根本不会影响票房。"策划人没有办法，就把赫本的名字放在了第一位，而派克的名字仅居第二位，只起到一个陪衬的作用。

影片播出后反响很大，赫本一夜之间成为公众眼中的"公主"，而且还获得了奥斯卡最佳女演员的大奖。她在领奖时激动地说："这个礼物很珍贵，是派克送给我的。"而此时的派克则坐在台下微笑着为她鼓掌。

剑桥智慧

派克的绅士风度是由内而外散发出来的，他对女士的尊重也是发自内心的，所以才会受到广大影迷的喜爱。孩子虽然小，也应锻炼在为人处事中表现出应有的绅士风度，给人们留下好印象。而且绅士风度的制约会让我们变得更文明、更礼貌，日积月累，这种表面上的文明和礼貌就会融入我们的思想意识，进而我们的道德水平也就会有提高。

打 招 呼

丹尼尔刚走进校门就看见数学老师马克向他迎面走来，他不喜欢和别人打招呼，于是故意低下头，假装没有看见马克老师。可是，等两个人靠近的时候，马克老师却大声地说："丹尼尔，你的鞋子很酷啊！"他抬起头，不好意思地说："早上好，马克老师！"马克老师笑了笑，说："走路不要总是低着头，小心撞着人。"丹尼尔尴尬地红了脸。

在走进教室的时候，同学杰克拍了一下他的肩膀，高兴地说："早上好，伙计！"他没有回应，只是看了杰克一眼，然后就走到了自己的座位上坐下。坐在他前面的艾丽回过身来对他说："刚才杰克和你打招呼呢，你怎么不理他？"丹尼尔满不在乎地说："我没有强迫他和我打招呼，所以没有必要理他。"艾丽不高兴地说："可是杰克刚才的表情很不开心，你应该去道个歉。"丹尼尔面无表情地说："没有这个必要。"艾丽很生气，没有再理会他。

下午放学的时候，丹尼尔又在路上碰到了杰克，他依然没有和杰克打招呼。而杰克还在为早上的事情生气，也故意假装没有看见丹尼尔。后来，班里很多同学看见丹尼尔都不会主动和他打招呼，慢慢地，丹尼尔就被同学们孤立起来。

有一次，丹尼尔无意中听见同学们在议论他，一个同学说："他真是一个骄傲的家伙，从来都不主动和我们打招呼。"另一个同学又说："我觉得他是个冷血动物，完全体会不到别人的热情。"还有一个同学激愤地说："他对老师也很没有礼貌，经常对老师视而不见。"同学们你一句我一句地"控诉"着丹尼尔的罪行。丹尼尔从来都不知道，原来自己在同学们的心目中这么差劲，他觉得受了刺激，心里很不是滋味。

后来，为了改变自己的形象，他一见到熟悉的人就会主动打招呼，很多人也会热情地回应他，他这才感受到打招呼的乐趣。有一次他和一个同学打招呼，而那个同学却没有理睬他，他觉得很尴尬。这件事让他想起了杰克，他终于体会到了杰克当时的感受，于是找到杰克诚恳地向他道歉，杰克很爽快地原谅了他，两个人再也没有了隔阂，班里的同学也不再孤立他。

打招呼虽然只是一句简单的寒暄或者一个微笑的表情，却能让对方感受到我们的尊重和热情。打招呼是一门学问，可以体现一个人素质的高低，也许不经意间的一句话，就能给别人留下好印象，给人带来好心情。

辩论赛的教训

爱德华是班里的优等生，他一直自命不凡，经常不把其他同学放在眼里。一次，学校突然要举行辩论赛，很多同学都报名参加了，爱德华当然也不能落后。知道辩论的题目后同学们都开始紧张地做准备，而爱德华却非常轻松，他想："我就算不做任何准备也一定能打败你们。"

辩论赛很快就开始了，各个辩论小组都聚集到了一起。比赛以抽签的方式决定对手，爱德华代表小组成员去抽签，正好抽到了一支非常强大的小组。

铃声一响，对方的一辩妙语连珠，非常清晰地阐述了自己的观点，而且有理有据。作为一辩的爱德华虽然不甘示弱，但是由于准备不够充分，他的理论并不成熟，第一轮就落后了。

在接下来的几轮辩论中，爱德华和小组成员的表现还算不错，但是到自由辩论的环节时，爱德华发现自己的反应突然变慢了，他无法准确地判断对方观点的正误，有时甚至没有听懂对方要表达的意思，在驳斥对方的观点时出了不少笑话，这让他非常难为情。

第一场辩论结束后，爱德华很受打击，他没有想到自己的辩论技术这么差劲，于是静下心来总结自己的缺点，准备继续迎接下一个辩论小组。在第二场辩论赛中，他吸取了经验教训，在听对方的表达时非常认真，不肯放过任何一个词语，并努力找出他们的破绽，然后驳斥对方的观点，在小组成员的合作下，他们赢得了这一场的比赛。

爱德华的小组经过几番奋战终于挤进了决赛，他们又和第一个强劲的对手碰了面。由于第一场辩论出现了太多的失误，爱德华在面对他们的时候突然失去了自信，表现得非常拘束，整个辩论的过程主要是其他三名同学在表演，爱德华只是一个配角。不过这一次他们赢了，并且获得了辩论赛的冠军。

经过这次辩论赛，爱德华认识到了自己在性格和能力上的缺陷，再也不会目中无人了。

剑桥智慧

生活中总是有些小成绩让我们觉得高人一头，扬扬得意，甚至自诩为天才，觉得不用努力就可以轻易地打败对手，但最后换来的却是惨痛的教训。为什么就不能谦虚一点呢？让自己踏实地迈出生活中的每一步，也许进步不是很大，但是只要走过就是胜利。

雪莉的面试

雪莉在学校的时候就是一名优秀生，学校的各种社团、演讲比赛、节日表演中，都能见到雪莉的身影。毕业后的雪莉找工作的起点也和别的同学不一样，她给一家大公司投去简历。据说这家公司开出了年薪12万元以上的报酬。如此高额的报酬再加上公司的名气，想要进入这家公司的人自然是多得数不清。

雪莉不愧是优秀生，经过了两轮笔试后，她终于走到了面试这一关了。这天，彬彬有礼的前台将雪莉领到了面试官豪华气派的办公室里。

"你是雪莉吧？名字很好听啊，现在请简单介绍下你自己。"面试官面带微笑说道。

"谢谢面试官的夸奖，我也很喜欢自己的名字。这是妈妈为我取的，她说希望我是个冰雪聪明、美丽的孩子。我觉得自己非常好学，对任何事情都很感兴趣。但性格方面，我又比较内向，属于从容的一类。"雪莉说完后，笑着看着面试官。

面试官礼貌地笑着说："说说你的学历。"

"说到学历，如果不是因为高考没有发挥好，我也会毕业于名牌大学。不过，尽管我不是来自名校，但我相信自己不比名校学生差。因为我是一个非常刻苦好学的人，不仅成绩优异，而且还一直都是活跃在学校各大社团、活动中的风云人物。通过这些锻炼，我从中学会了如何与人沟通，学会了团队精神，更借此锻炼了自己的领导能力和组织能力。所以我相信将来我一定会比其他人更优秀。"

"好了，你的基本情况我们已经了解，就请你回家等通知。"面试官一边说一边通知下一位面试者。雪莉非常自信地走了出去，但她却再也没有等到通知。

剑桥智慧

毫无疑问，这是一次失败的面试。故事中的雪莉自信，善谈，在学校里的确是个非常优秀的学生，但是她却没听懂面试官的话。简单介绍自己，她显然没做到简单。与人交际，我们应"听懂"对方的话再回答，否则，与对牛弹琴无异。

不拘一格的面试

安妮的面试经历和别人有些不同。她没有为自己精心设计简历，她没有参加过一场招聘会，然而现在的她，却是一家模特公司的运营总监。安妮说，她从小就特别喜欢直接面对挑战，长大后也一直认为真实的自己就是一张最好的简历。每每回想起自己的面试经历，安妮自己都觉得很有"特点"。

就在全校同学都急着投简历、找工作的时候，安妮却不做简历也不参加招聘会。同学们都好奇地问她："安妮，你就不着急吗？"

"不着急，我慢慢来。"安妮笑着说。其实，她早就看上了一家模特公司，她的梦想是到这家公司做服装道具的销售。然而，她知道这家公司很少发布招聘信息，招聘基本上是一年一次，招聘期就像流星雨一样短暂。安妮知道这家公司的福利待遇非常好，管理也非常人性化，很多员工从进公司开始，就愿意为其工作很长时间，因此公司基本上都是内部提拔。应聘的人没有一定专业经验，没有一定学历，是没有机会进入这家公司的。

安妮在这家公司网站上找了很久都没有看到招聘启事，打电话询问，对方第一句话就是"我们已经停止招聘了"。可安妮固执起来比毛驴还倔强。她太想进这家公司了，她想：你电话拒绝了我，我就直接找上门去，你总不会把我赶出门吧。

就这样，安妮按照公司地址，独自找到了公司。在公司门口她又被拦住了，由于她不认识公司的任何人，就只能说出公司老总的名字，前台便问她预约的是几点。安妮不断恳求让前台放她进去，可无论怎么说，前台都以公司规定拒绝。安妮正感到有些无望时，恰巧公司销售部的经理出了电梯，见前台正和安妮说着什么，于是走过来，问是怎么回事。

这大概就是安妮的第一轮面试。倔强的安妮将事情缘由告知了通情达理的销售部经理。这位经理在听了安妮的"自我介绍"后，让她回去等待，说自己会告诉公司高层，有机会的话给她电话。

这样的话，在大多数人听来不过是随口一说。可这位经理并没有敷衍安妮，两天后，他给安妮打了电话，通知她再来一次。安妮知道，自己的机会又来了。

面试安妮的人，是公司总经理。

"你的勇气和执着很可贵。"总经理开门见山说道，"你说想进入销售部，但我们现在并不缺人，我为什么要雇用你呢？"

"首先，我要感谢您和销售部经理给予我这次面试的机会。其次，我认为自己很适合这个职位。因为我拥有这个职位所需要的解决问题的能力，能很好地完成这份工作。"

总经理点点头，没有说话。

"我对贵公司一直都很钦佩，每一年贵公司的招聘我都会仔细去看。可惜，因为之前一直在学校上学，所以完全无法分心来应聘。但从我对贵公司的了解来看，我认为公司的销售运营方面存在一定的问题：贵公司在过去两年从未对销售地区进行过调整，根据我的看法，贵公司如果想要进一步发展，势必要调整方案，重新开发一些'死角'。我曾经在异地实习期间为一家公司制作销售方案，帮助他们实现了百万盈利。

我学习能力极强，这让我能迅速发现问题并解决问题。在同学眼中，我也是一个很好的团队成员，始终拥有积极的态度。另外，我还具有良好的抗压能力，尤其是当情况变得严峻时。" 安妮一口气说完了。

一周后，安妮顺利上岗。

剑桥智慧

在日常生活或与人相处的过程中，我们要学会面对挑战，不拘一格地做事和做人。这样才能发挥我们的能力和才干，顺利地交到朋友，完成学习或生活中的任何问题。

幸运的年轻人

那是一天下午，天空突然下起了大雨。这时，一位穿着朴素的老妇人

•学会做人，让人生的道路越走越宽广

走进一家百货公司，大多数的柜台员工都不理她，只有一位年轻人亲切地问道："请问有什么需要的吗？"

"我只是在等雨停，不用麻烦了。"老妇人微笑着答道。

听到这样的话后，这位员工并没有转身离去，而是去为她拿了张椅子过来。雨停之后，老妇人对这位员工说："谢谢你了，年轻人。多亏了你这把椅子，不然的话，我这腿肯定走不了路了。"

"您太客气了，这是应该的。"年轻人和善地说。

之后老妇人向他要了张名片，几个月后，这家百货公司的负责人收到那位老妇人的来信，信中要求那位年轻人去苏格兰收取装潢一整座城的订单，而那位老妇人便是美国钢铁大王卡内基的母亲。当年轻人准备去苏格兰时，他已经是这家百货公司的合伙人了。

剑桥智慧

这位年轻人之所以这么幸运，就在于他比别人付出了关心和礼貌，帮老妇人搬了把椅子，让她坐下等雨。帮人搬把椅子是件多么简单的事情，但是它却给年轻人带来了一生的转折。所以，想做一个幸运的人，就要先做一个会关心别人的人。

盲人点灯

一名智者在夜晚赶路，当走进一个小村庄时，看到道路的尽头有灯光闪烁。正巧有位村民从智者身边走过，对智者说："瞎子点灯，这不是白费蜡吗？"

原来，拿灯的主人是一位盲人。智者来到盲人身边，问他："你既然看不到，为何要点灯？"

盲人说："我不知道白天和黑夜，我只是听说当夜晚来临时，人们就会和我一样，什么也看不到。"

智者笑了："那你是为别人点的这盏灯？真是个好人。"

但盲人却摇了摇头，说："不，我是为我自己点的灯。"

"为你自己？"

"对。"盲人说："因为人们晚上看不到路，所以很容易撞到别人，但是我虽然眼睛瞎，却从来没有撞过人，也没被人撞过……"

剑桥智慧

为什么点灯不是为了帮助别人，而是在帮助自己呢？盲人说因为这样就不会在黑夜被人撞到了。生活中我们应学会了解哪些行为举止是别人寻求帮助的信号，及时地伸出援助之手，不要自私地以为帮助别人自己会损失什么，应像盲人那样，照亮别人的同时，更照亮了自己。

杰森寄书

美国著名管理学家杰森先生是一位信守诺言的人，在他眼里，哪怕自己破产，也要信守承诺，给所有海外客户寄书。虽然知道往国外寄书的邮费比寄往国内各地的高很多倍，但杰森知道自己在宣布寄书时，并没有说明国内外的区别，所以他要信守自己的承诺，应允别人的事一定要做到。这也是杰森获得成功的重要因素之一。

剑桥智慧

现实社会中，人与人的关系需要信用来维系，信用是人们相互信赖的基础。一个人的专业技能不够熟练，他可以通过认真学习、实践来提高；

若一个人不尊重承诺，缺乏信用，那他就很难获得再多一次的机会。社会秩序也是建立在人与人之间彼此遵守约定、履行诺言的基础之上，守信是维系一个群体、一个社会的神圣力量。

哥哥的嫉妒

兄弟俩在画画，弟弟的画里有蓝天、白云，有绿绿的草地，草地上还画有几只小绵羊和牧羊犬，整幅画的色彩协调，看起来很漂亮。爸爸妈妈看了十分喜欢，为了奖励弟弟，第二天特意买了弟弟一直想要的玩具。

"你再不努力，就要被弟弟超过了哦，要彻底输给他了。"爸爸拍拍哥哥的头，笑道。

听了这话，哥哥马上说："我今天已经写完其他作业了，弟弟还没写呢，所以你得惩罚他，不能把玩具给他。"

"可这是昨天画画的奖励，和今天写作业没关系啊。再说了，就算你写了作业，肯定也不如弟弟写得认真。"爸爸说完后，就把玩具交给了弟弟。

从那之后，哥哥总是找弟弟的麻烦，处处针对弟弟，再也不像以前那样照顾弟弟了。

"你怎么学会嫉妒弟弟了？"妈妈找来哥哥，问他。

一开始，哥哥什么也不说，后来，在妈妈的再三开导下，哥哥才渐渐开口："反正不管我怎么样，都不如弟弟，弟弟哪儿都好，你们都喜欢他，不喜欢我，我就是要嫉妒他，怎么了？"

原来，这才是原因所在啊。妈妈紧紧地抱住了哥哥。竟然是他们做父母的平时的言行导致了孩子如今的作为，真是太不应该了。

嫉妒其实是一种自卑的心理，因为自己没有，所以嫉妒他人。在生活中造成嫉妒心理的因素有很多，我们要做的就是：正视自己，别人有的给予祝愿，自己想要的，靠能力去争取。最重要的是不要因嫉妒失去理智，否则非但伤害了别人，自己也会陷入病态的心理中。

诚实的薇拉

薇拉是一个卖鲜花的女孩，她经常在大教堂的附近做生意，因为这里的行人比较多，花会卖得比较快。但是，这种情况只有在天气暖和的时候才会出现，一到冬天，她的命运就会很凄惨。圣彼得堡的冬天太冷了，大家都不愿意出门，薇拉的鲜花很不好卖，有时她在冰冷的雪地里等上好几个小时也卖不出去一枝花。

一次，天又下起了大雪，薇拉的手脚冻得冰凉，她在教堂的门口来回转悠，希望这种方式能帮助她驱寒。她从早上一直等到下午，可是却没有一个人肯买她的鲜花。正在绝望的时候，一位老先生从教堂门口经过，看起来慈眉善目的。薇拉跑过去说："先生，买一枝花吧，很便宜的，我已经一天没有吃饭了，只想买一块面包。"

老先生看了看她，又掏了掏自己的大衣口袋，拿出一枚金币，皱皱眉说："对不起，我没有零钱。"

薇拉真的很饿了，她多么希望这位先生能买一枝鲜花，这样她就可以赚到一个卢布了。"我去给您换零钱，您等一下，一定要等着我。"薇拉说完就拿着金币跑了。

老先生在教堂门口等了很长时间，可是薇拉依旧没有回来。他以为这个女孩是个骗子，就生气地骂道："该死的，刚才我还同情她！"就在他想离开的时候，突然看见薇拉正一瘸一拐地向他走来。原来，薇拉在回来的路上不小心滑了一跤，摔伤了一条腿。

"先生，您的钱。"薇拉把一大把零钱递给老先生。

老先生摇摇头，感动地说："孩子，这些钱你拿着吧，找个医生看看你的腿，我已经知道你是个很讲诚信的姑娘了。"

薇拉推辞道："不行，我不能白拿您的钱。"

老先生只好说："那好，你的花我都买了。"

薇拉高兴得不得了，把怀里的鲜花都给了老先生，然后拿着十几个卢布一瘸一拐地回家了。

剑桥智慧

诚信，就是诚实、守信，说到做到，表里如一。很多人都说"诚信是立身之本"，可见，在与人交往的过程中，诚信是必不可缺的。古人云："己所不欲，勿施于人。"如果你不想被别人欺骗，不想生活在"礼崩乐坏"的环境中，那就要自己做到诚实守信，自己讲诚信了，对方才会对你诚信。

L先生的赞美

豪华典雅的音乐大厅内，著名的钢琴大师L先生正准备演出。观众席上坐着的人为了显示出对这场音乐会的重视，全都穿着正式的礼服安静地等待开演，其中包括一位坐在第一排的带小孩的母亲。

这个小女孩显然没什么耐心，不安地在座位上爬上爬下。她平常也练习钢琴，因此母亲今天带她来的目的是想让女儿见识到钢琴的奇妙之处，以后好乖乖地练琴。可惜母亲的用心良苦小女孩不懂。离演出还有几分钟，她看起来很烦躁不安。

母亲光顾着做欣赏演奏的准备，小女孩趁机离开了座位，跑到舞台中央的钢琴面前，开始玩弄起这些每天都能见到的黑白键。她弹的是一首儿童歌曲，也是她最近才学会的。毕竟是小孩，弹出来的曲子只能说是钢琴发出来的声音，不能称为音乐。

L先生听到舞台中有琴声传来，可自己还没上台开始表演啊！他赶紧穿好礼服走到舞台看个究竟。当他发现是小女孩在弹钢琴时没有轰走她，反而轻声地告诉她："你弹得很不错哦！"这时台下的观众开始起哄，有人大声嚷："谁家的孩子请快点带走。"

小女孩听到台下一片杂乱的声音，意识到自己犯了错，正心惊胆战想要回到妈妈身边的时候，L先生的鼓励让她有了勇气，她继续弹，手指也变得灵巧起来，比刚才好听多了。

曲终，L先生拥抱了小女孩，并且在女孩耳边悄悄地说："你弹得很好，以后要继续努力哦！"女孩听了后，她小小的心里充满了感激，并且开始真正喜欢起钢琴来。妈妈赶紧走上前来抱走女儿，并且感激地向L先生鞠躬，感谢他没有训斥女儿，而是给了她鼓励，否则女儿可能从此以后对钢琴产生抵触情绪。那几句轻声的赞美改变了小女孩对钢琴的态度，她开始认真学习，最后成了一位著名的钢琴演奏家。

剑桥智慧

赞美是世上最动听的语言，是最好的鼓励，也是最伟大的力量。赞美对方会使人感到开心，使自己受到欢迎，并且能从中收获成长的喜悦。著名的心理学家威廉·杰尔斯曾说："每个人内心最深处都有获得别人欣赏的渴望。"也就是说，每个人都渴望得到赞美。我们在与人相处时，不要吝啬对别人的赞美。真诚的赞美，就像是干旱的土地上降下的雨水。

玛格丽特落水

一艘游轮在浩瀚的太平洋上行驶。天气晴朗，深蓝色的大海在阳光抚摸下像披上了金色的外套。芭芭拉和玛格丽特站在甲板上欣赏着眼前的美景，她们俩是刚才上船时认识的。玛格丽特通过聊天得知，芭芭拉这次出来旅游是为了庆祝自己即将踏入婚姻的殿堂，所以跟一帮朋友出来游玩一番。

大海的景色让芭芭拉心醉神迷，这个时候要是再来点葡萄酒就更好了，她想。于是芭芭拉跟玛格丽特商量，要不要去游轮的酒吧拿点酒上来。玛格丽特也觉得这美景要配美酒，于是芭芭拉让玛格丽特在甲板上等她，自己去取酒。

芭芭拉走后，玛格丽特走到船边，靠在栏杆上做了一个深呼吸，一丝夹着咸味的空气吸入肺部，一股海洋的清新味顿时窜进五脏六腑。她闭着眼睛享受这令人愉悦的时光，可这时游轮忽然晃了一下，玛格丽特没来得及反应就被甩进了大海。

玛格丽特立即大声呼喊求救，可在这茫茫的大海中她的声音显得那么渺小，加上游轮的速度也比较快，没有任何人听见玛格丽特的呼救声，她眼睁睁地看着游轮离自己越来越远。求生的本能使玛格丽特拼命挥动着胳膊以免让自己沉下去，并朝着游轮消失的方向往前游。不知道过了多久，玛格丽特实在游不动了，她觉得自己快要沉下去了。

她开始有点绝望了，因为这次是独自出来的，除了刚才跟芭芭拉说过话，船上没有任何人知道她在哪里。现在唯一的希望就是芭芭拉发现她不见了，然后回来救她。虽然认识的时间不长，可是芭芭拉肯定会回来找我的，玛格丽特坚定地认为。

121

就在她快要崩溃的时候，传来了游轮的马达声。玛格丽特精神一振，"难道是芭芭拉发现我失踪了，回来找我了吗？"她自言自语地说。果然，马达声越来越近，是游轮的救生艇！

玛格丽特被顺利救起。她非常感激芭芭拉回来救她，"天哪！你知道自己坚持了多久吗？要是换了我也许早就被海水吞没了！"芭芭拉大呼小叫地说。

"我想，如果你发现我不见了肯定会回来找我的，亲爱的朋友。"玛格丽特诚恳地说。"开始我还以为你走了呢，所以犹豫了一阵才决定跟船长说，让他回来找你。"芭芭拉有点惭愧，她觉得对不起玛格丽特对自己的信任。

剑桥智慧

朋友之间的信任是一种宝贵的感情，也是人与人之间联系的纽带。如果我们每天都处在提防别人的状态下，恐怕要不了多久神经也会变得僵硬起来。信任对人的人际交往来说就好比生存所需要的空气，对朋友缺少信任的人也会缺少爱心。

信任是一道看不见的墙，能让人感受到友谊的温暖，在遇到困难时能得到朋友两肋插刀的帮助，因为建立友情的基础是互相信任。朋友之间一旦失去信任就意味着友情开始分崩离析。友谊是世界上最坚固的也是最脆弱的，它能经受时间的打磨依然保持活力，可它经不起无端猜疑的隔阂。

幽默的"推销之神"

日本的"推销之神"原一平是个其貌不扬的矮子，在外貌上几乎没有优势，但语言幽默、表情丰富，很多消费者都喜欢和他交流。

他去一家公司推销保险，刚走进经理的办公室，经理就生气地说："你也是推销保险的吧？我刚刚赶走了一个，怎么又来了一个，我们的保安实在是太不负责任了，我明天就辞退他们！"

原一平听了摆摆手说："经理，这可不是保安的错，要怪只能怪我，我长得太帅，他们不得不让我进来。"

经理一听这话，突然大笑起来，然后又说："你这个人有点意思，不过，你的保险会让我感兴趣吗？"

原一平假装无奈地说："不知道，让我试一试吧。"

经理虽然很忙，但和他交谈了很长时间。原一平不但把公司提供的保险介绍了一遍，还逗得经理不时地哈哈大笑。最后，经理果然买了一份价格很高的保险。

剑桥智慧

一般情况下，幽默的人人缘都比较好。我们不管面对什么样的人，与什么样的人相处，都要学会幽默。幽默可以让你看起来更亲切，也会让你做人更成功，更受人欢迎。

送蜡烛的女孩

妮可最近搬家了，因为受不了那吵得她头疼的噪声，一气之下从原来公司附近的公寓里搬出，来到了这个安静但是有点偏僻的公寓。

看着新搬的房子妮可心里松了一口气，心想这下总算能好好休息了。搬来的第3天，这天晚上妮可正在浴缸里泡热水澡，奔波了一天后躺在热乎乎的水里真舒服！正当妮可享受这热水按摩的时候，忽然停电了。

妮可愣了两秒钟，从浴缸里爬出来摸黑找到自己的应急箱，从里面找出备用手电筒和蜡烛点上。拿着蜡烛回到浴缸里继续刚才被打断的热水浴，妮可免不了发一通牢骚。刚泡了没几分钟，妮可的热水浴又被打断，这回是被敲门声打断的。

妮可匆忙抓过衣服套上，七手八脚地开门，发现是隔壁的女孩。妮可刚搬来那天跟这个长相清秀的女孩说过几句话，除此之外跟她没什么来往。"嗨，晚上好，刚才停电了所以我想过来问一下，你有没有蜡烛？"女孩问。

妮可几乎不假思索地回答："不好意思，没有。"她以为女孩是来借蜡烛的，想快点打发女孩走。可女孩似乎很固执，她一点也没有被妮可的冷漠击退，反而从手里拿出几根蜡烛交给妮可，说："我刚搬来那天也碰上了停电，幸好隔壁的安妮给我送来了蜡烛。我看你也是刚搬来，可能没想到这里会停电，所以给你拿几只蜡烛来。"

妮可看着女孩真诚的面孔有点手足无措，她想告诉女孩其实自己有蜡烛可又不好意思开口，仓皇之中对女孩说完"谢谢"就转身回屋。

第二天，妮可专门买了一束鲜花送到女孩的公寓门口。她想，也许女孩并不指望自己能给她回报，可是这份热情却是值得自己珍惜的。

剑桥智慧

一支蜡烛是廉价的，但隔壁女孩的行为却是美好的、无价的。不管我们身处何地，都要向女孩学习，学会关爱他人，乐于伸出自己友爱的手。

王子喜欢什么样的女孩

美丽的夏威夷岛上有两个王子，他们都长得英俊潇洒，岛上的所有女孩都梦想着有一天能嫁给他们其中的一个。终于，国王觉得是时候给两个王子娶王妃了。他便召唤两个王子来见他，先问大王子："你喜欢什么样的女孩，是皮肤白一点还是黑一点的？"

大王子想了想，回答说："我喜欢皮肤白一点的女孩。"于是国王开始向岛上所有的女孩宣布这消息。于是，一时间夏威夷岛上年轻女孩各个都开始争先恐后地往身上涂脂抹粉，把自己的身体包了一层又一层，企图把自己的皮肤变白。她们有一个共同的想法：如果运气好，我就能飞上枝头变凤凰了。

渐渐地，岛上所有的女孩都变得毫无血色的，乍一看还以为这里常年晒不着太阳，所以女孩的皮肤才都是这样惨白惨白的。可女孩们一点也没意识到这并不好看，个个都像着了魔似的，一见面就比谁更白，要是哪个女孩比别人黑，就好像人生都失去了希望。可是女孩们的希望落空了，情况出现了意外，大王子由于兴趣转移，暂时不想娶王妃了。

于是，国王又问小王子，"你喜欢什么样的女孩，皮肤白的还是皮肤黑的？"

小王子的审美跟他哥哥不太一样，他回答说："我喜欢黑一点的女孩。"

于是国王向所有的女孩宣布了这个消息。

这下可苦了岛上的年轻女孩。两个王子的喜好不一样，先是喜欢白点的，害她们把自己裹得密不透风才捂出一身白，现在又喜欢皮肤黑的，没办法，只好再晒回来。

于是，岛上所有年轻女孩又开始比谁晒得更黑，也不管自己身体能不能承受，反正是躺在阳光底下暴晒，很多女孩的皮肤还被阳光灼伤，晒得爆裂。可毕竟跟王子结婚的机会不多，为了能华丽变身，吃这点苦对女孩们来说不算什么问题。

过了一段时间，女孩们全都变得黑乎乎的，以前白里透红的皮肤全都变成了黑得发亮的颜色，像是滑溜溜的黑鱼。因为太黑，岛上的女孩几乎都不需要镜子了，反正怎么看都是一团黑。

可最后的结果却使所有女孩失望，小王子没有娶岛上的任何女孩，而是娶了邻国一位拥有健康的小麦色皮肤的公主。而他娶这位公主的理由是：这是一位自信的女孩，因为自信任何肤色都会显得漂亮。

剑桥智慧

原来，无论皮肤的黑白，自信的女孩才最美丽。其实，皮肤的黑白并不重要，美有很多种形式，肤色只是其中一种。白有白的好看，黑有黑的优点，不能说黑皮肤的人就是丑。美和丑没有绝对的标准，每个人对美都有自己的喜好和看法。所以我们应该坚定地做自己。

悲剧的乌鸦

一只老鹰凭着自己尖利的双爪和带钩的嘴，凶猛地冲向羊。面对如此强劲的对手，羊只能束手就擒。

这时，一旁观战的乌鸦也来了兴趣，想去击倒羊。然而，乌鸦并没有老鹰那样尖利的双爪和带钩的嘴，也没有凶悍猛烈的冲击力，当它扑向羊时，羊并不惊慌，甚至还嘲笑它：一只再平庸不过的黑鸟，竟也像癞蛤蟆一样，妄想吃天鹅肉。面对一只并不可怕的乌鸦，沉着、淡定的羊以守为攻。结果，乌鸦不仅没有突袭成功，反而成为羊的手下败将。

剑桥智慧

生活中，有时候我们也会和这只"乌鸦"一样，无法认清自己，不晓得自己有哪些缺点和长处，贸然出手结果吃了个大亏。

人贵有自知之明。自知之明指的是一个人要清楚自己的强项和弱项，明白什么事自己能做，什么事不能做，而不是执着于做自己能力之外的事情。

谁摔坏了爸爸的奖杯

　　小修和同学在家里玩，不慎摔坏了爸爸的一座水晶奖杯。爸爸回家后问小修是怎么回事，小修说是同学不小心摔坏的。但他说话时结结巴巴，眼神躲躲闪闪，爸爸就基本确定奖杯是小修摔坏的。不过，爸爸没有马上"揭穿"他，而是在两天后的周末，与小修一边在公园散步，一边用和蔼的语气说："你愿意做真正的男子汉吗？"

　　小修答道："当然愿意！"

　　"可真正的男子汉从来都是一人做事一人当，绝不会推卸责任的，否则他根本得不到别人的尊重，大家都会看不起他。你觉得你做到不推卸责任了吗？"爸爸问。

　　听了这话，小修脸红了，他知道爸爸所指何事。爸爸继续说："爸妈都喜欢敢做敢当的孩子，也希望你成为真正的男子汉。"

　　小修点点头，继续跟爸爸一起散步。后来，在回家的路上，他终于低着头承认奖杯是自己摔坏的。

剑桥智慧

　　逃避错误是不可取的，一味地逃避，只会让自己变得更懦弱。但是我们还应知道承认错误是不够的，犯错后更重要的是想办法去改正错误、补救过失。毕竟努力把错误带来的负面影响降到最小，才是承认错误的最终目的。

你愿意把衣服借给她吗

　　某儿童教育专家对一群小孩子做了一个心理测试，问题是：有个小妹妹感冒了，冷得直哆嗦，你愿意把自己的衣服借给她吗？

　　这群孩子原本都有很强的表现欲，但听到这样的问题，他们都不吭声了。无奈之下，教育专家便点名提问。

　　被点到的第一个孩子说："我的衣服不能给别人，一会儿我会被冻感冒的。"

　　第二个孩子则说："生病了会传染，她穿了我的衣服，要是我被传染了，我妈妈还得花钱。"

　　教育专家问遍身边的几十个孩子，结果半数以上的孩子都不愿意把自己的衣服借给生病的小妹妹。

剑桥智慧

　　善良、有爱心，是心理健康的一个标志，善良的人也更容易受朋友尊重，并能很快建立起良好的人际关系。因此，我们要想成为一个受欢迎的人，就应先学会做一个有爱心的人，因为人们都喜欢和对自己友善的人做朋友。而缺乏爱心、同情心的人往往比较自私，性格孤僻，很难让周围人对其产生好感并与之交往。

从不迟到的企业家

有一位企业家，他平时的工作非常忙，不仅要处理公司的事情，还要会客、进行商务洽谈等，每天的日程都安排得很满。

虽然事情很多，但是无论出席什么场合他都不会迟到，这都要归功于他的秘书。秘书每天早上都会向他汇报这一天的日程安排，遇到要出门访客的时候，秘书就会提醒他，让他早点出门，免得路上出现堵车等现象。

有时候秘书还会故意把他手表上的时间拨快10分钟，这样他就不会迟到了。

剑桥智慧

通常情况下，我们总是以"忙"或者各种特殊原因来为自己的迟到找借口，其实，无论你的理由有多充分，迟到都是非常不礼貌的。在与人交往，尤其是和不太熟悉的人交往时，一定要注意遵守约定的时间，这样不但能够提高办事的效率，也能给对方留下一个好印象。

漆工补船

有一个渔夫，他发现自己的船褪了色很不美观，就打算让漆工帮助他给船"化化妆"。漆工做完自己的工作后看见他的船漏了一个洞，于是就顺手补上了。

在他看来这本来是一件易如反掌的事，可是过了两天，渔夫却提着大包小包的海鲜来感谢他。

漆工推辞说："这是顺手的事，不需要这么客气。"

渔夫感慨地说："您不知道，第二天我的两个孩子就开着船出海了，可是我突然想起来船底破了一个洞，就急忙出去追他们，谁知竟没有追上。本来我想，这两个孩子算是要葬身海底了，可是傍晚的时候他们却平安地回来了。我一猜就是您帮忙补上的，要不是您，我的孩子可就没命了。"

剑桥智慧

漆工补船虽然只是一件顺手的事情，但是却无意中救了渔夫的两个孩子，所以，"勿以善小而不为"，一个简单的善良之举说不定能给他人带来很大的好处。

做好事不但能给他人带来益处，也能够给自己带来好心情，还可以提高自身的道德修养。一个经常做好事的人，即使他没有什么文化，也没有什么钱财，但是他的心灵是美丽的，道德是高尚的。如果你能够坚持做好事，并把做好事当作一种生活习惯，那么你就会发现自己每一天都过得很开心，因为受益者非常感激你，而旁观的人也会对你投来赞许的目光。

幽默的纪晓岚

清朝乾隆时期有一个大才子叫纪晓岚，他从小就很聪明，也是大家的开心果，经常做一些搞怪的事来逗大家笑。

有一次去私塾上学，趁老夫子出去的空当，他把自己打扮成一个老太太，裹着厚棉衣，摇着大蒲扇，还把小辫子挽成一个圆圆的髻，在学堂里学起了老太太走路，他踮起后脚跟，一扭一扭的，同窗们看了都笑得前仰后合。

这时正好有个读书人从学堂门口经过，看到他这副打扮就笑话说："你穿冬装摇夏扇，糊涂春秋。"纪晓岚一听，打量了他一番，又听他是南方口音，便回道，"你居南方来北地，什么东西。"那个读书人看他是个调皮的小孩子，本想奚落奚落他，不想却被他数落了一番，心中很不是滋味，讪讪地走了。逗得同窗们又是一阵哄笑。

后来，他被乾隆皇帝重用，封为大学士，虽然身为朝廷重臣，却依旧没有改掉爱逗人的老"毛病"，经常和同僚们开玩笑。

有一次上朝，大臣们都在朝堂上候着，皇帝却迟迟不来。纪晓岚觉得无聊，就对大家说："老头子做什么去了，怎么还不来啊？"大臣们一听，都低声笑了。可是，这话恰巧又被皇帝听到了，乾隆很不高兴，责问他："你刚才说什么，谁是老头子？"纪晓岚知道推不过，就说："臣说陛下是老头子。"皇帝听后龙颜大怒，拍着椅子说："你是说朕老了吗？"百官们吓得连忙叩首，大气都不敢出一声，纪晓岚却跟个没事人一样，笑着说："万寿无疆才叫'老'，顶天立地才叫'头'，以天为父、以地为母才叫'子'，所以，臣称陛下为'老头子'。"皇帝一听，哈哈大笑，说："爱卿这张嘴真是天下无敌啊！"

剑桥智慧

如果你想成为大家喜欢接近的人，那就应该学一学纪晓岚，做一个幽默的人。如果你还是个幽默细胞不太丰富的人，那可以多看些笑话，不但能让自己心情愉悦，也能够提高你的幽默感。

一个富有幽默感的人除了说话搞笑外，你还会发现，他非常自信，有智慧，而且思维特别活跃，想问题的方式总是和常人不一样，做出的事情也经常让大家感到意外。所以，幽默也能够刺激你开发大脑，培养你的创造性思维。

第四章
世上无难事，
只怕有心人

多想一些让自己快乐的事情

艾米最近发现儿子的情绪有些不对劲，总是莫名其妙地和身边的人闹别扭，好像心里有什么东西，想发泄又找不到发泄的地方。

艾米怕儿子真的遇到什么难题了，就在这天晚上把儿子叫到了身边，问他："儿子，你最近怎么了？好像脾气很不好。"

"没什么。"儿子撅着嘴，把脸撇到了一边，明显是有什么。

"不要对妈妈说谎，你告诉妈妈发生了什么事，妈妈帮你出出主意，好吗？"

"妈妈也帮不了我的。"儿子一时着急，吐出了真言。

艾米微笑着对他说："还是有什么事儿吧？妈妈会认真听的，告诉妈妈好不好？"

"……学校里，"儿子沉默了一会儿，终于开口了，"不开心。"

"这样啊，那我们就想点开心的事情怎么样？"妈妈提议，"想一想，学校里发生的开心事，说不定，就能让你忘记那些不开心的事情啊。"

"真的吗？"儿子像终于找到了救命稻草一样，眨着眼睛问道。

艾米点点头，说："当然是真的，妈妈不开心的时候，就会想一些开心的事情，这样，心情就会好多了。"

儿子听完，开心地点了点头，对她说："那我和妈妈讲一讲学校里好玩的事情，好不好？"

"当然好，妈妈会认真听你说的。"艾米重重地点点头，心里暗笑：终于把你的不良情绪转移走了吧。

人生不如意事十有八九，我们无法改变已经发生的事情，但是我们可以改变自己的心态。让自己的心情不被烦恼的事情所束缚，多想一些让自己快乐的事情，不是不去面对不幸的事实，只是调整自己的心态，用更阳光的方式去对抗黑暗。

取火的人

在遥远的蛮荒时代，人类不知道有火，一到晚上就四处漆黑一片。因为没有火，人类只能生吃食物。既无法靠火取暖，又不能用火加工食物，因此人类的寿命普遍很短。

天上的大神伏羲看到人类生活的艰难，决定将火赐给人类。于是他让雷雨在空中肆虐，雷电将树木劈倒之后便开始燃烧。雷电过去之后，火留了下来。一个年轻人带着恐惧的心理走到火边，却惊奇地发现这会发光的东西能让身体暖和。他赶紧招呼大伙儿一起过来享受温暖。没过一会儿，人类发现森林里被烧死的野兽散发出阵阵香味。聚集在火边的人类分吃着被火烧过的野兽肉，感觉到前所未有的美味。

为了保留这珍贵的火种，他们拣来树枝，每天都派人轮流看守，防止火种熄灭。可尽管小心翼翼地保护火苗，它还是熄灭了，人类的生活又陷入了黑暗中。

伏羲看到了这些，想给人类一个提示，于是他来到那个发现火的年轻人的梦里，告诉他："你去遥远的西方，一个叫遂明国的地方，那里有火种。"年轻人醒来之后便去遂明国找火种了。

他翻山过海，经过艰苦的跋涉，终于到达了遂明国。可这却是个不分昼夜，到处一片漆黑的地方。就在年轻人感到失望的时候，突然一道光照亮了四周。年轻人四处寻找光源，抬头不经意间看到遂木树上有几只大鸟正在用坚硬的喙啄树干。它们啄一下，树上就冒出闪亮的火花。年轻人受到鸟儿的启发，捡来一些遂木的树枝耐心地钻起来。经过他的努力，树枝开始冒烟，然后发出了火光。

年轻人将火种带回了家乡，并且向人们传授钻木取火的办法，从此人们就告别了黑暗和寒冷，再也不用吃生肉了。而且，这个年轻人用勇气和智慧征服了大家，于是他被推举为首领，大家称他为"燧人"，也就是"取火的人"。

剑桥智慧

人们的生活离不开勇气，也离不开智慧，如果燧人只有去遂明国的勇气，却没有智慧从鸟儿那里受到启发，仍将没有取得火种的办法；当然如果他连去遂明国的勇气都没有，更谈不上后来了。因此，如果想做出一番成就，我们应做一个"智勇双全"的人。

一枚钉子

在英国查理三世时期，查理准备与里奇蒙德决一死战，他让一个马夫去找铁匠给自己的战马钉马掌。铁匠钉到第四个马掌时，差一个钉子，铁匠便偷偷敷衍了事。

不久，查理和对方交上了火，大战中忽然一只马掌掉了，国王被掀翻在地，王国随之易主。

剑桥智慧

故事中查理三世因为马掌少了一个钉子而被对手打败，最终失去了国家。如果铁匠能够重视细节，工作态度严谨，那么就不会发生这些意外了。严谨，是避免出现错误和意外的重要方法。

苦难也是财富

战争时期，很多孩子的父母都在战争中离世了。

一位老人可怜这些无依无靠的孩子，就把他们接到自己的家里。他总是想办法逗孩子们开心，让孩子们忘记失去亲人的痛苦，忘记战争带来的苦难。尽管外面战火不断，但老人和孩子们每天都过得很开心。

有个孩子问他："爷爷，外面死了很多人，为什么我们还要高兴呢？"

他说："因为哭哭啼啼的也解决不了问题，倒不如高高兴兴地过好自己的每一天。"

战争结束后，很多人依然活在痛苦的回忆里，而这群孩子却一直过得很快乐。

剑桥智慧

乐观地面对困难能够帮助你忘记生活中的苦难，让你对生活充满希望和热情，给你带来不一样的人生。

电报之父

电报之父莫尔斯少年时想当一名艺术家，还曾就读于英国皇家艺术学院，毕业后他便去美国开始自己的艺术生涯。但没想到，他一直以来专注学习的欧洲浪漫主义画作，在美国并不受欢迎，在那里的很长一段时间他都不得志。

可是，莫尔斯并不是个十分固执的人，一事不成，他便会努力谋求新的出路。于是，他决定放弃艺术，开始自己新的人生。此后没多久，他想起几年前在欧洲一次旅行的途中，他与同船的几位青年朋友谈到了人们新发现的电磁现象。当时，他们还说："不久科学界将产生创造电的奇迹。"

后来，莫尔斯便决定研究"电"，他的生活就此发生了根本性转变，他从一个表现浪漫主题的"艺术家"，变成了终日与电磁现象相伴的设计草图"画家"。终于，历经无数次失败后，他发明了电报，在科学界创造了奇迹。晚年的莫尔斯，回想起年轻时的经历会说，若不是当年懂得变通，没有固执地选择画画，他也不会有机会发明电报。

剑桥智慧

无论在生活还是学习中，在正常模式行不通的情况下试着转变思路，或许就能很快解决危机，并为自己找到新的出路。

猎人的争执

有两个猎人一起去林中打猎，突然看到一只野兔向他们靠近，其中一个猎人一边拿弓箭瞄准野兔，一边说："今天我们可以吃烤野兔了。"

这时，另外一个猎人说："不行，我要煮着吃，还能喝汤。"

"烤着吃香！"

"不，煮着吃！"

两个猎人争执不休。后来一位农夫走过，他劝道："其实你们不用争，把野兔分成两半，一半烤着吃，一半煮着吃，你们俩的意愿不就都达成了？"

两个猎人觉得农夫说得有理，这才准备放箭去射野兔，可这时，野兔早已逃之夭夭。

剑桥智慧

机会稍纵即逝，在机会面前要分清轻重缓急，若过多地分析、考虑自己得到机会，甚至获得成功后的状态，那就很可能会错失它。

从小开始的发明

发明"微型可控扑翼飞行器"、填补我国航空事业在该领域空白的胡铃心，从小就在父母的鼓励下大胆尝试，开始按自己的想象动手制作各类物品。

3岁的胡铃心用积木搭过收音机、飞机，虽失败过，但父母欣赏的目光又让他一次次坚持重新来过。4岁时，他在下雨天坐在窗前的书桌旁，提笔画起自己想象中的推雨器。上小学后，在少年宫看到的"米格-15"飞机模型，激起了他对飞机的强烈兴趣。从此，他热衷于研究与飞机有关的各种问题，尝试着做各种飞机模型。到高中时，他已发明创造了20多件作品，其中3项还是国家专利，他自己也被评为"全国发明创造之星"。

正是因为有这样丰富的实验、发明经验，仅仅是大学生的胡铃心，才能发明出让飞机像鸟儿般轻盈飞翔的"微型可控扑翼飞行器"，解决了世界航空领域的一大难题。

剑桥智慧

在平时的生活当中，我们可以试着多搞一些小试验、小发明等创造性活动，让自己展开想象，激起创造发明的热情。或许下一次，我们也能发明出很有意义的东西。

静坐冥想法

美国大教育家、哲学家、心理学家、科学家和发明家埃玛·盖茨博士，一生中取得了无数的研究成果，他把这个世界变成了更理想的生活所在。而他之所以有如此大的成就，靠的就是"专注"。

有一次，拿破仑·希尔去实验室找盖茨博士，结果博士的助手告诉他："很抱歉，现在你还不能见盖茨博士。"

希尔问为什么，助手说盖茨博士正在静坐冥想。

这时，希尔好奇地问道："为什么要静坐冥想？"助手笑了笑，然后告诉希尔："这个问题还是请博士亲自解释吧，我可以帮你再约个时间。"

几天后，希尔准时赴约。盖茨博士带他来到一间隔音效果极好的房间，里面的陈设非常简单，只有一张桌子和一把椅子，桌上有几张白纸、几支铅笔和开关电灯的按钮。

盖茨博士告诉希尔，每次当他遇到难题时，他就会走进这间房子，关上房门和电灯，在漆黑的空间里开始集中心神思索，这就是可以集中注意力的静坐冥想法。在专注思考的过程中，有时灵感会突然出现，盖茨博士就会立即开灯拿笔记下来。

剑桥智慧

爱默生说，全心贯注于你所期望的事物上，必有收获。一个人的精力是有限的，把有限的精力分散在好几件事情上，这是很不明智的行为，只有专注，才能让人有所收获。

电梯前的抱怨

一家公司刚搬到新的办公楼，由于电梯不足，员工们经常在电梯门口排长队，很耽误时间，半个月过后，大家的怨声越来越大。为了解决这个问题，老板特意召开了一次会议，让大家讨论一下解决方案。

有的经理说："直接增加两部电梯就是了。"

反对这个方案的经理却说："公司正在扩大规模，员工也会越来越多，难道要不断地增加电梯的数量？"

老板点点头，一时也想不出合适的办法，最后还是老板的助理把这个问题解决了。

方法很简单，就是在每部电梯门口装一面镜子。大家一边等电梯一边照镜子，化化妆、整理整理衣服、梳梳头，看看自己也看看别人，很快电梯就等到了。渐渐地，抱怨的人越来越少。

剑桥智慧

由于员工们缺乏耐心，不愿意等待电梯，所以才会有这么多怨声。当解决了员工们的耐心问题，电梯不足的情况也就得到了一定程度的缓解。助理运用逆向思维，轻松地解决了这个问题。

会走的植物

卷柏是南美洲独有的奇特植物，这种不起眼的植物看起来没有任何特殊的地方，可它却有一种特殊的本领——它会走。植物又没有长脚为什么会走呢？答案是为了更好地生存。

卷柏的生长需要大量的水分，当它生长的地方缺少水分时，它会自己把根从土壤里拔出来，然后卷成一团，像个小圆球。因为本身很轻，一旦有风吹过，它就会随风移动，直到风把它带到一个水分充足的地方，缩成一团的卷柏就能迅速舒展身体，重新扎根于土壤中。

可以说它是一个旅人，因为它从不在一个地方久留，一旦缺水，它就会重复上一次的旅行方式，为自己找到另一片水分充足的土地。

剑桥智慧

不得不说卷柏是一种聪明的植物，它懂得为自己找到合适的地方生存。当水分减少威胁到生存时，它便挪动脚步，让风把它带到水分充足的地方。植物能自己寻找方向，那么对人类来说，辨别方向简直易如反掌。

当然，一般情况下要分辨正确的方向并没有难度，可在一些特殊情况下，辨别方向就不是那么容易的事了，需要开动脑筋，用心用智慧寻找方向。

坚持甩臂的柏拉图

柏拉图是一位伟大的哲学家，他的成功来源于自己的坚持不懈。从小他就明白，做事一定要持之以恒，如果想站在金字塔的顶端，那就必须坚持不懈去攀爬。

一个新学期开始的第一天，老师对班里所有的学生说："今天我们只学一件最简单的事，就是甩手臂。"

说完，老师向大家示范了一遍，然后说："从今天开始，同学们每天都将这个动作做三次，能做到吗？"

看了老师示范的动作，学生们都窃窃私语道："这么简单，怎么可能做不到！"于是，大家异口同声地回答道："我们能做到！"

过了两个月，老师问学生们："有哪些同学还坚持每天甩手臂三次？请举手！"

说完，班里一大半的同学都很自豪地举起了手。

又过了两个月，老师又问同样的问题，结果只有不到一半的同学举手。

一年之后，老师再次问："现在，还有谁每天坚持做三次甩手臂的动作？"这时，全班只有一人举了手，他就是柏拉图。

剑桥智慧

虽然只是甩手臂这样一个简单的动作，但是能坚持下来的人却不多，其实同学们之间最初的差距并不大，而且起点也是一样的，为什么最后只有柏拉图一个人脱颖而出呢？最关键的就是他懂得做事要坚持不懈，哪怕只是做一件非常简单的事。

全力以赴的盖茨

比尔·盖茨是微软的创始人，他的成功有目共睹。之所以有这样的成就，是因为他从小就懂得，做事要全力以赴。

一次他去教堂听戴尔牧师讲道，讲道结束后，戴尔牧师说："如果谁能背诵《圣经·马太福音》第四章到第七章的内容，我就请谁到西雅图的高塔餐厅饱餐一顿，顺便让他看一看西雅图美丽的夜景。"

教堂里的人听了非常兴奋，很多人都决定试一试，可是这几个章节的内容非常多，而且很复杂，读起来都不太好理解，就别提背诵了。

很多人都是有始无终，或者还没开始就放弃了，都说"这么难，我肯定不能背下来"。

一个月后，11岁的比尔·盖茨找到了戴尔牧师，说："牧师，我已经背下来了。"

牧师笑着说："好，那就背给我听吧。"

比尔·盖茨很熟练地背诵起来，有时还会声情并茂，而且从头到尾都没有出现错误，只是有些地方略有停顿。

牧师惊讶地问："孩子，你是怎么做到的？"

比尔·盖茨说："我全力以赴了。"

牧师非常欣赏他，果然带着他去西雅图的高塔餐厅享用了一顿大餐。

剑 桥 智 慧 ‒‒‒‒‒‒‒‒‒‒‒‒‒‒‒‒‒‒‒‒‒‒‒‒‒‒‒‒

做事情全力以赴、全身心投入，会让你的效率提高很多倍，许多奇迹就是在全力以赴中创造出来的。不管你的能力如何，只要肯全力以赴，总会收到意想不到的效果。但是，如果做事的时候漫不经心，那么不论你的能力有多强、这件事情有多简单，你都不会完成得很好。

今日事，今日毕

亲鸾上人是日本一位非常著名的禅师，他的言论大都被记载在《叹异抄》里，深受世界佛教徒的推崇。能够取得这样的成就，与他"今日事，今日毕"的行事风格是分不开的。

在他9岁的时候，他到寺庙里找到老住持，说："我想出家。"

老住持问他："你为什么这么小就出家呢？"

他伤心地说："我的父母都去世了，我想弄明白人为什么要死亡。"

老住持听了点点头，说："我知道了，你的确是个学佛的好苗子，我一定会收下你的。可是，今天已经很晚了，我明天再给你剃度吧。"

他却着急地说："师父，也许明天我就不想出家了，况且，您的年纪这么大，说不定明天一早您就去世了。到时候我还怎么出家，怎么探究人为什么死亡呢？"

老住持听了很高兴，赞叹道："你说得很有道理，我现在就给你剃度。"

出家之后，亲鸾一直很努力地钻研佛学，每天都给自己安排很多学习内容，而且从来都不把今天的事情推到明天，就这样逐渐从一名普通的僧人变成一位德高望重的禅师。

剑桥智慧

很多比较成功的人都会在计划内完成自己的事情，因为他们知道，明天还有很多事情要去做，所以无论如何都要把今天的事情做完。一个人想要成功，就应该养成"今日事，今日毕"的习惯，只有这样才能更好地把握自己的计划，让生活变得更美好。

严谨的瑞士人

一个中国学生去瑞士留学，和瑞士的同学相处一段时间后，他发现瑞士人做事非常严谨，有时甚至有点死板。

有一次，他写了一篇论文拿给导师看，这是他花了很多心思、做了很长时间的调查才写好的论文，本来以为会得到导师的夸奖，可是导师却严肃地说："这篇论文不合格，改过后再拿给我！"

他听了很不高兴，问："是哪里出了问题？"

导师说："我已经用红色的笔标出来了，你自己去看吧。"

他一看，原来是"200多人"、"大概90%"等一些数据，可是这样的写法在他以前的论文里是经常出现的，于是他就对导师说："这样不是免于出错吗？"

导师却说："这只能说明你的学习态度不够严谨。"他听了很不服气，可是又不敢顶撞老师，只能继续搜集资料进行改正。

这件事让他觉得瑞士人严谨得有点过分了，于是就想和他们开个玩笑，刺激他们学会变通。

当时学校里有两个电话亭，他故意在电话亭贴上"男"、"女"的标签，然后就站在一边看大家的反应。

他发现很多男生看见标签后都主动到"男"电话亭打电话，女同学也都主动到"女"电话亭排队。

更奇怪的是，后来由于有个男生打电话的时间比较长，所以"男"电话亭前面排了一条很长的队，而"女"电话亭这边一个人都没有，但是却没有一个男生肯走过来打电话。

他走过去问一个男生："你怎么不去那边，你难道没看见那儿的电话正闲着吗？"

那个男生一脸从容地说："可是那是女生的电话亭，我不能违反规定。"

他听了笑道："反正也没人，干吗这么较真儿呢？"

那个男生却说："这是基本的规矩，难道你会去上女厕所吗？"

他听了顿时哑口无言，第二天赶紧把标签撕掉了。他这才明白，为什么瑞士人可以做出质量一流的钟表。

剑桥智慧

从小就养成严谨的办事风格是非常重要的，不但能够提高学习成绩，还可以让我们的生活变得井井有条。

"二王" 练字

伟大的发明家爱迪生曾说过："天才是1%的天赋加99%的汗水。""99%的汗水"就是指后天的勤奋和努力坚持。

王羲之被世人称作"书圣"，他的《兰亭集序》等很多作品被一代代书法爱好者争相临摹，这样的成就与他坚持不懈的精神是分不开的。

王羲之小时候是个调皮的孩子，他特别喜欢鹅，每天都抱着鹅玩耍，经常不好好练字。

有一次，他的老师卫夫人看了他写的字后生气地说："你写的'之'字一点活力都没有，就像行尸走肉一般。"

他听了很难受，于是每天都刻苦练习，一直写这个"之"字，写了足足一个月。后来他从鹅的身上找到了灵感，照着鹅的样子练习写"之"字，因为鹅经常活动，所以他写的"之"字也跟着有了生命力。

在《兰亭集序》中，他写的每一个"之"字都不一样。

后来他的儿子王献之向他请教成为书法家的秘诀，他二话没说，直接给儿子准备了18缸墨汁，并对他说："你每天坚持练习，等到这18缸墨汁用完了，你就可以成为书法家了。"

王献之按照他说的去做，每天都练习写字，真的一直坚持到把18缸墨汁用完为止，最后，他成为继王羲之之后又一位伟大的书法家。

王羲之父子的书法作品之所以被后人如此推崇，就是因为他们都有坚持不懈的精神。

剑桥智慧

每一个成功人士都必须拥有坚持不懈的奋斗精神，我们也必须懂得坚持不懈的道理。任何时候，只有坚持你才会离目标越来越近。

严于律己的司马光

大文学家司马光小时候也和很多孩子一样，有着贪睡贪玩的坏习惯，还为此常受先生的责罚和同窗的嘲笑。

但在先生的谆谆教诲下，他下决心一定要改掉陋习。

后来的每一天，他都严格要求自己，为免睡过头，他经常在晚上喝很多水，以为这样自己就会被尿憋醒。

可时间长了，这个方法的效果就不那么好了。

于是，聪明的司马光又用圆木头做了个枕头，早上他一翻身，头就会滑落到床板上，然后自然惊醒。因为这样严于律己，最后他终于获得了文学上的成功。

剑桥智慧

苏联教育家苏霍姆林斯基曾说，要使我们的孩子成为坚定的人，就要让他严格要求自己。在孩子的成长过程中，严于律己，是他走向成功的第一步。严于律己，就是对自己负责，而只有对自己负责，才有可能负起其他的责任。

石田将军"三献茶"

在日本的桃山时代，有一个很著名的将军叫石田三成，以忠诚仁义、足智多谋而著称。他最引人称道的是一次"三献茶"事件，这个事件使他得到了贵人赏识，后来成为日本最高权力机关的首席元老。

在他还是孩子的时候，曾在一座寺院谋生。有一次，幕府将军丰臣秀吉打猎口渴了，就来到石田三成所在的寺院喝茶。石田三成是负责敬茶的童子。他上茶的顺序很有意思，第一杯是一大碗凉茶；第二杯换了较小的碗，茶水稍热；第三杯则是一小碗热茶。

丰臣秀吉注意到了这个变化，就问他为何这样做。

小小年纪的石田三成不慌不忙地说："第一碗茶是为了让将军解渴，所以温度适中，水量要充足；第二碗换了较小的碗，因为喝了第一碗之后已经解渴了，量小稍热稍带品茗之意；到第三碗的时候大人心也静了，口也不渴了，这时再上热茶，大人才会细细去品味我们寺的野茶的美妙味道。"

丰臣秀吉听后，觉得眼前的小和尚思维缜密、态度认真，就把他选在自己帐下，作为自己的贴身侍从。后来，这位认真细致的石田三成果然成了日本历史上的一代名将。

剑桥智慧

不过是孩童的石田三成，在奉茶待客这件小事上都能分出三种不同用途的茶水，并按照客人丰臣秀吉的实际需求主动地送上去，足见其做事的认真程度非一般人所能比。我们也要养成思维缜密、做事认真的好习惯，这样才能少走弯路，离成功更近一步。

新闻界的"拿破仑"

诺斯克里夫被称为英国新闻界的"拿破仑"，他一生都生活在不满足中。他不甘安于现状，不甘心自己拥有的财富总是维持在同一个水平线上，所以，他不断为自己制定新的目标，不断进取，最终成为享誉全球的

• 世上无难事，只怕有心人

新闻大亨。

最初踏入社会的时候，诺斯克里夫每月只能拿到80英镑的薪水，对此他非常不满。于是，他开始拼命工作，用超过常人几倍甚至几十倍的努力，为自己争取到了更好的待遇。后来，当《伦敦晚报》、《每日邮报》都归他所有时，他仍然不满足，为自己制定了新的目标。很快，他成了英国《泰晤士报》的大老板。可这时，他还是不肯就此停歇，他要利用这个媒体揭露官僚的腐败，要竭尽全力监督政府。在他的不懈努力下，不少国家机关的办事效率果然有所提高，这对整个英国制度的改革起到了重大作用。

后来有一次，诺斯克里夫问《泰晤士报》的一位员工："你喜欢现在的工作吗？"那名员工说："很喜欢。"他又问："你现在的薪水是多少？满意这个状况吗？"员工说："一星期5英镑，很满意了。"这时，他回应道："你要知道，我可不希望我的员工拿到5英镑就感到满足。"此后，那名员工满足于一星期5英镑的薪水，总是安于现状，碌碌无为，没有取得任何突破性成就，所以他自始至终只是个助理编辑，没有升职，也没有加薪。

剑桥智慧

生活中，我们总是安于现状，不想对自己的学习、生活状况做出任何改变，也没有为自己的未来制定更长远的目标。要知道，一个不安于现状、不断进取的人，才能真正感受到心灵的安宁，也才能在不断努力的过程中一步步达成目标，实现自己的理想。

船员的尝试

一艘远洋轮船在一次航行中不幸触礁，轮船沉入海底，幸存下来的一些船员拼死游到了一座小岛上。可没想到，这是一座孤岛，不仅荒无人烟，而且寸草不生，除了沙石还是沙石。这些船员不仅要忍受炎炎烈日，还要忍受饥渴，而他们活下去的唯一希望就是等下雨或过往船只救他们。

然而，一天、两天、三天……到第四天的时候，他们仍然被困在孤岛上，没有下雨，也没有人发现他们。而这时，许多船员已经支撑不下去了。

于是，一名船员在快要渴死的时候鼓起勇气，大胆喝下了岸边的海水。他再也管不了这水是苦是咸，是否能用来解渴，他要赌这最后一把。

事实证明，他赢了，喝完海水后很长时间，这名船员没有出现任何不适反应，后来其他船员也忍不住喝海水维生。

终于，两天后，他们等来了救援船只。后来，科学家们对这里的海水进行了检测，发现这里有地下泉水不断翻涌上来，所以这里的海水是可以饮用的。

剑桥智慧

如果那名船员没有大胆去尝试，那他终究会被渴死。生活中，很多人也会墨守成规，不敢对一些约定俗成的东西持任何怀疑态度，更不敢挑战权威或尝试着去突破，这往往会使自己失去许多成功的机会。

只专注于一件事

8岁的男孩威尔平时比较活泼好动，有时做起事来会三心二意，最后哪一件事都没有做好。但威尔的爸妈很清楚，注意力涣散是孩子学习及做其他事的最大"敌人"。于是，他们决定想办法培养威尔的专注精神。

有一次，妈妈故意交给威尔很多任务，包括写作业、画画、做手工小制作、整理自己衣柜等。

威尔一听这么多任务就慌了，最后将这些事做得一塌糊涂。他作业写到一半就去画画，还没画好又想着去整理衣柜……

折腾一天后，威尔累坏了，却没有很好地完成任何一项任务。

这时，妈妈告诉威尔，要想把这些事都做好，最好的方法就是每次只专注地做好一件事。

第二天，威尔依妈妈所言，在一段时间里只认真做好一件事，结果半天之内，他就顺利完成了所有任务。

剑桥智慧

我们每天可能都要做很多事情，这就难免在做这件事时想着另一件事，最后什么都做不好，还养成了三心二意、注意力涣散的坏毛病。所以，在有较多任务时，我们应该首先在某一段时间里只做好一件事情，这样才能做好所有的事情。

做事要分轻重缓急

在一次讲课时，一位专家将一个大陶罐放在讲桌上，然后将几块大石头放进罐子里。

待陶罐里已经装不下大石块后，他问同学们："这个罐子满了吗？"

同学们异口同声地答道："满了！"

"是吗？"专家笑了笑，然后又拿出一堆碎石子倒进罐中，再问，"现在罐子满了吗？"

这时，同学们迟疑了一下，有些人说"满了"，有些人默不作声，有些则低声说"可能没满"。

后来，专家又拿出一袋细沙，慢慢从罐口倒进去。倒完后，他继续问："现在谁能说说，这个罐子是满了还是没满？"

这次，所有同学都信心满满地回答道："还没满！"

"很好！"专家称赞过这些学生后，又拿起一瓶水灌进陶罐中。之后，他问："从刚才的事情中我们能得出什么结论？"

同学们想了想，得出了"时间是可以挤出来的"的结论。专家听后点了点头，但他告诉同学们，这并不是最主要的结论，他最想告诉大家的是：如果刚开始没有先将大石块放进陶罐里，那么以后就再也不能将它放进去了。

剑桥智慧

做事要分轻重缓急，要安排好顺序，否则就会手忙脚乱，到头来漏掉最重要、最紧急的事情。我们常常会被各种琐事、杂事弄得心烦意乱，总是无法静下心来判断哪些是当前最该做的事，而哪些事是无关紧要或可以晚些时候再做的。

滚落的石头

在山涧的溪流冲刷过的地方，有一块光洁、漂亮的大石头。

有一天，这块石头静静待在陡峭的山坡上，饱览着满山如画的风景，享受着遍野花草的清香。突然，它看到山坡下有一条鹅卵石铺成的小路，路面看起来是十分坚硬的，来往的人无不称赞"鹅卵石铺成的路真好"。这时，漂亮的大石头突发奇想，决定去山下小路，与那些鹅卵石兄弟们待在一起。

于是，这块大石头费尽心力地往山下滚动，花了好长时间才滚到那条小路的中间。可这是一条交通要道，行人、车辆都络绎不绝。停在路中间的大石块挡了大家的道，许多人从它身上踩过，车辆也在它身上来回地辗。结果，没过多久，曾经光洁、漂亮的大石头就成了任人践踏的废物，而且时常与灰尘、泥土甚至小动物的粪便做伴。它因此深受打击，从此便痛苦地仰头望着已离开的那个山坡。

山坡上美丽的大石头最终成为任人践踏的废物，是因为它在决定滚下山时并没有深思熟虑，没有认真考虑这种行为会给自己带来什么样的后果。

剑桥智慧

现实生活中，很多人遇事欠考虑、不计后果，最后却导致了严重的后果，令自己后悔不已。所以我们要锻炼自己的思考能力，遇事三思再三思，这样才能尽量避免错误的发生。

乐观的心态

1997年，亚洲爆发了金融危机，许多国家都被卷进了这场经济大风暴之中，泰国的经济更是受到了重创，泰铢迅速贬值，很多企业都破了产，施利华的公司也在这次危机中倒下了。

当他不得不宣告公司倒闭的时候，虽然心中也很不舍，但是，他没有因此一蹶不振，而是打起精神来，对自己说："没什么大不了的，我可以开始新的生活了！"从此，他抛开了老总的身份，骑着车子穿梭在大街小巷里，给订餐的客户送外卖。

一次送外卖的时候，有个客人认出了他，惊讶地问："您是施利华先生吗？怎么会亲自送外卖呢？"

施利华笑了笑，回答道："我没有钱雇用员工啊，只能自己动手了。"

客人被他的乐观打动了，鼓励他说："您有这么好的心态，一定还会东山再起的。"施利华笑道："谢谢您的祝福，我一定会努力的。"

其实，不是每一个客户都会这么友好，有的客人认出他后不但不会为他祝福，反而会嘲笑他的失败。一次，有个客人接过外卖后说："哟，大老板还亲自送外卖啊，破产的滋味不好受吧？"施利华淡淡地一笑，说："其实也没什么大不了的，重新再来吧。"客人觉得他是在硬撑面子，也不理睬他，"砰"的一声把门关上了。

受到这样的嘲弄，施利华的心中确实不好受，不过，他没有因此而气愤，反而在想："这份工作真是不容易，不但要顶风冒雨的，还要受客户的歧视，一般人哪能坚持下来啊！"从此，他对这些跑在一线的工作人员特别敬重。

靠着这份乐观的态度和不怕吃苦的精神，几年后，施利华重整旗鼓，又一次回到了商界。慢慢地，公司的规模比以前扩大了好几倍，解决了很多人的就业问题。

剑桥智慧

当挫折来临的时候，你想躲也躲不过去，与其在痛苦中挣扎，倒不如像施利华一样泰然地说一句"没什么大不了"，以轻松的心态去接受它。以轻松的心态面对挫折能够重振你的信心，给你带来战胜困难的勇气。

时间与海绵里的水

鲁迅先生小的时候家庭条件不太好，父亲常年卧病在床，经常药不离口，母亲一个人操持家务也非常辛苦。鲁迅很懂事，每天都起得很早，做

● 世上无难事，只怕有心人

好早饭后就去学堂里上学，放了学还要照顾父亲、给父亲熬药，而且总会抽出时间来做一些家务，帮助母亲减轻负担，基本上没有空闲的时间。即便如此，他依旧能够出色地完成自己的功课。

有一次深夜，母亲看见他的屋子里还亮着灯，就过去看他在做什么。推开门的时候，她看见鲁迅正在写字，因为灯光太暗，他的头都快贴到桌子上了。

她心疼地说："孩子，睡吧，已经过了半夜了。"

鲁迅对母亲说："我还不困，躺下也睡不着，那不是浪费时间吗？您累了一天，快去休息吧。"母亲拗不过他，只好自己去休息了。

成年后的鲁迅依旧非常珍惜时间，他总是害怕时间会在不经意的时候从身边溜走，所以他从来不参加一些无聊的聚会，也不会随意去拜访朋友。在他的眼里，时间就是生命，他不但珍惜自己的时间，也珍惜朋友的时间。

有一天傍晚，他正在伏案创作，一位朋友突然来访，他以为朋友有什么重要的事要和他商议，就停下手里的事情招待他。可是这位朋友坐在他的书桌旁边唠唠叨叨的，说了很多无聊的话题。他实在没有兴趣也没有时间听他唠叨，就生气地说："你的时间是不是很多啊，我却没有多余的时间听你说这些无用的事情！"朋友听后虽然有些难为情，但是他知道鲁迅是在提醒他要珍惜时间，心里有火也不好发出来，只能讪讪地离开了。

在做教员的时候，鲁迅对他的学生非常严格，总是给他们安排很多学习任务，有个学生不满地说："老师，我们没有这么多时间啊！"

鲁迅一脸严肃地说："时间就是海绵里的水，只要你肯挤，总还会有的。"

学生听后低下了头，因为他把很多时间都浪费在吃喝玩乐上了，鲁迅的话让他觉得很羞愧。

鲁迅的生命并不长，但他在短短五十几年的时间里创作了很多优秀的作品，为推进中国文学的发展贡献了巨大的力量。

其实每个人的生命都是有限的，所以，我们一定要珍惜时间、好好学习，努力充实自己，让自己变得更有能力、更有智慧，将来做一个对社会有用的人。

剑桥智慧

珍惜时间就是珍惜财富、珍惜生命。比如，一个珍惜时间的商人总会比其他同行更富有。比尔·盖茨曾经说过："只要浪费一分钟我就会损失几百万。"所以，对于商人而言，时间就是金钱。珍惜时间的人会把一分钟当成一个小时来用，把一天当作一个星期来用，做的事情也比一般人要多。

冷静的克拉克

克拉克是个作家，他非常热爱打猎，每年夏天都要去非洲大草原和那里的猛兽"搏斗"。其实他的狩猎技术并不好，每次都以失败告终，有时还会遇到危险，但是他从来没有放弃过自己的爱好。

有一年夏天，他只身一人来到非洲，在当地高薪聘请了一名向导，他对向导说："我要去草原会一会老朋友们。"

向导疑惑地问："那里怎么会有你的朋友呢？都是些狮子还有豹子。"

克拉克笑道："我说的就是它们。"

他们在邻近草原的小林子里搭了个帐篷。一天傍晚，他和向导正在帐篷里准备晚饭，突然听到一声野兽的吼叫，向导往外一看，顿时吓得目瞪口呆：一只强壮的雄狮正在朝他们走来。

克拉克看见狮子后高兴地说："我头一次遇到这么强壮的雄狮！"

向导带着哭腔说："你确定自己没有被吓疯吗？我们这回死定了！"

克拉克笑道："别胡说，这可是咱们的运气。"

狮子一步一步地向他们走来，向导已经哭了出来，腿一直在哆嗦。克拉克也很紧张，但是他知道，只要能顺利地把这只雄狮赶走，这次非洲之旅就会非常完美，他的探险小说也会写得更加精彩。

克拉克想象着自己将会拥有的财富，心里很高兴。他扫了一眼帐篷里的摆设，迅速找到先前准备好的猎枪，端起猎枪笑着对狮子说："伙计，只要你掉头离开，我可以饶你一命。"

他虽然喜欢打猎，但从来没有伤害过一只动物，他只是喜欢打猎带来的刺激。滑稽的是，狮子好像听懂了他的话，不一会儿就调转方向离开了。

克拉克非常兴奋，他对吓得不能动弹的向导说："伙计，没事了！"

向导刚刚回过神来，生气地说："我不干了，太危险了！"

克拉克笑道："高兴点，以后再见到狮子你就不会这么害怕了。"

从非洲回来以后，克拉克带着热情写完了他的探险小说，这本小说也受到了很多读者的喜爱。

剑桥智慧

克拉克面对雄狮的威胁不但没有害怕，反而高兴地畅想着赶走雄狮后的成就感。他在紧张的环境里沉着冷静，就算手里端着猎枪也没有射杀雄狮，最后顺利地脱离了险境。我们在遇到困难时也不要伤心和恐惧，要冷静地迎接挑战，让这次困难给我们带来财富。

包容之心

乌干达的拉玛森是位世界著名的盲人拳击手，他靠耳朵、鼻子来分辨对手的声音、气味，以此来判断对手的位置。在乌干达，民众都将拉玛森当作自己的偶像，同时拉玛森也是很多爱好拳击的普通人心目中的英雄。

1996年，拉玛森还是一名普通的拳击运动员，一连串的不幸接二连三地发生在他的身上。首先，他的眼睛看不见了，他成了一个盲人，他的世界变成黑色。而此时，更让拉玛森伤心难过的是，悉心照料他多年的祖母去世了，他的妻子也因嫌弃他失明而离开了，兄弟姐妹们怕惹上麻烦，怕承担照顾他的责任，更是对他不理不睬。

于是，拉玛森孤独地生活着。

失明的他一时间没办法再去进行拳击运动，也就没了经济来源，他的生活只能靠当地清真寺的一点善款来维持。

尽管如此，拉玛森却从不恼怒憎恨，他从不抱怨别人对他的冷漠，也不抱怨自己受到不公正待遇，而是用他坚强的意志继续想办法恢复拳击能力，他时时刻刻都期盼着能尽快重返自己喜欢的拳击赛场。

最后，拉玛森终于练就了超乎常人的用耳朵、鼻子进行比赛的能力，创造了世界拳坛的奇迹。

剑桥智慧

或许，很多人会认为拉玛森遭遇了那么多不幸，受到那么多伤害，有一点怨天尤人也是正常的。但事实是拉玛森没有这样做，他用一颗宽容的心包容了一切，他不但没有怨天尤人，反而用自己顽强的毅力克服一切困难。

不要怨天尤人

在第25届亚洲男子篮球锦标赛上，黎巴嫩男篮以66分败给了得分80的对手约旦队，在亚锦赛中名列第四，失去了最后一次晋级世锦赛的机会。

黎巴嫩男篮很想赢得比赛，也希望进入世锦赛，所以输给约旦对他们的打击不小。但比赛结束后，黎巴嫩篮球队教练却没有怨天尤人，或是怨恨别人"抢"了他们的世锦赛参赛资格，反而用平和的心态总结经验教训。

在接受媒体采访时，黎巴嫩主教练表示，他们已经尽了自己最大的努力来参加比赛，队员们都很努力地想要取得胜利，只是约旦的防守实在很强。所以他们接下来要做的是吸取教训，加强自己队伍的防守能力，寻找攻破对方坚强防守的有效方法。

赛后，黎巴嫩球员们更加斗志昂扬，他们刻苦训练，奋力拼搏，准备迎接下一次世锦赛的到来。

剑桥智慧

怨天尤人是一种不良情绪，会对个人和团体的发展产生重大阻碍作用。所以，我们平时要用积极乐观、平和的心态应对挫折、迎接挑战，绝不能因为一点小困难就怨天尤人。

优秀的销售员

乔·吉拉德在成为优秀的汽车销售员之前，做过40多份工作。面对失败的职业生涯，他痛定思痛，找出自身的问题，决心以踏实的心态做自己喜欢的销售工作，以干出一番成就。

于是，他找到了一份汽车销售的工作，全身心投入工作中，处处为客户、为企业着想，两年后，他以执着和热情成为公司里销售业绩最好的业务员。

此后的吉拉德更加努力地工作，最终成为蝉联世界吉尼斯纪录销售冠军宝座12年的人，成为全世界销售人员的榜样。在成为一名汽车销售员后，吉拉德每天都工作到很晚，有时外面都已没有公共汽车、出租车，吉拉德干脆回到公司里继续工作，自己摸索各种销售手段，直到困得支撑不住，他才在靠背椅上躺一会儿。

白天公司营业，吉拉德又充满激情地投入销售工作中。他不仅对前来购车的客户热情相待，还利用中午吃饭的一点空闲时间积极走出公司，向所有自己认为的潜在客户推销公司产品，努力为公司争取更多客户，也为自己争取更多福利。

剑桥智慧

不管是做人还是做事，都忌讳心浮气躁、好高骛远。如果乔·吉拉德一直以一种浮躁的心态对待工作，那他肯定不能成为全世界最优秀的业务员。所以，我们要向他学习，以一种勤恳、踏实的态度去面对生活。

亲自来一趟

约翰逊已经在F公司的大门口等了很久了，他坚信，只要他坚持住，就一定能够等到F公司的总经理雷德先生。

F公司是一家汽车制造公司，而约翰逊是一位轮胎推销员，他之所以一直等在F公司的大门外，就是为了把公司新出的轮胎推荐给F公司。可是F公司的门卫始终不肯让他进去，他只好在外面等。

"雷德先生，我是推销轮胎的，我们公司的轮胎才是你们最佳的选择，没有任何一家公司的轮胎能比我们制作得更好。"约翰逊一看见雷德先生从公司大门走出来就兴奋地跑过去对他说。

雷德先生看了他一眼，说："是吗？可惜我现在没有时间听你介绍，你给我一张名片吧，我有空了再联系你。"约翰逊听了只好递上自己的名片。

过了一天、两天、三天，雷德先生一直没有联系他，他有些着急了，直接打电话到雷德先生的办公室，但接电话的秘书说雷德先生出差了。又过了几天，约翰逊还是没有接到雷德先生的电话，他又拨通了雷德先生办公室的电话，可是秘书说雷德先生刚出门，等回来再联系他。

约翰逊听了就守在电话旁边，一直等雷德先生的电话。过了好几个小时，约翰逊的电话响了，他一看号码，正是雷德先生办公室的电话，于是便兴奋地接起电话，秘书说："您好，雷德先生已经回来了，如果方便的话，您最好亲自过来一趟。"

约翰逊听了十分高兴，说："好好，我现在很方便，马上过去。"其实当时天色已经有些晚了，但约翰逊始终不肯放弃这次机会。

雷德先生见到约翰逊后，很有礼貌地说："我对贵公司的轮胎还不是太了解，你能详细地介绍一下吗？"

约翰逊笑道："当然可以。"于是便对自己公司的轮胎做了详细的讲解。

雷德先生听后点点头，说："好，请允许我再考虑一下，一个星期之内给您答复。"

后来约翰逊接到雷德先生的电话，F公司决定购买一批他们公司的轮胎，约翰逊非常高兴。

剑桥智慧

世上无难事，只怕有心人。不管我们在日常生活中遇到什么样的困难和挫折，我们都要学会不放弃，坚持下去，就会获得成功。

差不多先生

在胡适先生笔下，有位姓差、名不多的人，他就是人们熟知的"差不多先生"，也就是胡适先生创作的《差不多先生传》中的主人公。

此人名叫差不多，他也常常说："凡事只要差不多就行，何必太计较。"

小时候，母亲让差不多先生去买红糖，他买了白糖回来，母亲骂他，他却说："红糖白糖不是差不多吗？"

差不多先生去上学，先生问他是哪里人，他说是陕西，其实先生知道他是山西人，但他说陕西同山西，两个差不多。

就这样，差不多先生一直抱着"凡事差不多就行"的态度做事。终于有一天，"差不多"的办事原则不适用了，他甚至因此而丧命。

有一天，差不多先生突然生病了，他叫家人赶快去村东头请一位姓汪的大夫，结果家人弄错了，请来了村西的牛医王大夫，家人和差不多先生都很焦急，不知如何是好。

这时，差不多先生竟想："好在王大夫和汪大夫也差不多，就让他试试。"

结果，王大夫用治牛的办法给差不多先生治病，不一会儿，差不多先生便一命呜呼了。然而，临终前的差不多先生还在断断续续地向大家传播他"凡事只要差不多就好，何必太认真"的言论。

剑桥智慧

差不多先生不仅是存在于文学作品中的虚构人物，现实社会中也存在着许许多多个"差不多先生"。这些差不多先生做事不严谨，结果出现了很多错误。如果我们在面对任何事情时都一丝不苟、精益求精，那么事情也会很顺利地解决掉的。

偏执的安迪·格鲁夫

英特尔公司的领袖安迪·格鲁夫在商界有一个众人皆知的名字——"偏执狂"。然而，就是因为格鲁夫对待工作的近乎偏执的态度，才使他走向事业的巅峰。

格鲁夫是一名犹太人，凭借着自学和刻苦考上了名牌大学。大学毕业后，格鲁夫被介绍到英特尔公司工作。先前，英特尔的产品定位一直是存储器。然而，就在格鲁克担任研发总监后不久，微处理器芯片逐渐发展成为最具开发潜力的市场新宠。英特尔由此处于竞争劣势，公司经济状况每况愈下。

作为研发总监的格鲁夫很快意识到英特尔处于市场竞争劣势的原因，他也明白怎样使公司走出困境——让公司转型，将主导产品由存储器转变为芯片。然而，让英特尔转型谈何容易！在人们心目中，英特尔就是一家生产存储器的公司。

当格鲁夫首次在公司会议中提出"将公司发展重点转向微处理器"的议案时，几乎所有公司元老都投了反对票，甚至有人当面说他"胡闹"。

但是，格鲁夫明白，微处理器的发展已经成为大势所趋，英特尔不走这条路就有被市场淘汰的危险。

于是，格鲁夫顶着偏执的骂名，力排众议，重申自己的立场："我是研发总监，我有权决定公司产品研发走向！"

会后，格鲁夫不顾众人反对，立即遣人进行相关市场调查，并开始原材料配置和购买等工作。事后证明，格鲁夫坚决转变英特尔的产品开发和销售重点的做法，确实为英特尔带来了商机。

在随后的研发管理过程中，格鲁夫对每项工作几乎到了事必躬亲的地步。他对各个研发环节都进行一丝不苟的监督和审查，并时刻进行市场发展走向的调查与研究。格鲁夫利用手头数据一遍遍计算怎样才能以最小的成本研发出最符合市场需求的芯片，并每天都工作到很晚。

在管理方面，格鲁夫深入基层，鼓舞员工的士气，并随时提防来自企业内部的由于转变生产重点所引发的指责和攻击。

事实证明，格鲁夫当初的"偏执"做法是正确的。他果断坚决的决策手段和认真踏实的工作态度，使英特尔逐渐发展成为电脑芯片行业的领导企业，而格鲁夫本人也成为带领公司走向辉煌的领袖级人物。

晚年的格鲁夫在一本书中写道："在企业的经营管理过程中，我常常笃信只有偏执狂才能生存这一真理。"

剑桥智慧

偏执的人看似顽固，其实他们只是对工作一丝不苟、尽力为之而已，因为他们更懂得踏实与奋进，这样的人心态淡定，更容易将一件事处理好。

客观看待我们的世界

一只狼从森林里跑出来，蹲在一个村口不走，这让全村的人都感到恐惧。大家一致认为这是一只天下最凶猛的狼，它不但不怕人，还竟敢与人为敌。

于是，有人举起猎枪想射杀它。狼看到猎枪，却一动不动。猎人有些害怕，担心自己打不到狼却吓到狼，让它跑到村子里伤害村民。为了全村人的安全，猎人最终还是选择不直接开枪射杀而使用陷阱。

将这只胆大妄为的狼抓获后，人们才发现，原来这是一只又老又病浑身是伤的狼。它已经无力像其他狼那样奔跑，它对人们一点威胁也没有，只是一只因为疾病和衰老才无奈地出现在村子边觅食的动物。

后来，这个村子又来了一匹谁也驯服不了的烈马，让所有的骑手都感到棘手。只要有人骑在它的背上，它就会狂奔不止，直到将背上之人摔翻在地方才罢休。即便在平时，谁要是走近它一步，它也会瞪起眼睛，前蹄腾空，并发出吓人的嘶鸣。于是，大家都说这真是一匹烈马。

但是，驯马人却意外地发现，原来这匹马并非烈性，而是因为过于胆小才会在受到刺激时吓得四蹄乱蹦。人们竟然把经常处在紧张中的小马看成了一匹烈马，实在是可笑。后来，驯马人开始关心这匹小马，一点点接近它、熟悉它，最后，驯马人发现，这竟然是一匹十分温顺、老实的马。

剑桥智慧

人们对动物尚且如此，更何况其他事情。所以，我们要时刻学会思考问题，经常保持对外界事物的体谅和宽容，在思考中学会客观地看待我们生活的这个世界。

从小事做起

罗斯福经常对爸爸妈妈说："长大以后，我要做一番大事业，挣很多钱，让你们享福。"

爸爸妈妈听后十分欣慰，为了让儿子能有实现愿望的一天，他们不仅督促他认真学习，还很注重培养罗斯福的独立性，每周都会安排一次大扫除任务交给他做。

洗衣服、扫地、刷碗、整理房间……一开始，罗斯福还很听话地把这些活都做好了，但渐渐地，他就开始不满了。

"我将来是要做大事的人，怎么能总是做这些小事情呢？我不干了！"这个周末，罗斯福既不扫地，也不帮妈妈洗碗了。

爸爸听后本来想狠狠地训他一顿，但妈妈却拦住了他，然后对罗斯福说："儿子，听说你这次的考试成绩不太好？"

罗斯福一愣，没想到妈妈会突然转移话题，他说："其实我本来能考个好成绩的，可是我有点粗心，但这些错误都不是大事，下回我会注意的。"

爸爸却说："确实都不是大事，但却影响了你的成绩。一个连小事都做不好的人，怎么能做成大事呢？"

罗斯福有些不满爸爸的态度，他说："哪有这么严重，这些事和我做大事有什么关系，做不好就做不好呗。"

"成大事者须拘小节。既然你有远大的理想，就更应该在家务和学习等小事情上下功夫，如果你把小事都做好了，何愁做不成大事？"

妈妈说："比如你今天数学题少算了个小数点，那么将来你成立了大公司，也少算一个小数点，可能就会出现上千万甚至上亿的损失。你说，这个小数点重要吗？它是不是一件大事？我们让你做家务活也是想让你知道做好小事的重要性，为你以后成就大事打下坚实的基础。"

"爸爸，我知道了，我以后一定注意生活中的各种小事，并努力做好它们，一定会实现我的远大理想的。"罗斯福听后觉得很惭愧，边说边拿起了扫帚，认真地扫起了地。

剑桥智慧

有远大的理想和抱负是一件好事，但如果这些只是空想，并没有在生活中为此而努力就肯定实现不了。成大事者，要先从身边的小事做起，只有小事做好了，才能成就大事业。

福 祸 相 依

"我怎么什么也做不成呢？"

"我到底有什么用？"

"哎，今天又做错事了，到底该怎么办呢？"

"我真的有这么笨吗，连这点儿小事都办不好？"

11岁的小男孩最近遇到了很多烦心事，不是丢三落四，就是把同学的水杯给撞翻了，还有一次，他在自己的座位上坐得好好的，也能撞到旁边的同学，害得同学把手里的泥塑像给摔碎了。

"妈妈，我怎么这么没用呢？"连番受到打击的小男孩回到家就栽进妈妈的怀里，一阵痛哭。

妈妈耐心地听完他的诉说，拍着他的背安抚道："儿子不哭，这是好事儿啊，有什么难过的。"

"这么倒霉也是好事吗？"小男孩抽泣着问。

"对啊。"妈妈和蔼地看着他，抚着他的头，笑着说道："你想想，福祸相依是说什么的？"

"幸福和祸事是挨着的。"这个词小男孩学过，很快就回答了出来。

妈妈点点头，说道："对啊，所以，坏事已经要结束了，接下来你要面对的，可就是一个个的好事情了。"

"真的吗？"

"当然。"

听了妈妈的话，小男孩的情绪马上得到了好转，很希望这一天赶紧过去，好迎接明天即将到来的好事情。

剑桥智慧

我们应该用乐观的眼光看待问题，不管遇到什么艰难险阻，哪怕一时半会儿解决不了，也不要颓废，让自己陷入困境，而是要坚定地相信，只要自己能向前看，以后就一定可以解决问题。

难缠的客户

有一个汽车贸易商人，他遇到了一个很难搞定的客户。这个客户想为公司换一批新车，但对他推荐的几款车都不太满意，不是觉得款式太旧就是嫌价位太高，而且每个星期都过来，搞得他很头疼。

一次，有个客户正好要卖一批二手车，他看这批车还是八成新，而且款式也不错，很适合那位客户的口味，于是便约了客户来谈这件事。

客户来了之后，汽车商人说："先生，您对汽车行业比较了解，您看这款车值多少钱？"

客户仔细看了看，说出了估算的价格。

汽车贸易商人笑道："那这个款式呢，您觉得如何？"

"不花哨、也不老土，不错。"客户笑眯眯地说。

"是这样的，有位客户刚好托我卖掉这批车，我不知道怎么安排才好，如果您愿意的话，我会以您刚才说的价格替您和那位客户谈一谈，您意下如何？"

这位客户想了想，说："给我一点时间，两天之后我再答复你，在我做决定之前，请您替我留着这批车。"

"好的，您好好考虑一下。"

两天之后，客户来了，并以约定好的价钱买走了这批车。

剑桥智慧

　　在合作的过程中，对方的想法很重要，如果你无法用自己的言辞说服他，那就让他表达自己的需求，然后你再根据他的需求为他设计说辞，这样对方才比较容易接受。

换杯绿茶

　　可米走进一家环境雅致的咖啡馆，找了一个靠角落的位置坐下，点了一杯柠檬绿茶，心烦意乱地用吸管搅动着冰凉的绿茶。看起来可米似乎遇到了什么不开心的事，她赌气似的用吸管拨弄杯中新鲜的柠檬片，金黄色的柠檬片随着吸管的来回搅动已经碎得不成样子。柠檬皮的苦味在水中扩散，原本清爽可口的绿茶变得苦涩起来。

　　可米喝了一口，皱着眉头叫来服务生，要求换一杯没有柠檬皮的绿茶。

　　服务生走过来看了一眼可米面前搅得一团浑浊的柠檬绿茶，没说什么，默默地收走，然后又端来一杯新调制好的柠檬绿茶。可米接过来一看，金黄色的柠檬皮炫耀似的在杯子里漂浮。心情郁闷的可米变得烦躁起来，她叫来服务生，不满地说："我刚才说过，不要带柠檬皮的绿茶，你没听清吗？"

　　服务生看看可米，清澈明亮的眼神里没有恼怒："抱歉，我听到了你的要求，但是请不要着急，你等一会儿再喝。"可米不解地望着服务员，她不知道服务员为什么让她等一会儿再喝。

　　接着，这位服务员温和地说："只有经过充分的浸泡之后，柠檬皮的苦味才会在茶水中完全溶解，散发出清爽甘甜的味道。所以你需要耐心地等待，两分钟之后柠檬皮的香味就会在饮料中扩散，你就能喝到清爽的柠檬绿茶了。如果太急躁，连两分钟都等不了，那么柠檬的香味无法扩散，喝到的肯定是浑浊苦涩的绿茶，心情也会变得一团糟。"

可米愣了一下，服务员简单的几句话似乎触动了心里的某种感觉。

剑桥智慧

一杯饮料也包含了一个小小的道理，我们为什么不把这种耐心的态度运用到生活的各个层面中呢？在现实生活中，很多事情只需一点忍耐、一点坚持就能得到意想不到的惊喜。

红褐色的土

印度某个小镇有一个独特的现象，这里的土壤是红褐色的。在外人看来这是一个很奇妙的景象，而在当地人的眼里，这是导致他们收入减少的原因，因为这种红褐色的土壤使橡树减产。

拉杰是这个镇上一户贫寒人家的孩子，因为家里兄弟姐妹太多，父母没有能力送他上学，拉杰只念过短暂的几年书就回家帮忙干活。像其他村民一样，他家的10多亩地种的都是橡树，但是"红土"使橡树的产量减少很多，每年的收入也仅仅能解决一家人的吃饭问题。但是拉杰是一个要强的孩子，他从小就喜欢挑战自己，总想把事情做到最好，他也不满足过这种贫穷的生活。

摆脱贫穷的办法有很多，可那需要创意和机遇，拉杰为此苦恼不已。某天，他去逛书店，看到一篇文章，正好是解释家乡的这种红土的，文中提到这种土壤呈红褐色可能是因为含有丰富的氧化铜。聪明的拉杰立刻想到一个主意。

第二天，他装了一些红土的样品到市里的一个铜矿厂化验。结果证明这红土确实是因为含有氧化铜才呈现出红色的，并且这家铜矿厂还给出一个非常有吸引力的价格收购这些红土。拉杰跟铜矿厂的负责人签下了供应合同。

回到家后，拉杰大概算了一下，每一车红土他能净赚200个卢比，这样比种橡树划算多了。于是他把家里所有的橡树都砍了，转而开始倒卖那些"可恶"的红土，并且赚到了他人生的第一桶金。

当村民们得知红土比橡胶更值钱的时候，纷纷效仿起来。而拉杰见此情景迅速在镇里开起了铜矿厂，大量收购村民的红土。由于拉杰收购红土的价格合理并且省下了去城里的路费，整个村的红土收购基本被他垄断了。很快，拉杰帮助家里摆脱了贫困。

不过拉杰的好日子没过多久，由于消息已经传播开，越来越多的人在镇上开设了铜矿厂，红土的价格也越来越高，最后几乎已经没有利润了。陷入困境的拉杰觉得要改变事业的发展方向，否则就会撞上"南墙"了。

于是，他又做了一个大胆的决定，把所有的铜矿厂卖掉，转而收购土地。由于大量开采红土，原本适合种植的土地已经失去了栽种植物的价值，于是拉杰用相当便宜的价格买下了镇里大部分土地。

几年后，由于城市发展迅速，他们的小镇也受到影响，土地的价格开始上涨。拉杰收购的土地涨了几十倍的价钱，拉杰趁此机会将手里的土地全都卖出，赚了一大笔钱。接着他又把目光投向了电子产品，最后他成了印度的首富。

剑桥智慧

故事中的拉杰因为勇于挑战自己，过上了幸福的生活，这需要勇气，也需要智慧。要知道，世上没有永恒的成功也没有绝对的困境，一切取决于你用什么眼光和角度去看待。

再敲一次门

　　萨尔大学毕业后找了很长一段时间的工作，可情况依然不理想，想去的公司去不成，可以去的公司又不满意。终于他收到了通用公司的面试通知，这个通知像道明媚的阳光照亮了萨尔灰暗的内心。

　　面试时间是下午。萨尔早早地就开始精心打扮自己，换上一条新领带，皮鞋也擦得锃亮，为了得到这次的工作机会，他还特意抽时间去理了发，希望能给自己带来好运气。下午2点，他信心满满地走进通用公司的大门。

　　向秘书小姐说明来意后，他让自己平静了一下心情，跟着秘书来到经理办公室门前。萨尔有点紧张，他抬手敲门。

　　"是萨尔先生吗？"办公室里传出声音。

　　"经理，你好！我是萨尔。"萨尔轻轻地推门进去。

　　"抱歉，萨尔，能请你再敲一次门吗？"经理坐在豪华的真皮沙发上表情冷淡地看着萨尔。经理的话虽令萨尔感到有些意外，但他不想多问，乖乖地按照经理的吩咐出门，重新敲了两下，然后再走进去。

　　"萨尔先生，这次敲门的感觉没有第一次好，你可以再敲一次吗？"经理示意他再重来一次。萨尔又出去，敲门，又一次走进房间，换了开场白："经理，这样可以吗？"

　　"不，这样还是不好。"萨尔转身出门，又敲门进去："我是萨尔，很高兴见到你。"

　　经理依然冷淡地说，"再来一次。"

　　萨尔重来一次："不好意思，打扰你了。"

　　"比上次好点，但是能再来一次也许会更好。"

当萨尔敲第10次门时，他开始有点恼火，觉得自己被羞辱了，刚开始的喜悦和激动消失殆尽。他想，这根本不是面试，而是在故意捉弄人。打个招呼而已哪有那么多讲究？他打起了退堂鼓，冲动地转身离开。可没走几步又觉得就这样离开太可惜了，甚至还没搞明白经理在要什么花样呢！不行，不能这样狼狈地离开，即使最后经理不聘用我，也得亲耳听到他拒绝我的理由。

于是，萨尔做了一个深呼吸，让心情放松一点，鼓起勇气敲第11次门。这次，他没有被经理要求再来一次，他得到的是经理赞许的眼神和热烈欢迎的掌声。这样的结果让萨尔颇感意外，原来有时候成功需要"第11次敲门"，他暗暗庆幸自己没有冲动地离开，否则自己将在离成功"一步之遥"的地方倒下。

萨尔询问经理为什么要敲第11次门。经理告诉他，公司招聘的是一名市场调查员，而想要成为一名优秀的市场调查员，不仅要有良好的素质，还要具备耐心和毅力等优秀的心理素质，所以才安排了10次敲门和问候，以此考察应聘者的心理素质。

剑桥智慧

当一个人为成功付出了极大的努力，遭遇了很多艰辛却依然得不到回报时，必然会想到放弃，可成功往往就在下一秒到来。所以，不要轻易说放弃，坚持到最后才能得到成功。

被打击的大白鲨

大白鲨在大海里出生，在大海里成长，对海洋的生存之道谙熟于心。肚子饿了就寻找猎物，经历一番撕咬挣扎就能饱餐一顿，当然并不是每次都能满载而归，有时候追逐半天却什么也没捕到，只能饿着肚子在大海中游来游去。虽然不能"丰衣足食"，但大白鲨对这种自由自在的生活也很满意。

然而，天有不测风云，"鱼"有旦夕祸福。这天大白鲨像往常一样在海里自由玩耍时不幸成了人类的猎物，不过大白鲨也很幸运，它没有遭到捕杀，而是成了一条"实验大白鲨"。就这样，大白鲨虽然失去了自由，但它得到了衣食无忧的生活。研究人员每天都会定时给大白鲨喂食，放一些肉类或者其他小鱼让大白鲨填饱肚子。

大白鲨在"人造泳池"里度过了一段无忧无虑的生活，这天研究人员悄悄地在大白鲨的泳池里加了一样东西——一块透明的玻璃。这块玻璃隔断了泳池，但是大白鲨却没有觉察。研究人员把食物投在玻璃的另一边，于是大白鲨开始向食物进攻了。

"砰"的一声，它撞上了那块玻璃，不但什么也没吃到，反而撞疼了头。"肯定是错觉。"它觉得也许是自己看错了进攻方向，"砰！"大白鲨又一次向食物进攻，但是这次同样什么也没吃着，只是头更疼了。如果大白鲨仅仅在尝试了两次之后就放弃的话，那它也就不配称为"海洋杀手"了。紧接着它又发起了进攻，情况却依然没有改变，大白鲨有点恼火，它接二连三地往食物游去，可是除了把自己撞到头昏眼花之外，那些美味可口的小鱼和牛肉依然在它的前方漂浮，任由自己怎么努力也吃不到食物。

大白鲨有点灰心了，它懊恼地在池子里游来游去，它明白自己是无论如何也吃不上对面的食物了。明明看得见却总是吃不着，这个事实打击了大白鲨的自信心，它开始怀疑自己是不是看错了，或是产生了错觉。渐渐地它放弃了对食物的追逐。

研究人员看到大白鲨对食物失去了兴趣，就把那块邪恶的玻璃取走，想看看大白鲨会是什么反应。

最后的结果既在意料之中，也在意料之外。大白鲨对眼前的食物无动于衷，它对自己丧失了信心，认为不可能再吃到对面的食物，所以它不再尝试了。

剑桥智慧

当我们在尝试某件事情的时候，如果连续遭到失败或打击，就会对自己失去信心。但是，优秀的人是敢于面对自己的缺点、敢于面对失败的。

在光头国卖梳子

传说有一个光头国。这个国家从国王到百姓，无论男女都没有头发，一根也没有。甚至他们养的牛羊也没有毛发。

一天，一个卖梳子的人误打误撞来到了光头国。一看这里的人都没有头发，他暗暗叫苦，这回倒霉了，连路费都挣不回来。他在一家面馆要了一碗阳春面，边吃边想主意，带来的这些梳子说什么也要卖出去。面吃完了，店家见他像外地人，便问他打哪来到哪去，做的什么买卖。买梳子的人一说自己是卖梳子的，店家就哈哈大笑起来。"我们这里的人什么都缺，可就是不缺梳子。你这买卖不好做咯。"

卖梳子的人听了更加郁闷。忽然，他眼前一亮，想到了一个主意。他立刻在面馆门口摆了一个摊，对路过的每一个人推销自己的梳子。

"大叔，买把梳子吧！"他对路人甲说。"我没有头发要梳子干什么用？"路人甲用看"白痴"的眼神看着卖梳子的说。"虽然没有头发，但是梳子是很有用的按摩工具，它可以按摩头皮，还能挠痒痒。"路人甲的眼神里忽然充满好奇，心想："反正也很便宜，不如买一把好了，没事按摩头皮促进血液循环。"于是，卖梳子的人成功地卖出了第一把。

又过来一个路人乙。卖梳子的人赶紧招呼过来："大兄弟，买把梳子吧！"路人乙看看身边也没有其他人。他有点奇怪，活了几十年第一次碰到有人向他推销梳子。他说："我买梳子做什么？"卖梳子的人说："梳子不仅仅是用来梳头发的，你每天早上用梳子给你家的牛羊按摩皮肤，牛干起活来更有力气，羊也会产更多的奶啊！"

路人乙听了，觉得似乎有点道理，于是就买了一把。卖梳子的人心里暗喜。不过他觉得这样卖起来太慢了，搞不好三五个月才能回家。经过一番思索，他挂了牌子，上面写着"头皮专用按摩器"。

城里的人听说这种按摩器又便宜又实惠，于是大家都跑来购买，结果一天时间所有的梳子都卖完了。卖梳子的人开心地揣着钱回家了。

剑桥智慧

在光头国卖梳子似乎是件不可能的事情，但世上之事，只有你想不到的，没有你做不到的。同样的东西，赋予它不同的功能，它就会变废为宝。只要思想够灵活，就可以让人绝处逢生，柳暗花明。

愿望实现了，真的只有一天

有一个年轻人，他刚刚买了一辆摩托车，本来是要骑着回家的，后来想起家里没有酱油，就把摩托车停在了商店门口。等他出来以后，发现一群人正围在他的摩托车旁，他跑去一看，刚才还崭新的摩托车居然被撞翻了，车身也被撞得扭曲了。旁观的人都连说可惜，他却叹了口气说："以前我一直说，要是有一天能买辆摩托车就好了，谁知道我的愿望实现了，而且真的只有一天。"围观的人一听，都笑了起来。

肇事者觉得很惭愧，同时也被他这种乐观、幽默的生活态度感染了，马上拿出钱来赔偿他。

● 世上无难事，只怕有心人

劍橋智慧

幽默可以缓和矛盾，避免令人难堪的场面，化解对立情绪，更好地解决问题，我们从这个年轻人的身上就可以看出。当你陷入痛苦中时，用幽默的方式去分析你所处的境遇，然后你就可以得到一个轻松而又清晰的答案，而且很快你就能找到解决问题的好办法，不会有太大的压力。

正的不行，反着来

劳伦斯总是嫌自己太笨，向朋友倾诉，朋友就和他讲了两个故事：

"1881年7月，美国总统詹姆斯·加菲尔德在华盛顿车站遇刺，身受重伤，急需进行手术。但当时正是夏天，温度高达40℃。医生要求将温度降到30℃以下，才能保证手术成功。

"于是，美国政府把这个艰巨的任务交给了一名叫谢多的工程师。然而在那时，给室内的空气降温，别说是谢多，就连一些科学家也从没做到过。在许多人的实验中，除了使用高山上的冰雪，这世上根本就找不到可以人工降温的办法。

"谢多是一位善于思考的工程师，他曾经在矿山工作过，知道怎样稀释空气，从而降低煤矿巷道内的瓦斯浓度。他想，既然空气经过压缩之后会释放热量，那么压缩后的空气恢复到原来的正常状态，是不是也会吸收热量呢？谢多立即动手进行实验，结果发现把压缩的空气还原，可以使周围的空气冷却。于是谢多给总统的病房安装了这样的机器，成功地使室内气温从37℃降到了25℃。谢多因此成为世界上第一台空调的发明者，也使自己由一名默默无闻的工程师一跃成为一种崭新生活的开创者。"

"这可真是一个聪明的发明者，让我更觉得自己笨了。"劳伦斯沮丧地说。

朋友又说："别急，我这里还有一个故事。有一年，人们在伦敦举行了一次'除尘器'除尘表演。'除尘器'的工作原理就是用风把灰尘吹走，所以当时现场的许多观众都被吹得满身都是灰尘。人们乘兴而来，却败兴而归。有个叫布斯的人就想：吹尘看来不行，能不能换个办法，把吹尘改为吸尘呢？布斯回到家之后。他用手帕蒙住自己的嘴和鼻子，趴在地上用嘴使劲吸气，结果灰尘不再到处飞扬，而被吸附在手帕上。后来的吸尘器，就是根据布斯的这个设想制造出来的。"

"哦，又是一个聪明的人。"劳伦斯还是没明白朋友故事的意思。

朋友只好无奈地说："亲爱的劳伦斯，我只是想告诉你，其实有时候，我们只要反着思考，就能得出完全不同的结论。而你并不是笨，只是缺少这种思考能力罢了。"

剑桥智慧

很多时候，我们并不是笨，只是在遇到那些看起来难以逾越的障碍时，习惯用常规的办法来解决，这让我们的思考受到了局限，无法打破常规。所以，在遇到困难时，我们不妨反过来思考一下，让思维转个身，也许就能看到惊喜。

胖子变瘦

美国FBI之父胡佛是个很重视运动的人，对员工们的身材也有很高的要求，他在担任美国联邦调查局局长时说过："我不想看到大腹便便的员工，任何一个胖子都不可能得到我的重用。"在他的严格要求下，FBI的很多成员都加紧锻炼，努力保持苗条而挺拔的身材。可是，并不是所有的员工都能达到他的标准，特别是一些不经常和他碰面的人。

有一次，迈阿密地区的特警队新提拔上来一位负责人，名字叫詹姆斯·特朗，特朗的工作非常出色，只是有一点，他是个200多斤的大胖子。胡佛对此并不知情，他看过詹姆斯的功绩后，高兴地对助理说："帮我约他，我要见见这位出色的员工。"

助理把这个消息告诉了詹姆斯，他一听就傻了，看看自己圆鼓鼓的肚子和肥大的脸，很是发愁。秘书劝他："您赶紧减肥吧，否则一定会被降职的。"

詹姆斯也知道事情的严重性，但是，距离被"召见"的时间只有一个星期，他无论怎么努力都不可能变得苗条。苦思冥想了两天之后，他终于想出了一个好办法，于是急忙跑到裁缝铺，对裁缝说："先生，给我做一件肥大的衣服，比我平时穿的要宽上3英寸。"

几天之后，詹姆斯就穿着这件肥大的衣服去面见胡佛。刚看见他时胡佛的确有些生气，但是，当他注意到詹姆斯宽松的衣服时却又转怒为笑，说："年轻人，最近减肥工作做得不错啊！"

詹姆斯笑道："我的确瘦了很多，不过，和您所说的标准还相差很远。"

胡佛点点头，道："知道努力就好，只要坚持，你的体重一定能够达到标准水平。"

詹姆斯听后长出了一口气，心里那块大石头终于落下了。胡佛和詹姆斯聊了很多工作上和生活中的事情，这次谈话非常愉快。

一个200多斤的大胖子想在一个星期内变成150斤，这几乎是不可能发生的事。面对这样的情况，詹姆斯没有像常人的想法一样绝食或者加紧训练，而是另辟蹊径，用一件肥大的衣服来反衬自己，让胡佛误以为自己变瘦了，不但没有遭到批评，还受到了胡佛的表扬。

剑桥智慧

很多时候，我们要学会改变自己的思维习惯，从反方向来思考问题。这样一来，就可以巧妙地掩盖自己的弱势，并且将弱势转化为优势，化弊为利，轻松地解决问题了。

第五章
　亲情爱意，
用心体会
　身边的天使

热闹的圣诞节

圣诞节到了，玛莉奶奶的家中却没有圣诞树，甚至连过节的食物也没有，她看看窗外，又下雪了。"真不知道该怎么过这个节！"她伤心地感叹一声。

玛莉的邻居是一家姓林顿的人，他们家有一个上小学的女孩，名字叫薇安。薇安平时不怎么说话，不像其他的小女孩一样活蹦乱跳的，而且还经常因为零花钱和兄弟姐妹们闹矛盾。

一次，哥哥约翰说："薇安，借我5美元，下个星期就还给你。"可是薇安非常不情愿，她嘟着嘴说："我没有那么多，你找别人借吧。"

约翰很气恼，说道："你的零花钱是最多的，平时又不花，连5美元都没有吗？"

薇安摇摇头，小声说："没有。"

"让你的零花钱见鬼去吧！"约翰气急了，他不知道自己的妹妹为什么这么吝啬。

薇安把父母给她的零花钱都存了起来，但是，她从来没有为自己花过。一到圣诞节，她就拿着存了一年的零花钱去给一些穷人和老人买圣诞礼物和过节的食物。今年，她听说玛莉奶奶的儿子出车祸去世了，家里只有她一个人，就想为她做点什么。

圣诞节一大早，她和家人道过祝福后就匆匆地跑出了家门。约翰觉得她的行为很可疑，就一路跟了出去。

薇安去超市买了肉和面包，还请人搬了一棵圣诞树到玛莉奶奶家。"哦，可爱的薇安，你真是太善良了！"看到圣诞树和美味的食物后，玛莉非常激动，一把将薇安搂入怀中。

"玛莉奶奶，我和你一起过圣诞节吧！"薇安高兴地说。

"我非常愿意，可是，林顿先生和林顿太太会允许吗？"玛莉担心地问。

薇安想了一会儿，说："他们都是很善良的人，一定会同意的。"

这时，玛莉家的门铃响了。薇安打开门一看，原来是约翰。他笑着说："薇安，妈妈说让玛莉奶奶和我们一起过圣诞节。"

薇安听了十分高兴，拍着手跳起来说："太好了，太好了！"

这个圣诞节，林顿家十分热闹，比往年过得都要开心。

剑桥智慧

人类是群居动物，在原始社会时期，大家要互相帮助才能猎到一只野兽作为食物。虽然现在科技发达了，人类进步了，但仍无可避免地需要以相互帮助的方式生活下去。所以，我们都应该拿出自己的善心，去帮助那些需要帮助的人。

儿子的优点

某个国家有个大财主，他有两个儿子，本来继承家业是没有问题的，但是在他看来，他的两个儿子都不是可塑之材。为了不让自己的家业败在两个儿子的手里，财主便请了一个智者来教育他们。

智者来到财主家，说："我要考考你的两个儿子，如果他们过关了我就认他们做学生。"

财主一听心里便开始打鼓："这下惨了，这两个草包怎么可能过关呢？"

智者出了一道题，大儿子站在那里一动不动，一直重复着智者的题目，就是没法回答出来。

"你倒是回答啊，你这个蠢货！"财主实在是看不过眼了，生气地骂了大儿子一句。

智者听了很生气，斥责财主道："您在一旁听就是了，不可以随便出声。"

财主听了只好坐到一旁的椅子上听着。

过了一会儿，大儿子终于说出了一个答案，在财主听起来，却是十分荒谬的。

但智者却笑着说："嗯，不错，这个学生我收下了。"

财主一听，愣了，忍不住问了一句，"您说的是真的吗？"

智者道："当然，虽然他的答案不对，但是他懂得变通，是个可造之材。"财主听了高兴地点点头。

轮到第二个儿子回答时，他也答不出来，最后竟然大哭起来。财主在一旁直打转，心想："完了，这个傻瓜肯定没戏。"但先生却说："这个学生我也收下了。"

财主诧异地看着先生，先生答道："因为他懂得羞耻，有羞耻之心的孩子还是可教的。"财主这才知道，原来自己的两个儿子也有优点，还是可以塑造的。

剑桥智慧

这个财主一直看不到两个儿子的闪光点，因此对他们从来不抱任何希望，直到智者说出了两个儿子的优点后他才有了改观。在现实生活中，我们也要像智者一样，善于发现他人的优点和闪光点，不要只盯着对方的缺点不放。

爱说脏话的孩子

我国著名的教育家陶行知先生很擅长用鼓励的方式来教育孩子。

有一次，他在校园里散步，看到两个男生在打闹，一个男生说了句脏话。

陶先生走过去严肃地说："老师没有告诉过你不许说脏话吗？今天下午放学后到我的办公室去。"

男生听了低下头说："好。"

下午放学后，这个男孩果然到他的办公室来了。

陶先生看到男孩后不但没有批评他，反而把桌子上的四颗糖递给了他。

男孩诧异地看着他，说："您不是要批评我吗？"

陶先生笑道："你说脏话的确不对，但是你遵守了承诺，值得表扬。"

男孩听了很高兴，也很感动，因为其他的老师并没有这样夸奖过他。

后来，这个男孩不但改掉了说脏话的毛病，在其他的方面也有了很大的进步。

剑桥智慧

无论何时，在教育他人的时候，我们都应采取"扬长教育"，即让他人在自己擅长的领域越走越远、越走越好，给对方更多的鼓励和支持。

神奇的一吻

黄昏时分，迈克带着心爱的未婚妻安妮在郊外散步，微风习习，惬意极了。两人很喜欢这样的时光，天上乌云密布他们都没察觉，仍沉浸在甜蜜的幸福中。

突然天空打了一个响雷，吓坏了安妮，迈克连忙将安妮搂在怀中，温柔地安抚她。在迈克温暖的怀中，安妮很快恢复过来，想抬头告诉迈克她没事。但是就在抬头的瞬间，安妮僵住了：一道闪电从天而降，向迈克的头部袭来。刹那间，安妮只想紧紧抱住迈克，吻着他，和他一起承受闪电的袭击。

风雨中深情的拥抱被定格成瞬间的永恒，天地间的一切似乎都静止了。鲜血慢慢地从安妮的嘴角流出，鲜艳的红色让人不敢直视。附近躲雨的人都被这个场面惊呆了，两人脖子上的伤痕让人再次领略到闪电的威力。

所有人都为如此深爱的两人感到可惜：遇到这样的劫难，恐怕生命难保。但是结果却出乎意料，经过抢救，两人都脱离了危险，也许老天也不忍心如此残忍地对待这对深爱的人吧，众人感叹道。

"在我吻迈克的那一瞬间，我就知道上帝也不忍心把他从我身边带走。"

迈克奇迹般地活了下来，被视为当时的一个奇迹。而权威医学专家解释说，是安妮的一吻分担了迈克身上一半的雷电威力。

剑桥智慧

爱是一种信仰，也是一种力量。命中注定的灾难也许摆脱不掉，但是两个人共同承受，灾难就会减少一半。精诚所至，金石为开，这句话在爱情中同样适用，敢于为爱奋不顾身的人总会得到上天的垂怜，帮助他们度过灾难。

怡情感恩

这个打击真的太大了！生长在南京的刘怡情有点不敢相信，平时在电视剧中才有的情节居然会降临到自己的父母身上：车祸带走了父亲的生命和母亲的一条腿！残酷的现实让怡情不得不辍学，靠卖雨花石来补贴家用。

一天清晨，怡情在卖雨花石的时候，看到一个外国人被几个小贩围住了，热心的怡情为他解了围。通过英语交谈，怡情得知这个外国男子叫霍顿，是个美国人。这是他第一次来中国，于是怡情很热心地带他游览了总统府和中山陵。闲聊中，霍顿也了解了怡情不得不辍学的情况。霍顿很同情这个女孩，想资助她，却被拒绝了，但是霍顿并没有放弃。

两个月后，学校的老师来找怡情，说有爱心人士愿意资助她，希望她顺利读完高中，学费全免，而且每月还有补贴。但老师却始终不肯透露那位爱心人士是谁，直到她考上大学，才知道那个人就是霍顿。

跟老师要来了霍顿的联系方式，怡情经常跟霍顿通过邮件联系。毕业后怡情和男朋友开了家公司，经营得很好。但这时，怡情却得知霍顿破产了，并且检查出了癌症，于是，怡情立刻决定把霍顿接到南京治病，并负责高昂的手术费。为此，怡情花光了为数不多的储蓄，而且男朋友也因种种原因和她分手了，但是她并没有任何抱怨。怡情的善良和坚强，给了霍顿活下去的勇气，帮他重新振作了起来。

剑桥智慧

滴水之恩当涌泉相报。我们必须承认，是爱和感恩让这个社会更美丽和谐。对父母，对亲朋，对所有曾经都助过我们的人们，我们都应心怀感激，如果没有他们，我们的人生将是一片荒原，有他们在的地方我们的人生才有春天。

心中的偶像

唐·若赛是西班牙著名艺术家毕加索的父亲，他是一个出色的美术教师，当地很多人都称他为"民间画家"。毕加索很小的时候，父亲的画室就成了他玩耍的天堂。他经常摆弄父亲的画笔和颜料，而且还会在父亲的画板上乱涂乱画，因为他希望自己也能够画得像父亲一样好。

一次在学校，同学们互相吹捧自己的父亲，一个说："我的父亲是镇上最富有的人，一年能挣1万比塞塔。"

"这也没什么了不起的，我的父亲掌握西班牙的所有船只，没有我父亲的允许，你们谁也不能坐船出去。"另一个同学说。

"哼，我爸爸是个将军，你们要是不听号令，他就可以砍下你们的头颅。"

毕加索听了便说："你们的父亲都没有我的父亲伟大。"

同学们都看向他，嘲笑道："难道你的父亲是国王吗？"

"不，我的父亲会画鸽子，画得和真的一样。"毕加索高兴地说。

"哈哈哈！"同学们听了都笑起来，其中还有同学讽刺道："如果你的父亲会画皇宫，我们倒是可以认为他是一个画家！"

"我的父亲本来就是个画家，镇子上的人都是这么称呼他的。"毕加索依旧很骄傲地说。

毕加索一直把父亲唐·若赛当作自己的偶像，经常学着父亲的样子画画。通过自己的努力，他真的成了一位伟大的画家和艺术家。而且他经常说："每当画画我就会想起父亲，对我来讲，父亲就是我画画的动力和灵感的源泉。"

剑桥智慧

偶像的力量是很强大的，而我们人生中的第一个偶像往往是自己的父亲。在孩子的心目中，父亲就是英雄，无所不能。就像故事中的毕加索一样，我们对父亲有着深深的依恋和爱。

感恩节的来历

每年的11月的第四个星期四是西方的感恩节。这一天人们不管多忙，都会和全家人团聚，就像中国的春节，在这天人们在餐桌上可以吃到很多好吃的东西，最有名的就是烤火鸡和南瓜馅饼。

这个节日背后有着这样的一个故事。1620年，一些朝拜者为逃避宗教迫害，乘坐一艘叫"五月花"的船去美洲寻找宗教自由，在海上经历了两个月的风浪之后，终于在现在的美国马萨诸塞州的普利茅斯登陆，而那时已经是寒冷的11月了。

第一个冬天，人们的条件很艰苦，很多移民不是被饿死就是因当地的传染病而死。侥幸存活下来的人在春天来的时候开始播种，并且每天都在祈祷秋天的丰收，因为人们能否继续生存下去完全取决于这次的收获。最后，庄稼获得丰收，人们为了感谢上帝的恩赐，举行了三天的狂欢活动。从此，这一习俗就这样延续了下来，1863年，美国总统林肯宣布每年11月的第四个星期四为感恩节。

剑桥智慧

这是一群懂得感恩的人民，他们并没有在丰收之后，把心中的上帝抛在脑后，而是虔诚地感谢。这个节日时常提醒我们不要忘了那些曾经有恩于我们的人，珍惜朋友，理解父母，抛弃自私和索取，用感恩的心态去看待生活，这样的生活才更有意义。

知足的放牧者

有一个天使，在人间丢了翅膀，因此无法飞回天堂，只好在人间游荡。他又冷又饿，便来到了一户人家的门口。

"我是天使，请把门打开。"天使可怜兮兮地说。

这家人打开门，看到天使被雨淋湿了，衣服皱巴巴的，便问："你给我们带来了什么礼物？"

天使回答："我的翅膀丢了，回不到天堂去，没有礼物。"

"没有翅膀和礼物的天使不算天使！"这家人把门关上了。

天使不死心，接着敲开了第二家、第三家的门，却都遭到了拒绝。

天使没办法，只好蹲在路边痛哭。一个放牧人看他可怜，便把他带回了家。

天使吃饱了饭，穿上了暖和的衣服，便对放牧人述说自己的遭遇。

放牧人说："你即使不是天使，我也会给你一顿饭吃的。如果你没有别的事做，就留下来和我一起牧羊吧。"

天使点头答应了。从那以后，天使每天都帮放牧人一起放牧，并把羊毛收集起来，为自己织了一双羊毛翅膀。终于有一天，他背着羊毛翅膀，告别放牧人，飞回了天堂。

几天以后，天使来答谢放牧人，问他："你想要什么礼物？"

放牧人想了想，说："让我的羊再多一点吧。"

天使就让放牧人的羊增加了一倍，但这并没有让放牧人过上开心的生活，他觉得自己比过去更累了。

于是，放牧人找到天使，请它把羊收回去，为自己盖一所大房子。放牧人在大房子里住着，发现到处是灰尘，打扫不过来。他用房子换了一匹马。放牧人骑在马背上，但不知要到什么地方去，就把马还给了天使。

天使问："你还要什么？"

放牧人回答："什么也不要了。"

天使说："人从来都有很多愿望，你难道没有吗？"

放牧人回答："愿望实现之后，我才知道我不需要这些东西，它们成了我的累赘。"

天使说："我送你一样无价之宝，那就是性格。你想有什么样的性格？"

放牧人说："我已经有了这样的性格，那就是知足。"

剑桥智慧

人，贵在知足。只有知足才会常乐，也才会拥有幸福的生活。所以，我们在日常生活中，不要埋怨生活多么艰苦，和富人比起来，我们是多么贫苦。要学会对现在的生活感到满足，并乐观地面对生活。

母亲的期望

卡耐基是美国的"现代教育之父"，也被赞为"20世纪最伟大的成功大师"。很多人认为，他小时候应该是一个很听话的孩子，所以才能够取得这么大的成就，但事实恰好相反，小时候的他很淘气，经常给父母找麻烦。

　　"该死的，你又做了什么？"一次，卡耐基在和伙伴们玩耍时把家里的钟表摔坏了，父亲非常生气。

　　"不过只是一个钟表而已，没什么大不了的。"面对怒目圆瞪的父亲，卡耐基不以为然地说。

　　"你真是镇子上最可恶的孩子，上帝，我怎么会有你这样的孩子！"父亲大声骂道。

　　这时，母亲走过来说："别这么说，我们的儿子很好，比很多男孩都好，说不定还会成为镇子上最有成就的人呢！"其实母亲只是随意说的，她不想再听到丈夫责骂卡耐基，便打断了他的话。

　　卡耐基听了这话心里不禁震了一下，他从来都不知道，原来母亲对自己的期望这么高。为了不辜负母亲，他很快改掉了自己的坏毛病，变得越来越像一个好孩子。长大之后，他果然成为镇子上最有名气的人。

　　剑桥智慧

　　来自父母的一句鼓励的话，可以让我们在心情沮丧或者遇到挫折时，得到解脱，重新认识自己。

左右手论

　　结过婚的男人们坐在一起时，经常会调侃道："握着老婆的手，好像右手握左手。"

　　有一天，贝尔也在餐桌上说起了这句话，男人们笑得起劲。

　　但笑着笑着，贝尔发现餐桌上的一位女士并没有笑。

　　贝尔以为她生气了，便说："闹着玩的，别当真。"

但女人却十分认真地说："左手是最可以被右手信赖的，再怎么平淡无奇也都是自己的，别的手任怎么叫你愉悦兴奋魂飞魄散，过后都是可以甩手的，只有左手，甩开了你就残缺了，是不是？"

一桌子男人都佩服，称赞女人的理解深刻而独到，女人却淡淡地说："有什么深刻而独到，不妨回去念给你们各自的老婆听听，看她们说些什么。"

贝尔回家后大着胆子去问自己的老婆，结果老婆也说出了和女人一样的话。

剑桥智慧

不管是左手，还是右手，只有是自己的手，才最有用，也最值得我们珍惜。不管我们平时多么忽略它们，当你遇到困难的时候，第一时间想到的，肯定是自己的"左右手"。

鞋带松了

日本著名的歌舞伎大师勘弥要在戏里演一个长途跋涉的百姓。演戏之前大师做好了一系列的细节准备，其中一个就是把鞋带弄松了，以显示经过长途的旅行，这个百姓很是疲惫。

在他正要上场时，一个细心的门生提醒道："师傅，您的鞋带松了。"

"谢谢你。"勘弥微笑地回道，并系紧了鞋带。然后当他走到门生看不到的地方时，又蹲下来把鞋带弄松了。这时有人问勘弥："那个门生还是不太懂演戏的真谛，您刚才怎么不教他呢？"

"要教演习的技能机会有的是，但是今天要教他的是学会感谢别人对自己的关心。"勘弥淡淡地说道。

对于别人的关心回以感谢，这不仅是一种礼貌，也是一种修养，更是一种境界：当一个人经常感恩的时候，他对生活便少有抱怨；当一个社会常思感恩的时候，那世界就会少了很多纷争。让感恩成为一种生活态度，把感恩当成一种习惯，那样的人生就会充满微笑！

不把烦恼带回家

艾琳娜是一名管道女工。这天一大早，一位农场主就打来电话"召唤"她过去帮自己修理厨房的管道。

农场离艾琳娜的住所不算太远，但是有一段路特别不好走。艾琳娜开出她那辆老爷车检查一番，以防路上发生意外。不一会儿她就出发了。

要说怕什么就来什么，还真的是这样。老爷车在半途中爆胎，艾琳娜摆弄了一个小时才勉强修好，慢腾腾地开着车到达农场的时候已经迟到快两个小时了。为了弥补自己耽误的时间，艾琳娜抓紧时间开始干活。在要用电钻的时候，又发生了意外，电钻坏了。

又是一阵摆弄，修好电钻之后艾琳娜显得有点沮丧。她默默地开始干活，祈祷别再出什么乱子。一个多小时过去，艾琳娜终于修好了水管，她跟农场主道别后准备回家。发动那辆老爷车的时候，艾琳娜发现车子怎么弄都没有反应。"完了，难道我要步行回家吗？"艾琳娜问自己。

这时农场主发现艾琳娜的车子出了问题，主动提出送她回家。"今天可真够倒霉的。"她暗自嘀咕。到家后，郁闷的艾琳娜没有立即走进家里，而是在家门口的一棵小树前沉默了一会儿，然后伸出双手轻轻地抚摸了树干。

　　然后她抬起头，做了一个深呼吸，给出门迎接她的孩子一个结实的拥抱。艾琳娜一家人热情地招待了农场主，离开的时候农场主好奇地问她："你刚才在门口的时候是在摸树吗？"

　　"是啊，每当我遇到烦恼的时候，就会来抚摸它，因为我不能把烦恼带给家人。可是生活难免会遇到不开心的事，于是我就把烦恼挂在树上，让它替我保管，不过一般我都不会再取回烦恼。"艾琳娜笑呵呵地说。

剑 桥 智 慧

　　俗话说"人生不如意之事十之八九"，这些不如意的事情必然会给人的生活带来烦恼。但是，很多时候我们不能把这些烦恼带回家，不能因为自己的原因而给家人带来不愉快的经历。

给父母按摩

　　妈妈工作了一天，回到家后一边做饭一边揉自己的肩膀。小女孩看到后担心地问："妈妈，您的肩膀疼吗？"

　　"有点酸痛，工作的时候太卖力了，有点累。"妈妈笑着回答道。

　　但小女孩却从妈妈的笑容中看出了深深的疲惫，连忙说："那我给您按摩按摩吧，也许会变得舒服一点的。"

　　"不用，妈妈休息一下就好了，你去写作业吧。"妈妈害怕耽误她的学习，但小女孩却坚持让妈妈放下手中的家务，把她拉到了客厅的沙发上。等妈妈坐好后，她握起拳头，轻轻地捶打在妈妈的肩上，一边捶还一边问："妈妈，好点了吗？"

"嗯，好多了，真舒服！"妈妈真的觉得肩膀的酸痛一下子变轻了好多，她觉得，女儿的按摩还真起到了作用，而且，也可能是女儿的这份孝心让她忘记了身体的疲惫也说不定。

"以后我天天给您按摩好不好？这样您的肩膀就不会疼了。"小女孩还学着按摩师的样子用手指使劲儿地按揉，看起来还挺专业。

过了一会儿，爸爸回来了，正好看见小女儿在给妈妈做按摩，就嫉妒地说："我的肩膀也很疼，怎么没人给我按摩一下？"

平时小女孩最害怕和爸爸说话，因为爸爸总是很严肃，但现在爸爸竟然和她开起了玩笑，她怯怯地说："爸爸你坐好，我也给您做个按摩吧。"

女孩特别开心，她很高兴自己能为父母做点什么。而且，通过按摩，她和爸爸的关系也变融洽了很多，她发现，原来爸爸并不是那么严肃可怕的。

剑桥智慧

每个人都有一颗孝顺父母的心，只是一直没有付诸行动而已。我们不要总说"等我有钱了要好好孝顺父母"这样的话，父母比我们年长，他们会受到病痛的折磨，也许等到你有钱了、发财了的那一天，他们却离你而去了。所以你要做的就是从现在起珍惜和父母在一起的时光。

黑暗的味道

在不起眼的郊区，坐落着一家很平常的小饭馆，但门外的几个大字却让人琢磨不透：品尝黑暗，珍惜阳光。黑暗、阳光跟吃饭有关系吗？更奇怪的还在里面呢，这家饭馆里面很昏暗，根本没有照明灯；里面的服务员也都是经过训练的盲人，在黑暗中热情地为顾客服务。

在这家奇怪的饭馆里发生过这样一件事。一对情侣感情不和，谁也忍受不了谁,打算分手。为了避免看到对方言不由衷的样子,两人决定在这里吃最后一顿"散伙饭"。黑暗中女孩不小心把刚上来的汤碰洒了,烫到了手。男孩立刻拿餐巾纸帮女孩擦掉洒在衣服上的汤汁,并带女孩子到水龙头下用凉水冲洗被烫到的手。清理完毕,男孩带女孩去买烫伤药的时候,女孩发现汤汁也溅到男孩身上不少,而男孩的胳膊在刚才夹菜的时候,似乎也被烫了,红红的一片。但他却什么也没说,一直都在处理自己被烫到的地方,现在还带着她去买药。女孩子的眼泪不知何时滑落脸颊……

周围比较好奇的人问这家店的老板为什么开这样一家饭馆,老板只是笑着指了指贴在外面的几个大字:品尝黑暗,珍惜阳光。

剑桥智慧

只有经历过黑暗,人们才会知道阳光是多么的珍贵。罗曼·罗兰曾说过:"真正的光明不是没有黑暗,只是永远不被黑暗湮没。"黑暗其实是一种酝酿,品味黑暗的滋味,让生命中的喜怒哀乐在黑暗中发酵,如此这般酿出的黎明之酒才更值得回味。

感恩的学校

杰米从小在孤儿院长大,他最大的心愿就是能给孤儿院的孩子办一所学校。为了这个梦想,杰米一直在四处奔波,很多人觉得杰米异想天开:"杰米,不是我打击你,而是你本来就没钱,认识的人也不多,你想老天可怜你,从天上掉钱给你吗?"

经过慎重的思考,杰米打算向当地的首富去借。得知他的来意之后,管家乔治把他拒之门外,并委婉地说:"我们主人不在,过一阵子才会回来,到时候你再来吧。"一个满身破烂的乞丐,居然开口就要几十万美金，不是无赖就是疯子，乔治边关门边想。

他真是个疯子！乔治愤愤地想。因为从那天之后，那个该死的杰米每天都来！这让乔治忍无可忍，终于忍不住让人把他痛打了一顿，但是杰米第二天又来了……

不久，战争爆发，两人意外地被编到一个队伍里。战争中乔治牺牲了，但他最后一句话却是："你要好好地活着，不要忘了你当初的梦想。"

战争结束后，杰米一直经商，同时还陆续收养孤儿。在因病去世之前他把自己的愿望告诉了妻儿，希望他们能完成自己的梦想，给孤儿建一所学校。这是一件艰难的事情，因为收养孩子花掉了家里的大部分积蓄，这时社会中的爱心人士纷纷伸出援助之手，还有乔治的孩子也带来了一笔数目可观的资金，杰米梦想中的学校终于建了起来。

剑桥智慧

每个人都有梦想，而在孤儿院长大的杰米的梦想就是能给孤儿院的孩子建一所学校，作为回报。虽然这对杰米来说很困难，但是感恩的信念从未改变，即使在生命的最后一刻，杰米都没有忘记要把这个信念传递下去。正是这样的信念，才让这所感恩的学校出现在人们眼前。

朱莉的生日礼物

朱莉从小就喜欢小动物，但她小时候提过几次想要只猫或狗，爸爸妈妈总是说："猫狗那么脏，费时又费力，你连自己都照顾不好，能照顾好它吗？"

但看到她沉下的小脸时，又连忙说："行了行了，以后让你养，等你长大后，随便你想养几只都行，不过到时候你自己要照顾它的吃喝拉撒，爸爸妈妈可不帮你。"

"嗯，我知道，谢谢妈妈。"每次朱莉都会向妈妈道谢，但每次也都感到很失望。长大，什么时候她才算是长大了呢？连只动物都不让她养，爸爸妈妈也太不理解自己，太不爱自己了。

朱莉15岁生日的时候，又想起了这件事，想开口请父母答应自己养宠物，但又觉得没趣，万一父母又以她还小，不会照顾它们为由而拒绝自己呢？还不如不说。

但晚上，朱莉却迎来了这15年来最好的生日礼物———一只小猫。

"爸爸妈妈，谢谢你们，你们对我太好了，我爱你们！"朱莉激动地说。

"以前不让你养，并不是不爱你，而是你确实连自己都照顾不好，怎么能养好宠物呢？但现在你已经长成大姑娘了，还会帮爸爸妈妈做很多家务活，已经是个可以依靠的人了，所以，爸爸妈妈当然会满足你的愿望。"爸爸说。

"嗯，我现在才知道，原来最爱我的，一直都是你们。"想起她爱吃什么，爱穿什么，爱玩什么，父母一直都十分清楚，朱莉的心里，甜滋滋的。

剑桥智慧

"可怜天下父母心"，这句话说得一点不假。在我们的成长过程中，最疼我们、最爱我们，也是最照顾我们的人，除了父母，还能有谁？因此，我们不要因为长大，就把父母当成"敌人"，其实他们一直知道我们想要什么。

我恨你和我爱你

伯尔一家很穷，父亲为了养家糊口，只好去另外一个城市工作，这样一来，家里所有的农活都压在了母亲一个人身上。为了帮助母亲分忧解难，伯尔身为长子只好离开了自己热爱的学校，帮母亲照顾年幼的弟弟妹妹。

有一天，干完了农活之后，伯尔又忍不住来到了日夜思念的学校。可是学校里的两个只知道调皮捣蛋的学生却嘲笑他"像一只从地底下爬出来的土耗子"。

感到委屈的伯尔实在受不了这样的嘲笑，带着满腹的委屈和愤怒，和那两名同学打了起来。结果，他把对方打得头破血流，却也闯下了大祸。因为他家必须要向那两位同学支付一大笔医药费，而这笔医药费几乎要使他们倾家荡产。

母亲把伯尔叫到了家中，严厉地批评了他的所作所为，而且还警告他："以后不许再跨进学校的大门一步。"

伯尔感到委屈到了极点，他非常气愤地跑出了家门，一口气跑到了山谷中。到了山谷中他依然感到胸腔内充满了怒火，于是他站在那里大声地喊："我恨你，我恨你，我恨你……"

他的声音刚刚停下，他就听到山谷中传来了更大的声音："我恨你，我恨你，我恨你……"

这声音一声接着一声，简直要穿透他的整个心脏。听到山谷中的回音，他强迫自己冷静下来，懂事善良的他很快就想到了母亲的艰难，想起了母亲对自己种种的好来，于是他又大声对着空旷的山谷喊道："我爱你，我爱你，我爱你……"

山谷中很快传来了同样的回音："我爱你，我爱你，我爱你……"

伯尔心中的委屈立刻被这山谷的回音冲刷得一干二净了。他重新回到家里和母亲一起辛勤劳动，此后他再也没有顶撞过母亲，对待弟弟妹妹们他也是尽可能地关心和爱护。

你怎么对待生活和他人，对方也就会如何待你。所以，我们不能一味地要求生活和他人对我们关爱，还要用一颗真诚的心学会包容和关心他人。

老师的爱

有个人来到贫民窟，对200名孩子的成长背景和生活环境进行调查，并对他们未来的发展做了评估，结果他认为，这些孩子几乎都没有出头的机会。

但是20多年以后，当这个人再次来到贫民窟来调查当初那些孩子时，发现这些孩子中，有2/3的人竟然成就非凡，其中担任律师、医生或商人的比比皆是。

这个人在惊讶之余，决定深入调查此事。他拜访了这些年轻人，向他们请教同一个问题："你今日会成功的最大原因是什么？"

结果他们都不约而同地回答："因为我遇到了一位好老师。"

这个人找到了年轻人所说的老师，问她到底有何绝招，能让这些在贫民窟长大的孩子个个出人头地。

这位老人眼中闪着慈祥的光芒，嘴角带着微笑回答道："其实也没什么，我爱这些孩子。"

剑桥智慧

爱的力量是伟大的，能让腐朽化为神奇，只需要一个关怀的眼神，一个灿烂的微笑，或者是一个温暖的拥抱，你就能拥有这世界上最伟大的力量。

《幸福了吗》

　　央视著名主持人白岩松可以算得上是个大忙人。他要亲自参与策划并负责央视很多节目及撰稿，要时刻跑在新闻事件的最前线。但即使再忙，白岩松都能抽出不少时间来读书、写书，与书籍打交道让他觉得幸福、快乐。人们常常以工作忙为由而不读书，但白岩松觉得让大家忙的并不是工作本身，而是工作之外的应酬。在多年的工作经历中，白岩松逐渐减少了应酬，他的饭局越来越少，时间越来越多，他可以做自己想做的事了，而读书、写书都是他喜欢做的事。2010年，白岩松推出了自己写的书《幸福了吗》。在接受媒体采访时，他认为，现代人读书少主要是因为浮躁的心态，是太多的诱惑让人们读不进去书，而只要静下心来，人们就都能从书中得到启迪，他相信书永远是人们心灵的慰藉。

　　在《幸福了吗》一书的写作过程中，白岩松更是戒骄戒躁，在每天忙碌的工作结束之后，他都要再挤出很多时间来写书。很多时候他都写到深夜一两点，家人早已睡了。而他写书一直都用纯手工的方式，一笔一笔地在稿纸上写下内心的感受和发自肺腑之言。书写好后，他又不厌其烦地反复修改，直到付印时他还在校改文章内容。新书出版后，白岩松也说自己其实很忙很辛苦，但他觉得很幸福。

剑桥智慧

　　高尔基曾说："书籍鼓舞了我的智慧和心灵，它帮助我从腐臭的泥潭中脱身出来，如果没有它们，我就会溺死在那里面，会被愚笨和鄙陋的东西呛住。"可见，读书不仅能给人们提供知识和力量，还能净化人的心灵，使人的心态更加平和，心胸更加辽阔。因此，对心情躁动不安又承受重压的现代人来说，书籍的确是治疗浮躁、让人心若止水的一剂良药。

麻雀的恩情

一只赶路的小蚂蚁，刚好路过一个池塘，想喝口水解解渴，可一不小心滑到了水中。

"救命啊！"小蚂蚁不会游泳，在水中挣扎着。

这时，住在池塘边大树上的小麻雀恰好看到了，可是小麻雀也不会游泳，它急中生智，忙丢下一片树叶给小蚂蚁，说："小蚂蚁，快爬到树叶上去！"

小蚂蚁赶紧抓住树叶爬上去，得救的小蚂蚁向小麻雀说："谢谢你救了我，以后有机会我一定报答你。"

几天后，蚂蚁又经过池塘，看到小麻雀，而一个猎人正举着枪，瞄准了它。

但是，此时喊叫已经来不及了，小蚂蚁刚好在猎人的脚边，它张开嘴，在猎人的脚上狠狠地咬了一口。

猎人突然感到脚上一阵痒痛，身子一晃，枪打偏了，没有打中小麻雀，却惊动了周围的动物们。

蚂蚁赶紧对小麻雀说："快飞走！"

小麻雀赶紧展翅飞走了，猎人只好离开了池塘。

过了一会儿，小麻雀飞回来感谢小蚂蚁，小蚂蚁说："我很高兴，终于有机会报答你的救命之恩。"

剑桥智题

知恩图报是一种美德，不管什么时候，我们都不应该忘记这一美德，当别人都助自己后，一定要找到机会报答对方。

美女达贝妮

2005年，随着淘宝网的"走红"，一个名为"香港米兰站"的网店迅速吸引了大家的眼球。它在短短的三个月内被点击了15万次，货品的拍卖总值也超过了60万元，成为当年"淘宝上最牛的店铺"，而它的主人达贝妮也被大家誉为"淘宝的传奇"。

虽然身为视频搜索引擎的CEO，但达贝妮看起来并不强势，脸上永远挂着甜美的笑容，气质优雅，穿着也很有品位，整个人散发着艺术家的气质。其实，这和她从小就学跳芭蕾舞有很大的关系。

达贝妮从四岁就开始学习芭蕾舞，很有跳舞的天赋，经常参加各种文艺演出，《天鹅之死》、《吉赛尔》都是她的拿手好戏，老师和同学们都以为她会成为一名舞蹈演员。但是，她并没有把舞蹈当作一生的事业，芭蕾舞只是点缀了她的生活。达贝妮学习很刻苦，从小就是班里的尖子生，高考时更是以优异的成绩考入了上海交通大学。上学期间她一直没有放弃过芭蕾舞，因为芭蕾舞丰富了她的生活，给她带来快乐。

芭蕾舞不但塑造了她美丽的外表，还提高了她的修养。2003年，22岁的她带着对美的向往参加了中国小姐风采大赛，她的多才多艺和优雅的气质给大家留下了深刻的印象，还入围了上海分赛的前20名，很有希望争夺冠军。但是，她觉得这场比赛商业色彩太浓，和她所追求的美丽相差太远，就毅然退出了比赛，放弃了这次一举成名的机会。

在大家的心目中，达贝妮一直是个"智慧、美丽、财富俱全的80后美女"，她也在为成为一名更有能力的CEO而努力着。

气质和艺术，有时候仅仅隔着一层纸，捅破了这层纸，气质和艺术就会"相遇"，让我们从中受益。艺术应该是每个人的必修课，无论是学习舞蹈、音乐还是绘画，都能够提高我们的修养，让我们散发出或优雅，或恬静，或自信的气质。

朱迪种花

朱迪想种花，妈妈觉得很诧异，因为朱迪从来没有照顾过任何动物或植物，怎么可能会主动要求种花养花呢？

"对啊，我要种一株属于自己的花。"朱迪说。

朱迪做事向来没什么耐心，也不懂得照顾别人，妈妈并不看好她，虽然嘴上很支持，可是心里却暗暗地为朱迪口中的花担心。

朱迪知道阳台上有花盆，就跑到阳台把花盆里的土翻开一些，播下花种，再盖上一层薄薄的土，然后舀来一瓢水，一边浇一边说："花儿花儿快长大，开出美丽的花朵来。"

接下来的几天里，朱迪一直非常关注花盆里的动态，早上看，晚上也看，恨不能让花盆里马上蹿起高高的枝叶，长出艳丽的花朵。几天之后，终于有一棵小嫩芽破土而出，朱迪高兴极了。为了让自己的花能够茁壮成长，朱迪经常往家附近的花店跑，向老板请教一些养花的秘方，还买了很多相关的书籍来看。

有一天，全家人一起看天气预报，当听到主持人说"今夜会出现大幅降温"时，朱迪赶紧跑到阳台上把花盆搬进来。

妈妈好奇地问："你这是做什么？"

"今天晚上温度会下降，但是这种花不能在低于15℃的温度下生长，如果不搬进来，它会生病的。"朱迪说。

"你怎么知道的？"妈妈问。

"我问过花店的老板了，还看了很多关于种植花卉的书。"

妈妈感到很欣慰，女儿终于懂得照顾"别人"了。

之后的日子里，在朱迪的悉心照顾下，花盆里的花不仅长出了碧绿的叶，还开出了艳丽的花，非常漂亮。

剑桥智慧

现实生活中，我们经常在公园里、马路边看到一些"爱护花草树木"的警示牌，这些警示牌既是一种提醒，也是一种讽刺，讽刺那些不爱护花草树木的人。

想要变得爱护花草，那就要学故事中的朱迪，亲自种一盆花，并认真地照顾它。在种花、养花的过程中，你就会了解到，其实每一朵花、每一株草、每一棵树的成长经历都是很坎坷的，它们要经受无数风雨的打击，就像人要承受很多病痛和灾难的折磨一样。当你感受到花草和人一样都具有生命的时候，你就不会忍心再去伤害它们了。

凯瑟琳学做饭

凯瑟琳是个很爱吃的女孩，而且总爱吃好吃的，饭菜不香、不合口她都不会吃。

"既然这么爱美食，为什么不自己学做饭呢？"凯瑟琳问自己，得出的结论就是，她要学做饭。

平时妈妈做的饭最好吃，凯瑟琳决定向妈妈请教做饭的诀窍。

"今天咱们做什么菜？"晚饭的时候，凯瑟琳走进了厨房。

妈妈正在忙，说："菠菜沙拉。"

"太好了，我最喜欢了。我能跟着学做菜吗？"

"当然可以，你先帮妈妈把菠菜切了吧。"妈妈吩咐道。

"好，可是怎么切呢？"凯瑟琳拿着洗好的菠菜无从下手。

"切成大概3厘米长的小段，尽量均匀一些，这样做出来的菜比较好看。"妈妈说。

听了妈妈的话，凯瑟琳很认真地估计了3厘米的长度，然后把菠菜切成均匀的小段，盛在一个盘子里。

"妈妈，我切好了，您看看合不合格？"

妈妈夸奖道："不错，值得表扬！再帮妈妈切点火腿，注意别切到手。"

"好，交给我吧。"凯瑟琳迅速把火腿切好，盛在佐料盘里。

有了凯瑟琳的帮忙，妈妈这顿饭很快就做好了。吃饭的时候，父母对菠菜沙拉一直赞不绝口，直夸凯瑟琳有做厨师的天赋。

凯瑟琳听了，心里美滋滋的。在以后的日子里，她还学会了自己创造新菜品，味道都堪比大饭店。凯瑟琳自豪极了。

剑桥智题

学会做饭，将会让你受到身边人的赞美，增强你的自信心。做饭不仅仅是一项任务，还是一种乐趣。学会做饭以后，你还可以自己搭配菜品，既营养又健康，吃着也非常开心。而且，学习做饭的时间长了，我们还可以像故事中的凯瑟琳一样，自己"研发"菜谱，来为家中的饭桌增添色彩，既能尝到美食，又能收获自信，何乐而不为呢？

快乐的人好运多

有一个年轻人，大学刚毕业，正在发愁找工作的事。一天，他要去面试，因为早餐吃了一个美味的馅饼，所以他的心情特别好。坐公交车的时候，他看见一位老人站在他的座位旁边，于是就很痛快地站起来，把座位让给了老人，老人当然对他感激不尽。而这位老人刚好是他要面试的这家公司的老板，因为车临时出了问题，不得已才坐了公交。这位年轻人就这样轻松地得到了一份工作。

剑桥智慧

快乐能够给你带来自信和希望。当你快乐的时候，你会不太在意朋友的过错，也不会去回想曾经的失败，而是憧憬着美好的将来，并很乐意为自己的憧憬采取行动。想要成功，除了锲而不舍地拼搏外，还要有一颗快乐的愿意拼搏的心。

享受过程

杰克和约翰是一对双胞胎兄弟，兄弟二人经常一起学习、一起玩耍，如果有什么小愿望，两人也经常一起合作去实现。这天，杰克看地理书的时候突发奇想：如果把地球挖穿了，会是什么样子呢？杰克把他的想法告诉了约翰，约翰轻松地说："我们试试不就知道了？"

于是兄弟二人跑到房子后面的空地上开始挖洞，就在他们挖得正起劲的时候，邻居家年龄稍长的汤姆和他的几个好朋友走了过来，"杰克！你们挖洞做什么啊？"

"我们打算把地球挖穿！"约翰挥着挖土的铲子说道。

"把地球挖穿？简直就是白日做梦嘛！"汤姆很不客气地嘲笑道，其他几个年长的孩子也跟着笑了起来。

"就算我们不能把地球挖穿，可是我们挖到了这些宝贝！"约翰拿起一个透明的玻璃瓶子，里面装满了不同的昆虫，品种丰富极了。

剑桥智慧

生活中不是每一条路都有完美的终点，但是路上却有会让你难忘的风景。虽然不能确定每次的奋斗都能换来想要的结果，但是我们不必为此而沮丧，因为我们可以让每一次奋斗的过程都变得充实而难忘，得不到掌声与鲜花，我们却可以享受沿途的美丽风光。

让生活在歌声中度过

威廉的妻子在一次事故中出了意外，受到很大的刺激，精神上时而正常、时而疯癫，给威廉带来很多的麻烦。邻居们都劝他把妻子送到精神病医院去，但是，威廉深爱着他的妻子，一直不肯放弃对妻子的治疗，也不忍心让她和一群有精神疾病的人生活在一起。

威廉的日子虽然苦，但他总是笑盈盈的，上下班总是哼着歌，好像碰着了什么好事。每天夜里，他安抚完情绪激动的妻子后，都会和她到院子里唱歌。邻居们一开始都不明白这是为什么，有人问他："你的日子都过成这样了，还有什么可唱的呢？"他笑笑说："要不然怎么办呢，总比哭好吧？陪她唱唱歌，她就会开心一些，我也会觉得轻松许多。"

他的妻子以前是个音乐老师，钢琴弹得特别好，一直梦想着能去英国留学，成为一名出色的钢琴家。但是，自从出了意外之后，她连工作都丢了，根本就不可能有出国留学的机会。

一天，威廉刚要出去上班，有几个陌生人出现在他们家门口，堵着威廉说："你妻子在我们这儿买了很多东西，到现在都没有给钱，今天我们是来要债的！"威廉一听，急忙拿过订单来看，其中有一架钢琴，还有一张去英国的机票，威廉赶忙向他们解释妻子的情况，好说歹说才把这群人打发走。

他有些生气，回到屋里质问妻子："你买那么贵的钢琴做什么，还有机票？"妻子知道自己闯了祸，躲在角落里轻声地说："我想去英国学钢琴……回来好弹给你听。"威廉很感动，他向妻子承认了错误，并保证一定会给她买一架钢琴。

威廉只是一个普通的中学教师，他的薪水并不高，这几年为了给妻子治病，家里已经没有什么积蓄了，为了让妻子开心一些，他到处借钱，终于给妻子买了一架钢琴。

从此，威廉的家里不但有歌声，还有优美的钢琴曲。他的母亲一直担心他的生活，总是感叹道："你的日子到底要怎么过啊？"威廉总是笑着说："唱着歌就过去了，她弹琴、我唱歌，我们过得很好。"钢琴成了妻子的精神寄托，从此她变得安静多了，不再给邻居们"找麻烦"，威廉上班时也不再像以前一样提心吊胆，生活终于正常了。

剑桥智慧

人人都会遇到悲伤的事，但像威廉经历这样痛苦的却不多。他每天所要承受的压力一般人无法体会，但是，他却能用唱歌这样简单的方式让自己渡过一次次的难关。而这都源于威廉对妻子的爱。

抱一抱，让世界充满爱

　　李·夏普洛是个已经退休的法官，他天性极富爱心，终其一生，他总是以爱为前提，因为他明了爱是最伟大的力量，因此他总是拥抱别人。他的大学同学给他取了个"抱抱法官"的绰号。甚至车子的保险杠都写着："别烦我！拥抱我！"

　　大约6年前，他发明了所谓的"拥抱装备"。外面写着："一颗心换一个拥抱。"里面则包含30个背后可贴的刺绣小红心。

　　他常带着"拥抱装备"到人群中，接着给一个红心，换一个拥抱。

　　李因此而声名大噪，于是有许多人邀请他到相关的会议或大会演讲。他总是和人分享"无条件的爱"这种概念。一次，在洛杉矶的会议中，地方小报向他挑战："拥抱参加会议的人，当然很容易，因为他们是自己选择参加的，但这在真实生活中是行不通的。"

　　他们问李是否能在洛杉矶街头拥抱路人。大批的电视工作人员尾随李到街头进行探访。首先李向经过的妇女打招呼："嗨！我是李·夏普洛，大家叫我'抱抱法官'。我是否可以用这些爱心和你换一个拥抱？"

　　妇女欣然同意，地方小报的评论员则觉得这太简单了。李看看四周，他看到一个交通女警，正在开罚单给一个车主。李从容不迫地走上前去，所有的摄影机紧紧跟在后面。接着他说："你看起来像需要一个拥抱，我是'抱抱法官'，可以免费奉送一个拥抱。"那女警接受了。

　　那位小报评论员出了最后的难题："看，那边来了一辆公共汽车。"

　　众所周知，洛杉矶的公共汽车司机最难缠，爱发牢骚，脾气又坏。人们要看看李能不能从司机身上得到拥抱，李接受了这项挑战。

当公车停靠到路旁时，李跟车上的司机攀谈："嗨！我是李法官，人家叫我'抱抱法官'。开车是一项压力很大的工作哦！我今天想拥抱一些人，好让人能卸下重担，再继续工作。你需不需要一个拥抱呢？"

那位又高又壮的公车司机离开座位，走下车子，高兴地说："好啊！"

李拥抱他，还给了他一颗红心，看着车子离开还直说再见。采访的工作人员，个个心服口服。最后，那位评论员不得不承认，他服输了。

一天，李的朋友南西·詹斯顿来拜访他。她是个职业小丑，身着小丑服装，画着小丑的脸谱。

她来邀请李带着"拥抱装备"，一起去残疾之家，探望那里的朋友。

他们到达之后，便开始分发气球、帽子、红心，并且拥抱那里的病人。李心里觉得很难过，因为他从没拥抱过临终的病人、严重智障或四肢麻痹的人。刚开始很勉强，但过了一会儿，南西和李受医师和护士的感染，便觉得容易得多了。

数小时之后，他们终于来到了最后一间病房。在那里，李看到了他这辈子所见过的情况最糟的34个病人，顿时他的情绪变得十分复杂。他们的任务是要将爱心分出去，点亮病人心中的灯火，于是李和南西便开始分送欢乐。此时整个房间挤满着被鼓舞的医护人员。

他们的领口全贴着小红心，头上还戴着可爱的气球帽。

李来到最后一个病人李奥·纳德面前。李奥围着一件白色围兜，神情呆滞地流着口水。李看他流着口水时，对南西说："我们跳过去别管他吧。"南西回答："可是他也是我们的一分子啊！"接着她将滑稽的气球帽放在李奥头上。李则贴了一张小红心在围兜上。他深呼吸一下，弯下腰抱了一下李奥。

突然间，李奥开始嘻嘻大笑，其他的病人也开始把房间弄得叮当作响。李回过头想问医护人员这是怎么一回事时，只见所有的医师、护士都喜极而泣。李只好问护士长发生什么事了。

李永远不会忘记她的回答："23年来，我们头一次看到李奥笑了。"

让别人的生命有一点不同、有一点亮光是何等简单啊！

剑桥智慧

抱一抱，让世界充满爱。很多时候，传播爱心的方法就是这么简单，一个小小的拥抱，就可以改变人们的心情，传播正能量。

拯救小鸟

一个小女孩跟爸妈去山里野营，快到山顶的时候，她发现有只受伤的小鸟正在草丛中痛苦挣扎。于是，小女孩走上前去，轻轻抚摸着小鸟，然后让爸妈从背包中拿出小急救箱。

这时，女孩的爸爸说："山野里受伤的小鸟多的是，你又不可能一一照顾每只小鸟，何必浪费时间管这一只呢？再说，我们带来的急救物品本来就不多，你都用到小鸟身上了，待会儿万一我们自己受伤了怎么办？"

小女孩没有听爸爸的话，她继续请求妈妈和她一起为小鸟包扎。妈妈不忍让女儿伤心难过，便拿出急救箱帮小鸟治伤。几分钟后，受伤小鸟的情况有所好转，小女孩就让爸爸小心翼翼地将它放到一棵树上的鸟窝里。看着小鸟又能发出悦耳的叫声，小女孩十分开心，爸爸妈妈这才感觉到刚才没有强烈反对女儿的行为是对的。

剑桥智慧

一个人若真心帮扶弱小，不必做出许多轰轰烈烈的事情，生活中点点滴滴的小事，往往能给他人带来更多温暖。如对伤心人的一句简单问候与安慰，为公交车上的老人让座，对灾区一元钱的捐助等，都能促使坚冰融化，能让许多脆弱的心变得更加坚强。

感恩的流浪汉画家

有一个流浪汉，他靠画像为生，但是生意不好做，他总是吃了上顿没下顿的。有一次他一连饿了三天，百般无奈之下他只能沿街行乞。一个过路的人看到他的画夹后就问他："你是画像的吗？"他答道："是。"过路人说："给我画张像吧。"他听了高兴极了，赶紧认真地给过路人画了张像。画好以后，过路人接过画像说："你画得真好！"于是就给了他20元钱。他急忙说："一张画只要5元。"过路人说："我觉得这张画值20元。"然后就拿起画像走了。后来他成为一位有名的画家，而且一直在寻找这个曾经帮助过他的人，不过他并没有找到。但是，只要看到有人需要帮助他就会伸出援手。这些年他一直怀揣着一颗感恩的心，由于找不到当年的恩人，他就把身边的每一个人都当作自己的恩人，经常做善事。

剑桥智慧

感恩是一种传统的美德，懂得感恩的人都是善良的人，他不但会回报曾经帮助过自己的人，还会力所能及地去帮助他人，所以说感恩能够让人变得更加善良。

感恩其实也是一种生活态度，常怀感恩之心能够让你变得豁达、乐观。

与真善美同行

英国银行协会每年都会组织一个教职员辨别假钞的培训班。统计结果证明，从这个培训班出来的职员对假钞的辨别能力要比从其他培训班出来的人强很多。那么这个培训班有什么特别之处吗？

有。这个培训班的学员在接受训练时用的都是真钞，一张假钞都没摸过，并且上课的时候讲解的也都是真钞的特点，假钞则不讲，但别的培训班则是两者都讲。不接触假钞，就能识别它们，这其中是不是有什么秘密呢？

专家们对此做了科学的解释。接受训练时，学员看到、摸到的都是真钞，不断的接触，会让学员的眼睛和手指习惯于真钞的感觉。当以后遇到假钞的时候，虽然说不出假钞的特点，但是会有种不舒服的感觉，这时他们就会意识到：这是张假钞。

剑桥智慧

真假钞票便如生活里的是是非非，如果无论说话办事都心存善念，让真善美成为心灵的导航，那么无论什么恶行都不会逃过你的敏锐的眼睛。相反，如果你整天都与品质低下的人交朋友，渐渐地你的心就会被那些不好的品质所主宰，失去原来良好的本性。

西门子赶鹅

维尔纳·冯·西门子，这位在世界机电业取得卓越成就的德国人，曾在晚年所著的《西门子自传》中说："童年的一点启迪，使我终生受用，不知不觉间就给了我无数次的鼓舞与勉励，让我在碰到伤害时不回避，而是斗胆迎上去，加以狠击。"

对于"成功"，西门子家庭则有更加科学的解释，他们认为只要一个人实现了自己的价值，或寻求到属于自己的有价值的生活，那他就是成功的。而在他们的家庭中，每一位长辈都十分注重培养孩子这样的成功意识。

在"成功意识"教育方面，让西门子印象最为深刻的是小时候父亲鼓励他"赶公鹅"的事。当时，西门子只有5岁。一次他在父亲的房间玩耍，突然，原本去上学的姐姐又哭着跑回家，说外面有一只凶恶的公鹅咬了她好几次，还挡着她的去路，她因此不敢独自去上课了。

姐姐哭着嚷着要父亲陪她去上课，但父亲说什么也不肯，他觉得这是锻炼孩子的一个机会。于是，他将一根长长的手杖交到了西门子手中，并告诉他："维尔纳，你比姐姐有勇气，你带她去。"西门子有些犹豫，毕竟他还很小，不知道该如何赶走公鹅。

这时，父亲又说："如果路上有公鹅过来，你只需勇敢地迎头走上去，大胆举起手杖，吓唬着打它，它就会跑掉的。"听了父亲的话，西门子心里有底了，他拿着那根比自己还高的手杖，和姐姐一起出门了。途中，他们果然又遇到了那只大公鹅。大公鹅高高地昂起头，一边快步向西门子姐弟走来，一边发出可怕的叫声。这时，姐姐喊叫道："快跑吧，它又来咬我们了，我害怕！"

西门子本来很想和姐姐一起跑回去，可他又想了想，作为一个小小男子汉，他不能这样胆小怕事，他要保护姐姐。他想起出门前父亲告诉他的赶鹅方法，于是闭着眼睛走到大公鹅身边，用力挥起那根长长的手杖。果然，西门子的手杖还没有落下，大公鹅就十分害怕，嘎嘎叫着溜走了。

剑桥智慧

世界上最宝贵的财富，不是丰富的物质条件，而是一种积极的精神信念，一种勇敢面对世界、面对未来的有力支撑。这份支撑，则主要来源于亲朋好友的信任。

第六章
聪明在于勤奋，
天才在于积累

尴尬的教授

一位大学教授去圣彼得堡国立大学进行学术交流。坐在火车上，她发现很多人都在看书，只有极个别的在睡觉或者发愣，而她正好是极个别中的一员。

坐在她对面的是一位金发碧眼的女士，当这个女士发现她不看书后就疑惑地问："难道你们那里都不看书吗？"

她虽然很惭愧，但为了保全自己的面子，只好说："不，只有我不看书，而且我只有坐车的时候不看书。"

回国后，她把这件事讲给了朋友和学生们听，刚开始大家只把它当作一个笑话，可是慢慢想来，大家都意识到，这是一件十分尴尬的事。

剑桥智慧

读书不一定非要在学校里、书房里，书也不一定非要放在书桌上、书架上。想要养成爱看书的好习惯，可以试着把书放在触手可及的地方，给自己营造一个良好的看书氛围，让自己随时随地都能看书、能学习。

我 能 学 好

安娜高高兴兴地去上学。可是第一节课就是让她很头疼的数学，新学期开始以来，她一直听得云里雾里的，很多知识都只学到了一点皮毛，为此她有些着急。今天老师又要开始讲新一节的内容了，安娜有点紧张，又害怕自己学不好。这时，她突然想起了早上妈妈对她说的话，然后在心里暗暗鼓励自己，"我能学好。"

老师在进行新内容的讲解之前，又带着同学们详细地把之前学过的内容复习了一遍，安娜听得很认真。这一次，她把自己还没有学好的知识点都记在了本子上，然后又跟着老师的思路走，努力思考，仔细演算，精神一刻都没有放松下来。这一节课，安娜的收获非常多，除了找到自己的知识盲区外，她还掌握了今天新学的知识，下课铃打响的那一刻，她觉得异常轻松。

课间时安娜也没有闲着，她拿着自己的课本去找数学老师，说："老师，有些知识我还没有学好，您能再给我指点一下吗？"

老师听后微笑着说："当然，只要你愿意学，我非常乐意为你效劳。"

以后只要有时间，安娜就会拿着书本向老师请教，没过多久她便把之前落下的知识都补全了。后来安娜每天都会对自己说"我能学好"，并把它当作自己的习惯。

剑桥智慧

每天都鼓励自己，告诉自己"我能学好"，有了这个信心之后，你就会像安娜一样解决很多问题。

少年总裁——尼克

英格兰西部的格洛斯特郡有一位17岁的男孩叫尼克，他是一名普通的中学生，同时也是他自己创办的新闻网站的总裁。

12岁那年他独自创办了一个关注青少年新闻的网站。之所以建立这个网站，是因为尼克在浏览新闻的时候，发现没有专门为青少年提供的新闻。由此他想到，也许很多人都无法找到他们感兴趣的、想要了解的新闻。于是，办一家由青少年撰写新闻的网站的想法诞生了。

在创业初期，这家网站每个月只有几十次点击量，也就是说只吸引了极少数人的关注，而2007年，这家网站的点击率狂飙到8900万次。尼克的网站每个月都提供上千条跟青少年有关的新闻供大家浏览，为网站工作的记者遍布全球，包括董事和会计在内共有70名志愿者，并且所有工作人员的年龄都在18岁以下。

网站获得超高点击率的同时，也创造了巨大的利润——每月2500英镑的广告收入。这个"童子军"组成的团队所做出的成绩引起了英国广播公司的兴趣，表示愿意以850万英镑的价格买下该网站。而尼克显然不愿意把自己的劳动成果卖掉，因为他的目标是成为索罗斯那样的金融大亨。因此在英国广播公司提出收购的想法时，尼克坚决地拒绝了。他说："我的网站一旦被他们收购，就意味着这个对青少年来说非常有趣的网站将被毁灭。我现在的记者和工作人员都是年轻人，他们收集的新闻是最吸引同龄人关注的事情，而英国广播公司则有可能会让一些年纪更大的人撰写新闻给青少年看。"

随后，尼克将创办的网站注册成一家正式的公司，拥有23名在世界各地收集新闻的专业记者。

剑桥智慧

年少有成的尼克磨刀不误砍柴工，忙网站的同时，每天也会抽出时间学习和做功课。尼克在成功的同时，并没有因为眼前的财富而放弃对知识的渴望，一直勤奋地学习，致力于了解更多的新鲜事物。

好强的撒切尔夫人

有个女孩，她从小就非常好强，无论遇到什么难题都不会认输，在她的意识里，没有任何一道题是不能解决的，除非题目本身出现了错误。同学们都知道她很喜欢挑战难题，一发现难解的题目都会来找她帮忙。

有一次，一个同学向她请教一道非常难解的化学题目，她热心地答应了，可是思考了两天两夜后却依旧没有得出答案。百般无奈之下，她猜想可能是题目出现了错误，于是就找到化学老师，问："老师，这道题目有没有缺少解题的条件？"

老师看了看题目，皱皱眉，思考了好一阵子，然后微笑着说："题目没有什么问题，你再认真思考一下。"

她听了只好重新打起精神，继续和这道难题"做斗争"。在接下来的几天里，她一直没有放弃对这道题目的研究，而且每次解答之前都会想："我一定能成功。"一个星期很快就过去了，在周末的晚上，她本来已经放弃了这次挑战，到九点之后就去睡觉了。可是刚躺下没多久，一条解题思路突然出现在她的头脑中，她很是兴奋，赶忙从床上爬起来，连夜把题目解了出来。第二天，她满面笑容地拿着自己的"战利品"来到教室，把这道题目讲给其他的同学听，同学们都佩服得五体投地。

这个女孩不论是在学习上还是在生活中都从不服输。在上大学的时候，她发现自己对政治非常着迷，于是就决定从政。从政的道路是非常艰辛的，在竞选英国保守党领袖的时候，和她竞争的都是男士。面对荣誉和权力的诱惑，没有任何一个男士会去"怜香惜玉"，他们也不会在这样的情况下讲究什么绅士风度，都拼尽全力和她抢。但是，越是遇到困难就越有战斗力的她丝毫没有退缩，最后终于闯出重围，当选了保守党领袖，她就是"铁娘子"——撒切尔夫人，一位当了八年英国首相的伟大女性。

剑桥智慧

　　无论何时、何地，我们都应该要坚强、勇敢。当我们遇到困难时，要学习"铁娘子"的挑战精神，这样才能打败困难，变得具有挑战精神。

肖邦学弹琴

　　晚上，一户人家的客厅灯光特别明亮，悠扬的乐曲夹着孩子的笑声不时传出来。

　　原来，这户人家正在客厅里开晚会，很多孩子都穿着漂亮的衣服，在钢琴的伴奏下，围成一个圆圈在跳着欢乐的舞蹈。

　　只有一个3岁的男孩没有跳舞，而是睁着明亮的眼睛看着妈妈弹钢琴时手指的动作。这名小男孩叫肖邦，他出神地看着妈妈的手指，很快就入了迷。

　　晚会结束后，妈妈送走了参加晚会的孩子们，正准备睡觉，却听到了一阵清脆的琴声。妈妈觉得很奇怪，走下楼来一看，原来是小肖邦在弹琴，而且弹的就是妈妈刚才弹过的曲子。

　　妈妈觉得小肖邦很有弹琴的天赋，第二天就为他请来了一位音乐家教肖邦弹钢琴。

　　从此以后，小肖邦就跟着老师认真学习弹钢琴。为了能让小手指准确地够到琴键，小肖邦每天晚上就在自己的手指缝里夹上一个木塞子。这样虽然很疼，但他仍然坚持。就这样，时间一年一年过去了，肖邦通过勤学苦练，最后成为世界著名的音乐家。

剑桥智慧

不管我们做什么事情，如果不付出、不努力，就不会有所收获。我们应该从小就养成勤奋刻苦的好习惯，面对学习，不退缩，不懒惰，只有这样才能学有所成。

父亲的教诲

我国著名文学家郭沫若小时候学习成绩并不好。一次期中考试结束后，老师要求家长在学生的试卷上签字，郭沫若有点害怕，因为他有好几门功课都不及格。

放学以后，他和几个成绩不及格的同学一起商议对付老师和家长的办法，最后大家决定修改试卷上的分数。于是他把语文试卷上的35分改成85分，把数学试卷上的15分改成75分，他仔细地把改过的数字描了又描，直到自己看不出破绽才罢休。

回到家后，他自信地把"满意"的试卷交给了父亲，说："父亲，这是我的考卷，老师让家长在上面签字。"

父亲看了看，表情非常严肃，问："这是你的真实成绩吗？"

郭沫若听了一惊，心想："父亲是怎么看出来的？一定是在测验我。"于是假装镇定地说："是啊！"

父亲把试卷放在桌子上，看着他的眼睛说："你为什么骗我呢？"

郭沫若很害怕看到父亲坚毅的眼神，他不敢再撒谎，只能支吾着说："我的成绩很差，不敢拿给您看。"

父亲的表情不再那么严肃，平静地说："重要的不是你的成绩，而是你的学习态度。"

郭沫若低下头，为自己的行为感到羞愧，父亲接着说："好好总结一下，看看自己为什么没有考好，不要再盯着分数发愁了。"父亲拿起笔把试卷上的分数修改过来，然后在旁边的空白地方签上了自己的名字。

郭沫若乖乖地拿起试卷进了书房，他认真地分析了试卷，发现有很多错误都是粗心造成的，然后打开自己的笔记本，写道："学习要认真，不能马虎。"而且一直用这句话来提醒自己。

以后每次考完试，郭沫若都不会太在意自己的成绩，在其他的同学因为成绩的好坏而或悲或喜时，他却在认真地做着试卷分析，不断地总结自己的优点和缺陷。后来他的成绩有了明显的提高，还凭着自己的努力成为一代大家。

剑桥智慧

成绩只能反映出你近期的学习成果，无法充分地体现你的能力和智慧。考得好不代表你很有能力，考得不好也不能证明你没有智慧。所以要正确地对待考试成绩，以平和的心态去接受它。

勤能补拙

本杰明·卡斯坦特被称为法国历史上最具天赋的人之一。他从童年开始就能吟诵诗歌，而且过目不忘，更是在十几岁的时候，就以绝世的才华而名震人才济济的法国文坛。

本杰明·卡斯坦特一直立志要写出一部万古流芳的巨著，但当他的一生匆匆结束的时候，他也没有完成这样一部巨著。

原来，本杰明·卡斯坦特到了20岁以后开始对任何事情都不感兴趣。尽管他只要一会儿的工夫就可以通读几本书，但是他却再也不愿意从任何一本书上汲取知识，因为他觉得书上写的那些东西他早就读懂了。虽然他也经常为自己昔日的理想而热血沸腾，但当他真正开始实施时，又觉得完成文学巨著需要花费的时间太长，而他实在没有那种耐性和精力，于是就暂时搁置了。他也曾经写过一些作品，但那都是为了维持生活而作，没有一篇文字是他的呕心沥血之作。

而且，由于他的书一度滞销，他的生活也拮据起来。为了摆脱日益贫困的生活，他开始频繁出入赌场，企图在一夜之间暴富，等有了足够的钱，再进行自己喜爱的写作事业。可是，当有了一点点钱财之后，他又沉溺于女色，不能自拔，他认为纵情声色要比一个人冷冷清清地趴在桌子上写作舒服得多。

就这样，本杰明·卡斯坦特的人生就这样虚度了过去，当他意识到自己面临的尴尬处境时，他高呼："我就像地上的影子，转瞬即逝，只有痛苦和空虚为伴。"

剑桥智题

显然，本杰明·卡斯坦特将自己完不成巨著的原因归结为精力不足，但实际上却并非如此，他缺少的，只是一份勤奋。我们在学习的过程中，不管遇到任何困难，只要勤奋，就可以弥补很多的不足之处，让你成为一个意志坚定的人。

墙上的污渍

有个小伙子，在一场车祸中受了伤，虽然后来他的身体恢复了健康，但却在下巴处留下了难看的疤痕。这让小伙子十分沮丧，每天都不敢出门见人，就连以前的好朋友们来看他，他都推脱不见。

小伙子的母亲见状，便想了一个主意，对小伙子说："哎呀，太糟糕了，这个墙上留下了这么大一块污渍，该怎么办呢？"

小伙子说："我去取铲子和锤子，把墙面敲碎，再用水泥和石膏修补好。"

母亲笑道："那未免也太大动干戈了吧？"

"那该怎么办？总不能就这样放任不管吧，太难看了。"

"我有办法了。"母亲笑着搬来几盆花草摆在墙边，不仅把墙上的污渍全挡住了，还令房间增色不少。

小伙子对母亲的妙招赞不绝口，母亲却说："孩子，其实这墙是我故意弄脏的，我只是想告诉你，当人生遭遇不美好时，除了想方设法地把它们'铲除'外，还可以用更美好的事物来影响和改变它们。就好比你下巴上的疤痕，为何非要除掉？如果你留胡须，这样它们不就隐没在胡子中了？"

小伙子听后豁然开朗，后来他蓄起胡须，不但遮掩了疤痕，还变得比以前更有男人味了，朋友们都说他一下子成熟了很多，比以前更有魅力了。

就这样，在胡子的帮助下，小伙子重拾自信，又变成了以前那个努力能干的男子汉。

剑桥智题

有时候，想要除掉污渍的方法不一定非得要铲除它，只要换一个想法，换一种方式，污点也有可能变成你的优点和魅力所在。

学习的目标

有个小男孩从小体质虚弱，每次上体育课都是跑在最后的那个，同学们因此经常嘲笑他，他也很伤心。

他把自己的苦恼告诉妈妈后，妈妈说："没关系的，你年龄最小，可以跑在最后。不过，你要为自己定一个目标，下一次，只追前一名的同学。"

小男孩点了点头，记住了妈妈的话。

再跑步时，他就奋力追赶他前面的同学。当追赶上这名同学后，妈妈会让他再定一个目标，继续追赶跑在他前一名的同学。

就这样，小男孩从倒数第一名，一名一名往前追，两个月后，他的跑步成绩竟然已经到了中游水平，而且同学们也开始帮助他练习跑步，再也没嘲笑过他。

后来，小男孩在学习上也遇到了很多困难，但他想，既然自己的跑步成绩可以慢慢提升起来，那么他的学习成绩也会提高上去的。

于是，小男孩依旧依靠妈妈的"只追前一名"的理念，每次考试都努力超过一名同学。渐渐地，他的学习成绩名列前茅，成为大家的学习榜样。

剑桥智慧

在学习的过程中，我们不能只盯着遥不可及的大目标，如果一次"只追前一名"，把目标定得小一点，随着成功的次数增加，我们达成的目标也会越多、越远、越大。

活到老学到老

爱因斯坦一生都在不断学习、研究，他坚持活到老学到老。

后来有位年轻人问他："您老已经取得如此巨大的成就，何必还要孜孜不倦地学习呢？"

爱因斯坦没有直接回答年轻人，而是拿笔画了一个大圆和小圆，并告诉他："科学知识是无边无际的。目前我所知的可能比你略多一点，正如我是这个大圆，你是这个小圆。小圆的周长小，接触未知领域的面积就小，自己能感受到未知事物的范围也小；而大圆与外界的接触面很大，所以会感到自己未知的东西更多，会更努力去探索。"

剑桥智慧

作为20世纪世界上最伟大的科学家之一，爱因斯坦由始至终都拥有虚怀若谷的胸怀和谦虚谨慎的美德。我们也应该向他学习，活到老学到老，尽情地遨游在知识的海洋。

雨果的巨作

1830年，雨果同一个出版商签订了一份书稿合同。根据合同，他必须在半年内交出一部作品，但是他发现自己总是静不下心来写作，这让他十分苦恼。

有一天，雨果看到一个故事，说的是在古希腊有一个名叫德摩斯梯尼的青年立志要成为一名出色的演说家，但是他幼年曾患有严重的口吃，时常遭到别人的讥笑。他刚开始学习演说时，声音和姿态都十分笨拙，屡屡遭到听众的哄笑和讥讽。

为了提高自己的演说能力，他常常躲在一个阴暗的地下室练习口才。但是他总是耐不住寂寞，喜欢跑出地下室去玩，结果总是静不下心来，练习的效果一直很差。

后来，他狠下心来，挥动剪刀把自己的头发剪去一半，变成了一个怪模怪样的"阴阳头"。在当时，人们很注重仪表，结果他因为头发难看，羞于见人，这才专心练习口才，终于成了一名大演说家。

后来，雨果就效仿这位演说家的行为，把除了身上所穿毛衣以外的其他衣物全部锁进了柜子里，然后把钥匙丢进了湖中。这样一来，由于没有外出要穿的衣服，他就彻底断了外出会友和游玩的念头，一头扎进小说创作里，除了吃饭与睡觉，从不离开书桌，结果创作出了闻名于世的文学巨著《巴黎圣母院》。

剑桥智慧

当一个人具有坚定的决心和毅力时，就会全力以赴地去做一件事。但生活中，我们经常会缺乏这种毅力，被生活中的诸多诱惑所牵绊。这时候，我们不妨狠下心来，彻底切断自己与"诱惑"的接触，心无旁骛地投入学习和工作中。

爱读书的张爱玲

张爱玲是中国现代著名的作家，她创作的小说、散文和读书笔记等受到广大读者的喜爱。张爱玲出身名门，从小就酷爱读书，除了写作的时间外，她的眼睛很少离开书，晚上睡觉之前也要翻上几页，直到晚年，她的床头依然会放着几本她钟爱的《红楼梦》、《西厢记》等。虽然张爱玲的小说作品大多是都市情感系列，但她读书的范围却不仅仅局限于此。

张爱玲从小就爱读书，是个博学的大才女。从小，她就在父亲的要求下，读遍了"四书五经"和《史记》，但是这些书无法满足她的阅读欲望，因此，张爱玲总会偷偷跑到父亲的书房里找书看。

有一次，她无意中翻到了一本讲植物的旧书，书的封皮已经发黄、破碎，甚至连书名都认不出来了，她只看到了一个"花"字。女孩天生就与花有一种特殊的缘分，她一看见这个字就对这本书产生了浓厚的兴趣，便翻开认真读起来，连吃饭的时间都忘记了。张爱玲就是如此爱书、爱看书。

张爱玲上大学时也经常泡在图书馆里。她无书不读，有文学的、社会学的、心理学的、哲学的，甚至还有物理学的、化学的、工程学的、设计学的，等等，凡是图书馆有的书，她大致都浏览过，当时班里的同学都叫她"读书狂"。

作为一位作家，如果没有广博的学识，她的文字就会显得苍白无力，纵使情感真挚，也总会让读者觉得缺乏内涵。张爱玲的作品虽然更偏重表达感情，但她也会描绘社会百态和异地风情，有时还会对一些科学知识进行讲述，读起来非常的丰富有趣。和同时代的女作家相比，张爱玲所表达的思想也更深刻、更超前。她所取得的成就在很大程度上要归功于多读书、广读书的好习惯。

剑桥智慧

广读书能够激发我们学习的热情，帮助我们找到学习方法、提高学习成绩。而且一本好的课外书就是有这样的魔力，当你用心去阅读时，你总能从中发现一些自己感兴趣的东西，不但能起到休闲的作用，还能增长见识、丰富自己的生活。

"不近人情"的名人

世界著名的物理学家和化学家、两次诺贝尔奖获得者居里夫人为人类科学做出了伟大的贡献，但她有时候却是个"不近人情"的人。居里夫人和丈夫居里先生将毕生的精力投入科学研究中，他们为了把更多的时间用在工作中，很少出门参加应酬，往往连着几个月不出家门，还经常废寝忘食。虽然居里夫妇取得了令世人瞩目的成就，但他们的生活非常困顿，家里的家具少得可怜。有一天，他们商量着要不要添置什么家具。

居里先生原打算再买一把椅子，因为家里只有两把椅子，客人来了都没处坐。

居里夫人说："可是如果再买一把椅子，客人来了就会多待很长时间。"

最后两人决定不买椅子了。

比起居里夫妇，俄国音乐家柴可夫斯基更加不近人情。有一天，他正在创作一首新乐曲，一位绅士来拜访他，柴可夫斯基请仆人出去拒绝后，那位绅士不肯离开，他亲自去开门。当确定对方不认识他时，他告诉绅士柴可夫斯基不在家，说完不等对方离开，他就把门关上又回去继续自己的创作了。

剑桥智慧

许多科学家和艺术家在别人的眼中都是不通人情世故的怪人，其实这是因为他们对事业的热爱与执着，使得他们不愿花费多余的时间考虑其他的事情，这也正是他们的伟大之处。

合适的学习方法

迈克尔是班里的"睡觉大王"，无论是上课还是下课，他总是趴在桌子上，有时候是真睡，有时候又是假寐。面对他的无精打采，老师们无计可施。

●聪明在于勤奋，天才在于积累

　　虽然天天都在"睡觉"，但他的学习成绩却非常好。一开始同学们都怀疑他这是加了夜班的结果，其实他从来不会熬夜学习。

　　一次，班主任为了改正他爱睡觉的坏习惯，就把他从最后一排调到了第一排。同学们惊奇地发现，他不但不睡觉了，而且精神百倍，每天都挺胸昂头地注视着黑板，听得非常认真。班主任很高兴，他以为自己治好了迈克尔的瞌睡病，可是几次考试结束后，他发现迈克尔的成绩却下降了。

　　有一天，他找到迈克尔说："坐在前面有什么不习惯吗？"

　　迈克尔苦恼地说："是的，非常不习惯，我一直盯着黑板，不停地做笔记，根本没有时间听老师讲课。"

　　老师觉得很奇怪，问道："难道你以前不做笔记吗？"

　　迈克尔说："很少做，因为我的视力不好，根本看不清黑板上的内容，我一直凭听觉学习，这样有助于我思考。"班主任恍然大悟，原来迈克尔上课时不是在睡觉，而是在思考，因为看黑板没有意义，所以他才会一直趴在桌子上。

　　班主任想让他变得更优秀，就说："也许你应该锻炼一下自己，让眼睛和耳朵都能起到作用，这样才会有更大的进步。"

　　迈克尔反驳说："不，这样只能分散我的注意力，我不喜欢这种方式。"班主任没有办法，只好把他调回了原来的位置。

　　迈克尔重新回到了只靠听力学习的状态，他发现耳朵对自己有很大的帮助，于是非常注重锻炼自己的听力，并靠着听力在学习上取得了很好的成绩。

剑桥智慧

　　合理的、适合自己的学习方法不但能够帮助我们提高学习效率，还可以让我们对学习产生更大的兴趣。找到适当的学习方法就相当于找到了一条通往好成绩的捷径，少走弯路就会省很多时间和精力，学习效率自然就会提高。

用眼睛写书

　　《潜水衣与蝴蝶》的作者博迪是一名法国记者，如果说这本书是他用眼睛写出来的，很多人可能觉得难以置信，但他确实奇迹般地做到了。

　　博迪因为心脏病后遗症导致四肢瘫痪，全身上下只有左眼可以活动。当时他正准备写《潜水衣与蝴蝶》这本书，他的病情使得这件事变得异常艰难。

　　我们知道世界著名的物理学家史蒂芬·霍金因为瘫痪，只有一根手指可以活动，在这种身体状况下，他仍然写出了《宇宙简史》等巨著。相比较而言，博迪的境况更不容乐观，但他决心要把书写出来。博迪得到了笔录员门迪宝的协助，他们每天利用半天的时间来完成笔录，而他们只能通过博迪左眼的眨动来进行沟通。门迪宝读字母，博迪眨一次表示正确，眨两次表示错误。几个月之后，这本用眼睛写的书终于完成了，而且一经出版就受到了读者的欢迎，博迪成功了。

　　剑桥智慧

　　身残志坚是我们永远歌颂的主题。人生的路本来就不是一帆风顺的，重要的是我们对待生活要有积极乐观的态度。很多身体有残疾的名人都在文学或科学道路上继续昂首阔步，我们要学习他们不惧挫折的精神。

拖拉的阿黛尔

　　阿黛尔有一个坏习惯，做事爱拖拉，总是磨磨蹭蹭的，本来三天就能

•聪明在于勤奋，天才在于积累

完成的任务，她往往要拖到五天才能交差。

有一次，老师让她做一次黑板报设计，她满口答应了下来，但两天了，她也没有把设计方案交到老师的手里。

明天就是交任务的期限了，但这天放学后，阿黛尔还是和往常一样，写完作业后就一直在看电视，一点紧张意识也没有。

直到晚上快睡的时候，阿黛尔才想起来黑板报的设计还没弄好，明天要交给老师了，该怎么办呢？没办法，她只好连夜赶工，终于在凌晨1点钟的时候把任务完成了。

第二天，阿黛尔把做好的设计送到老师手中时，老师看了看，笑道："昨天晚上熬夜完成的吧？"

"您怎么知道？"阿黛尔好奇地问。

老师笑道："从细节上看设计得很匆忙，何况我知道你做事很拖拉。"

阿黛尔听了羞愧地低下头。

剑桥智慧

虽然做事拖拉表面看来只是一种坏习惯，但本质上这却是一种心理疾病，即"心病"。我们要杜绝拖拉，提高自己的注意力和自控能力，这样才能及时完成我们的任务。

天才的另一面是健忘

物理学家牛顿非常健忘，他经常因为专注于实验而忘记其他的事情。一天，牛顿邀请朋友来家里做客。饭菜都做好了以后，他决定一边做实验一边等朋友，不知不觉，牛顿在实验室待了整整一下午。朋友到来之后因为找不到他就自己把饭菜吃完了，还把吃剩下的肉骨头放在了一个碗里，就离开了。

牛顿从实验室出来时已经是晚上了，他走到客厅，发现了碗里的肉骨头，就拍了拍自己的头说："看我这记性，已经吃过了，怎么又来吃饭了。"

发明家爱迪生也很健忘。有一次，他到税务机关去纳税，工作人员问他叫什么名字，他竟然回答不上来，最后还是旁边的人帮他回答了。

剑桥智慧

每个人都有多面性，天才也不例外。有很多科学家的思维都非常敏捷，而且记忆力惊人，但是在生活中那些无关紧要的事情上，他们就会闹一些 "健忘" 的小笑话。

读书的乐趣

暑假到了，很多同学都在考虑要去什么地方消暑，吉拉也正为这件事苦恼。他是个不爱学习的男孩，想让他安安静静地完成暑假作业是不可能的事情，但是每天都闷在家里也很无聊，一想起要这样无趣地度过两个月的时间他就头疼。

有一天，太阳已经升起很高了，可是吉拉依然赖在床上。其实他已经睡醒了，但是由于今天没有任何安排，他只好继续躺着。正在百无聊赖的时候，门被敲响了，这是他非常盼望发生的事情，因为他一直觉得敲门的人能给他带来新鲜事。

他翻身从床上跳起来，把脚塞进拖鞋里，飞快地跑去开门。门刚一打开雅各布就一把抱住他，高兴地说："伙计，我们家要去乡下消暑，你可以跟我一起去！我们可以一起爬山、捕鱼、放牛，还有很多好玩儿的事儿，怎么样？"吉拉听了非常兴奋，一口就答应了。

他们来到乡下，每天都在山上和水里消磨时间，虽然很有意思，但一个星期以后吉拉有些腻了。一天早晨，他拒绝了雅各布的邀请，没有和他一起去钓鱼。本来想躺下去再睡一个好觉，可是他发现客厅的桌子上放着一本书，拿起来一看，原来是《莎士比亚悲剧集》。

他想起来了，老师一直都推荐他们读这本书，但是他从来都没有放在心上，今天实在是无聊，于是他就找了个安静的地方开始看书。渐渐地，他被书里的故事吸引了，连雅各布回来了他都不知道，中午饭也忘记了吃。等到太阳落山的时候，天色逐渐暗下来，他突然说了一句："怎么天还没有亮吗？"雅各布和家人笑道："天已经黑了！"他这才发现大家已经摆好了晚饭正等着他呢。

第二天，雅各布一起床就没有看见吉拉，于是他就去山上找，谁知竟然在一株大树上发现了他，那时他正在看书，雅各布不想打扰他，就自己去玩儿了。又是傍晚的时候，吉拉从山上回来，一进门就说："哈姆雷特不应该死的。"雅各布一家人都笑了。

从此吉拉迷上了看书，经常一个人坐在角落里翻着书页，任何人都打扰不了他。渐渐地，他变得越来越安静，也喜欢上了学习。

剑桥智慧

偶然读了一天的书，吉拉的生活习惯被改变了，他不再无所事事，也不会把时间浪费在玩耍上，性格安静了许多，也爱上了学习，可见，静下心来认真地看一天书对自己是很有益的。一本有趣的书看完以后，你会渴望阅读下一本有趣的书，如此一来就提高了你的阅读兴趣。

被当成贼的法布尔

法国著名的昆虫学法布尔出生于一个普通的农民家庭，乡间广阔的田野，让他从小就能与大自然融为一体，成为一个"昆虫迷"。

蜜蜂严密的组织生活、小蚂蚁搬家时井然有序的分工协作、蜘蛛与蚊子间的战斗，都会让小法布尔如痴如醉，常常能一动不动地观察几个小时，连腿酸脚麻都全然不觉。

他不仅白天入迷地观察，有时为了完整地了解它们的生活习性，夜间也在外坚持观察。

有一次，他对螳螂产生了兴趣，为观察螳螂的夜间活动，爬上了邻居家的苹果树，全神贯注地观察着螳螂的一举一动，而忘记了时间和地点。

结果一天一夜，他都待在邻居家的苹果树上。

第二天，他忽听到树下有人高喊："这回我看你往哪儿跑！赶紧下来，跟我上警察局去！"

原来，他被误当成了偷果的贼。

剑桥智慧

不管做什么事情，学什么东西，我们都应该具有刻苦钻研的精神，不仅要用功学习，还应沉得住气，耐心地观察周围的事物。

牛顿与"万有引力"

著名的物理学家牛顿从小就沉默寡言，但他非常善于思考。有一天，他正坐在一棵苹果树下看书，突然，"咚"的一声，一个苹果从树上掉下来砸到了他的头上。牛顿用手捂着被砸出包的脑袋，并没有埋怨什么，而是想到了一个问题：为什么成熟后的苹果不飞到天上去，而要掉到地上呢？还有人和动物等，为什么能够站在地上呢？

这时候又有第二个苹果掉了下来。牛顿发现，这个苹果先在草地上反弹了一下，最后才轻轻地落到地上。他对此进行了大胆的推测，提出"地心具有吸引力"的观点，又通过研究得出了计算引力的公式，最终发现了万有引力定律。

剑桥智慧

学习离不开思考，如果我们一味读书而不善于思考，就容易被书本牵着鼻子走，但如果只是空想而不去踏踏实实地学习和钻研，也会一事无成。所以我们要把学习和思考结合起来，才能得到真正属于自己的知识。

想象的力量

一位名叫罗尔斯的青年从大学毕业后，就四处寻找工作。但找了很长时间，也没有找到合适的职位。

这时，罗尔斯的一位朋友邀请他一起去夏威夷旅行。罗尔斯欣然同意了。当他沐浴在夏威夷海滩的阳光下，享受着难得的好心情时，他很快就发现，海滩上的人们喜欢在遮阳伞下用手机和远方的朋友聊天，但因为电池电量的问题，又不得不在手机没电时，顶着火辣辣的太阳跑回停车场去充电。手机的突然断电也打断了一些游客一天的好心情。

这引起了罗尔斯的思考：如果能有一种可以在海滩上充电的充电器，不就可以解决所有问题了吗？

罗尔斯望着金光闪闪的海滩思索着，突然，夏威夷海滨的明媚阳光让他忽有所悟：这取之不尽的太阳能不就可以利用吗？

罗尔斯回到住处，立刻在网上购买了一款太阳能充电器，他把它缝到背包上。然后他把这种"太阳能背包"拿到一个旅行网站上出售，没想到这款背包竟吸引了众多购买者。

后来罗尔斯创立了罗尔斯设计公司，开始大量生产销售自己的太阳能背包。

就这样，一个开始还为找不到工作而发愁的大学生，两年后已经拥有了自己的公司。罗尔斯在接受一家电视台的采访时说："从开始到现在，我什么都没有做过，我只不过是把触手可及的阳光加入了想象当中。"

剑 桥 智 慧

很多发明和创造，其实并没有耗费太多的脑力和精力，我们要做的，只是放飞想象力，多从生活的细节中寻找灵感。

要善于发现问题

卡罗琳·赫舍尔是德国著名的女天文学家，她一生共发现了8颗彗星，而

•聪明在于勤奋，天才在于积累

且还对很多星云进行了研究和记录，对世界天文学的发展做出了巨大的贡献。卡罗琳在天文学上所取得的成就来源于她多思、爱思的学习习惯。

卡罗琳从小就喜欢思考，她从来都不会简单地接受老师所给的答案，而是经常问自己："答案为什么是这个？"凭着这种刨根问底的精神，她总是能够找到解题的原理，而且有时还会指出老师的错误，因此在很多老师的眼中，她并不是一个听话的乖乖女。一次，老师在课堂上讲："彗星的运行轨道是椭圆形的。"

卡罗琳不太明白，就举手问老师："为什么是椭圆形，而不是其他形状呢？"

老师听了摇摇头，尴尬地说："我也不知道。"

卡罗琳心想："这个结论一定是有依据的，我应该试着自己找到答案。"后来，经过努力地学习和钻研，她发现，彗星的运行轨道不但有椭圆形的，还有抛物线形和双曲线形。虽然她不是第一个发现这个现象的人，但这一次的学习却让她对彗星有了更进一步的了解。

剑桥智慧

我们要善于发现问题，并将自己的疑问提出来。很多时候，我们都不会怀疑父母和老师的答案，基本上老师说什么我们就听什么，虽然这样能取得较好的成绩，但却会渐渐失去主动思考的机会和能力，让我们不再进步。

没碎的玻璃瓶

在法国的一个化学研究所里，别涅迪克博士准备将一种溶液倒入烧瓶，但是一不小心将烧瓶"咣当"掉在了地上。

糟糕！还得费时间打扫玻璃碎片。别涅迪克博士有些懊恼地想。

然而，他弯下腰的时候，却发现烧瓶并没有破碎，于是他仔细观察这只烧瓶，发现它和其他烧瓶一样普通，以前也曾有烧瓶掉在地上，但无一例外全都破成了碎片，为什么这只烧瓶仅有几道裂痕而没有破碎呢？

别涅迪克博士一时找不到答案，于是他就把这只烧瓶贴上标签，注明问题，保存起来。

不久后的一天，别涅迪克博士看到一张报纸上报道说市区有两辆客车相撞，车上的多数乘客被挡风玻璃的碎片划伤，其中一辆车的司机被一块碎玻璃刺穿面部。别涅迪克博士一下子想到了那只裂而不碎的烧瓶。他走进实验室拿起那只烧瓶，只见那只烧瓶的瓶壁有一层薄薄的透明的膜。

别涅迪克博士用刀片小心地取下一点进行化验，结果发现，这只烧瓶曾盛过一种叫硝酸纤维素的化学溶液，那层薄薄的膜就是这种溶液蒸发后残留下来，遇空气后产生了反应形成的，从而牢牢粘贴在瓶壁上起到保护作用。因为无色透明，所以一点儿也不影响视觉。

"如果将这种溶液用于汽车玻璃的生产中，以后再发生类似的交通事故，乘客就不会被碎玻璃刺伤了。"别涅迪克博士想。

后来，别涅迪克因为这个小小的发现而荣登20世纪法国科学界突出贡献奖的榜首。

剑桥智慧

生活中，我们都要有一双善于发现的眼睛，不要总感叹生活中没有机遇，机遇是留给那些有准备、善观察的人的。千万不要让机遇悄悄从你身边溜过而不自知哦。

医生的发明

1816年在法国巴黎一栋豪华的住宅里，著名的医生雷内克正在给一个贵族家的小姐看病。雷内克医生在听完病人的病情介绍后，怀疑她患的是心脏病。

雷内克心想，要是能听一下小姐的心脏跳动就好了。但是病人是一位年轻的贵族小姐，直接用耳朵听显然不合适。

雷内克医生苦苦思索着，忽然他想起今天看到几个孩子在院子里做游戏，当时，一个孩子在树的一头敲打，另一个孩子在树的另外一头听。

他从中得到了启发，马上拿来一张纸，将纸紧紧地卷成一个圆筒。他将纸圆筒的一头贴在病人的胸部，另一头贴在自己的耳朵上。此时小姐的心跳可以清楚地听见了，比把耳朵直接贴在胸部听得还清楚。

雷内克医生回家后，请人专门做了一个空心的木管，在看病时作听诊用。这就是第一代听诊器。

剑桥智慧

发明创造大多来源于我们日常的生活，只要我们善于观察，勇于创新，谁都可以成为发明家。

寻找真理之门

"砰！砰！砰！"一个匆匆而来的路人急切地敲打着一扇神秘的门。

不久，门开了。"你找谁？"门里的人问。

"我找真理。"路人答。

"你找错了，我是谬论。"说完，门里的人"砰"的一声把门关上了。

路人只好继续寻找。他蹚过很多条河，翻过很多座山，可就是迟迟找不到真理。后来他想，真理和谬论既是一对冤家，那说不定谬论知道真理在哪儿。

于是他重新找到谬论，谬论却说："我也正要找它呢。"说毕又关上了门。

路人不死心，转悠一圈儿后又继续敲开了谬论的门，可谬论留给他的却是一副冰冷的面孔。

就在路人近乎绝望地在谬论门口徘徊的时候，不断的敲门声吵醒了谬论的邻居，随着"吱呀"的一声轻响，路人回头一看，天哪，这不正是真理吗？

原来，真理就住在谬论的隔壁。人们寻找到真理，常常是在一次次地敲响谬论的门之后。

剑桥智慧

真理和谬论其实只是一墙之隔，我们在寻找真理的时候，会一次次地遭遇挫折，但终有一天，你会发现，真理其实一直都在你的身边，只要你不放弃寻找。

付出才有回报

晋代有个著名的女书法家，她的名字叫卫铄，世称卫夫人。卫夫人师从钟繇，她的小楷颇具钟繇的风骨，被当时很多书生争相临摹。卫夫人也是"书圣"王羲之的书法启蒙老师，在书法创作上给了王羲之很大的启发。卫夫人在书法界可谓是独树一帜，丝毫不让须眉，这与她勤奋刻苦的练习是分不开的。

卫夫人每天都要花很长的时间练习书法，有时一坐就是好几个小时，写累了便把笔砚拿到院子中的水池里清洗，顺便玩玩水、逗逗鱼，就算是休闲娱乐了。过了一段时间，有个客人到她家的院子里赏景，看见这个水池后，他惊讶地对卫夫人的父亲卫展说："老世兄，你们家还有个墨池吗？"

卫展听了诧异道："这是从何说起，只有一个普通的水池罢了。"

客人问道："那为什么池里的水是黑色的。"

卫展看了也觉得奇怪，这时，旁边的一个小丫鬟说："小姐经常在池子里洗她的笔砚，时间长了就把水池洗成墨池了。"

客人听后大加赞赏，对卫展说："您的女儿如此勤奋，将来肯定会成为大书法家。"卫夫人也并没有辜负他的赞赏，果然通过自己的努力成为一位优秀的书法家。

剑桥智慧

俗话说"天道酬勤"，就是指老天爷会根据每个人勤奋的程度给予他相应的酬劳。因此，如果我们想要变成一个出色的人，那就要勤奋刻苦，多付出才会有多收获。

年轻的伽利略

伽利略凡事不但喜欢多想一想，还要去试一试。他在比萨母校任数学教授时，并不像其他人那样照宣亚里士多德的教条，而是大力提倡观察和实验。这在当时人看来，简直是不知天高地厚。

有一天，25岁的伽利略对亚里士多德的一个经典理论——"如果把两件东西从空中扔下，必定是重的先落地，轻的后落地"提出了怀疑。

伽利略认为不管是轻的还是重的，它们从高空落下时，都同时落地。当时亚里士多德的思想被奉为金科玉律，自然没有人相信伽利略的话，于是伽利略决心搞一次实验，让人们亲眼看看。

这天，年轻的伽利略宣布要在比萨斜塔上进行一次试验，一些教授大为不满，便一起到校长面前告状。

校长听了也很生气，但转念一想，这样也好，让他当众出出丑，也好杀杀他的傲气。当伽利略左手拿一个铁球，右手拿重十倍的另一个铁球爬上斜塔七层的阳台时，塔下已是人头攒动，比萨大学的校长、教授、学生，还有许许多多看热闹的市民。就在这时，还是没有一个人相信伽利略是对的。

伽利略将身子从阳台上探出，当他两手同时撒开时，只见两只球从空中落下，齐头并进，眨眼之间，"咣当"一声，同时落地。

塔下的人，一下子都懵了。先是寂静了片刻，接着便嗡嗡地嚷作一团。

这时，伽利略从塔上走下来。校长和几个老教授立即将他围住说："你一定是施了什么魔术，让两个球同时落地，亚里士多德是绝对不会错的。"

伽利略说："不信，我还可以上去重做一遍，这回你们可要注意看着。"

校长说："不必做了，亚里士多德是靠道理服人的。重东西当然比轻东西落得快。这是公认的道理。就算你的实验是真的，但它不符合道理，也是不能承认的。"

伽利略说："好吧，既然你们不相信事实，一定要讲道理，我也可以来讲一讲。就算重物下落比轻物快吧，我现在把两个球绑在一起，从空中扔下，按照亚里士多德的道理，你们说说看，它落下时比重球快呢还是比重球慢？"

校长不屑一答地说道："当然比重球要快！因为它是重球加轻球，自然更重了。"

这时一个老教授忙将校长的衣袖扯了一下，挤上前来说："当然比重球要慢。它是重球加轻球，轻球会拖累它，所以下落速度应是两球的平均值，介乎重球和轻球之间。"

伽利略不慌不忙地说道："可是世上只有一个亚里士多德啊，按照他的理论，怎么会得出两个不同的结果呢？"

校长和教授们面面相觑，半天说不出话来。一会儿才突然醒悟到，他们本是一起来对付伽利略的，怎么能在伽利略面前互相对立起来呢？校长的脸一下红到脖根，气急败坏地喊道："你这是强辩，放肆！"

这时围观的学生"轰"的一声大笑起来。

伽利略还是不生气，慢条斯理地说："看来还是亚里士多德错了！物体从空中自由落下时不管轻重，都是同时落地。"

听了伽利略的这几句话，校长和那些教授再也想不出一句反驳的话来，于是亚里士多德的理论就这样轻易地被这个"初生牛犊"推翻了。

剑桥智慧

实践是检验真理的唯一标准，我们可以尊重前人的经验教训，但不能盲目信从。要敢于对真相持怀疑态度，大胆地去验证它们，这样一来，我们才能不被权威所屈服，通过不懈的努力，来证明自己。

查德·费曼的好奇心

查德·费曼是诺贝尔物理学奖得主，他天生好奇心强，从小就爱琢磨周围的事物，称自己为"科学顽童"。

21岁的时候，他在自己家里建了一个小小的实验室，只要好奇心"发作"，他就会在自己小小的实验室里做各种各样的实验。比如，做马达、光电管等，他还喜欢用显微镜观察各种有趣的动植物，观察它们的"百变"姿态。

有一次，查德·费曼对蚂蚁产生了兴趣。蚂蚁是怎么觅食的？它们能互相通信吗？又是怎么通报食物来源的？对这一系列问题产生好奇心的查德·费曼为了得到答案，便把蚂蚁"搬"进了他的实验室。在那段时间里几乎废寝忘食，在他的小实验室里待了很长时间。

他将一些糖放在实验室的角落，然后把蚂蚁放出来，观察它们需要多长时间才能找到那些糖，找到之后会如何让同伴知晓。这个过程中，费曼还会拿彩色笔画下蚂蚁爬行的路线，因为他很好奇蚂蚁爬行的路线究竟是直的还是弯的。最终，他通过自己的努力，找到了所有问题的答案。

剑桥智慧

正是由于有着强烈的好奇心和为满足好奇心的实践活动，让费曼拥有了创造性思维和想象力，最终帮他在科学领域取得了巨大的成就。一个没有好奇心的人就没有想象力和创造力，也就很难会做出富有创意的成绩了。

活到老学到老的加图

在公元前234年至公元前149年的古罗马，生活着一名名叫加图的检察官，他是罗马共和国的政治家和道德家。

加图在第二次布匿战争中参过军，并在公元前204年成为共和国的财务官，公元前199年成为营造官，公元前198年成为裁判官，公元前195年成为执政官，公元前184年成为检察官。加图以他献身于古代罗马的生活理念——俭朴、诚实、好学而著名。

加图不仅在政治上颇有建树，在加图的一生中，他总共写成了7部作品，内容大体涉及历史、军事、法律、医学、农业等诸多方面。

加图之所以会有这些成就，和他善于学习的习惯是离不开的。有一次，朋友们看见80岁的加图正在学习希腊文，他们很吃惊地说："希腊文非常难学，不花费很长的时间是很难学得会的。您应该年轻的时候学它。再说，都到如今这个年纪了，您也没有必要再学这些了！"

加图却说："学习不分早晚，什么时候都是可以学习的。而且，只要真正地去学，任何一门学问都是有用处的！"

剑桥智慧
━━━━━━━━━━━━━━━━━━━━━━━━━━━━━━━━━━━

有时候，我们在某个时间段，突然会意识到自己还应学习更多的知识，但一想到已经过了学习的年龄，就开始退缩，觉得自己已经错过了最好的学习时机，所以很难再接受新知识。其实，活到老，学到老，只要你用心，想学习，什么时候都不会晚的。

聪明的和尚

两个和尚住在相邻的两座山的两座庙里，这两座山之间有一条小溪，这两个和尚每天都在同一时间下山挑水，渐渐地，他们便成了好朋友。

突然有一天，西边这座山的和尚没有下山挑水，东边那座山的和尚心想："他大概睡过头了。"便不以为然。

可是第二天，西边这座山的和尚仍然没去挑水，第三天也没有……过了一个星期，仍然没有。

一个月后，东边那座山的和尚终于坐不住了，他疑虑地想："我的朋友可能得病了，我该去拜访他，看看能为他做些什么。"

于是他便爬上了西边那座山，去找他的老朋友。可是等他到达西边这座山的庙里时却大吃一惊，因为他的老友正在庙前打太极拳，一点也不像是病了或是一个月没喝水的人。

于是，他好奇地问："你怎么一个月都不下山挑水了？发生什么事情了吗？"

西边这座山的和尚笑着说："走吧，我带你去看看。"

他们走到庙的后院。西边那座山的和尚指着一口井说："在过去的几年里，我每天做完功课后，都会抽空挖这口井。有时间就多挖一点，没时间就少挖一些。一个月前，终于挖出了井水，我再也不用下山挑水了。"

剑桥智慧

不管是学习还是生活，我们都要做好计划，这样才能有所收获，不至于做一天和尚撞一天钟，得过且过地度过每一天。

"骗子"科学家

法国科学家郎之万向几个小朋友提了个奇怪的问题："一个装满水的杯子，再放进别的东西，水会漫出来，如果放条小金鱼就不会，这是为什么？"

听了这个问题，有的小朋友说是因为金鱼身上有鳞片，有的说是金鱼把水喝下去了。这时，一直安静坐在旁边的女孩伊琳娜觉得大家说得都不对，但她又一时想不出其中的缘由。后来，伊琳娜回家问妈妈，妈妈告诉她："想不出来，那不如动手做做看！"。

于是，伊琳娜照科学家郎之万所说，在杯子里倒满水，然后买了条小金鱼放进去，结果水漫出来了。

她很生气，觉得郎之万骗了他们，第二天就去质问他："我试过了，把鱼放进水杯，水还是会漫出来。您为什么用这样的问题来骗我们呢？"

郎之万听后哈哈笑道："我不是骗你们，而是要让你们知道，科学家说的话也不一定都是对的。"

剑桥智慧

很多时候，我们要勇于质疑这个世界，并提出自己的疑问，在不断地提出"这是为什么"、"那是什么"等问题时，学到新的知识。

多问"为什么"

沈括是北宋时期著名的科学家，在科研方面很有建树，除此之外，他还善诗文、懂财政、精兵法，可谓是个全才，当时很多人都称他为"神童"。其实，了解沈括的人都知道，他不过是个智力平平的普通人，之所以有这样的成就，与他好问"为什么"是分不开的。

沈括从小就不喜欢被困在书房里死读书，他好动、爱玩儿，经常满处乱跑，在父母的眼中可不是什么好孩子。沈括是个好奇心很强的小孩，对生活中的很多事物都充满兴趣。一次，他的父亲被调往他乡任职，全家人都跟着搬家。途中经过一条大河，沈括看见一个捕鱼的人把一群鸟儿赶到了水里，他惊呆了，赶紧跑过去问："大叔，您怎么把鸟儿赶到水里了，不怕它们被淹死吗？"

渔人笑道："这些鸟儿叫鸬鹚，它们可是捕鱼的高手，怎么会被淹死呢！"

沈括拍着手笑道："真奇怪，还有会潜水捉鱼的鸟儿！"他又问："那它们为什么会捕鱼呢？"

渔人听了摇摇头，说："这个，我也不清楚，大概是天生如此吧。"

沈括若有所思地点点头，虽然他对渔人的解释并不满意，但一时也找不到人来解答，只好把这件事记在心里。

还有一次，他和父亲一起去爬山，爬到山顶后发现山上开满了桃花，可是此时已经是六月份，按理说桃花应该凋谢了才对，于是就好奇地问父亲："为什么山上的桃花要开得晚一些呢？"

父亲解释道："山上温度比较低，到六月份才会暖和起来，桃花自然就开得晚。"

沈括见什么问什么，对什么事都感到好奇，所以，时间一长他就变得上知天文、下晓地理，成了个"万事通"。他所编著的《梦溪笔谈》也是一本大百科全书，里面记载了关于科学、医药、政治、文艺、地理等各方面的知识，这些都是沈括平日里的所见、所闻、所思。这本巨著对我国古代科学和文化事业的发展也起到了不小的作用。

剑桥智慧

在日常生活中，遇事不懂装懂的人有很多，他们表面看起来学识渊博、一点就通，其实也不过是知道一点皮毛罢了。想要变得像沈括一样博古通今，那就不要不懂装懂，遇事多问几个为什么，这样做才是睿智的选择。

改造蒸汽机

发明蒸汽机的瓦特，小时候虽家境贫寒，但却十分聪明好学。他曾在一家钟表店当学徒，从那时起，他就时常在店里仔细观察、研究各种仪器。

后来，瓦特接到了修理一台纽可门蒸汽机的任务。起初，他修好了这台机器，却发现它工作起来很吃力，像个快要喘不过气来的老人。于是，瓦特想将其改进一下。在他的不断努力下，两年后，改造工作基本完成。

可当他点火试机的时候，才发现汽缸到处漏气。他想尽办法解决这个问题，每天都打起十二分精神，一遍又一遍地仔细检查机器。

一天，他趴到汽缸前观察漏气原因，突然有一股热气冲出，他来不及躲闪，肩膀被蒸汽烫得红肿。可即使如此，他仍然没有放弃。很快，他又回到实验室，一边查阅资料，一边继续认真观察、检测汽缸。

终于有一天，瓦特的灵感来了。而这份灵感，同样源于他的认真观察。那天，他一边喝茶，一边看着炉子上的那个水壶，发现壶盖一动一动的。他看看水壶，又看看自己手里的杯子，突然想到：茶水要变凉，可以倒在杯子里；蒸汽要变冷，可以把它从汽缸中"倒"出来啊。就这样，瓦特设计出了一个和汽缸分开的冷凝器，解决了漏气问题，世界上第一台真正的蒸汽机也随之诞生。

剑桥智慧

瓦特正是因为善于观察，才将一台"行将就木"的机器改造成真正意义上的蒸汽机，可见观察的重要性。一切科学研究、发明创造都是因观察而逐渐产生的。

胰岛素的诞生

在一条大街上，一只卷毛狗在一棵树下把后腿抬起，在树根上撒了一泡尿。等狗离开后，一群苍蝇便飞了过来，围在狗的尿旁飞来飞去。

一位医生看到了这个平常无奇的场面，突然产生了疑惑，他想：苍蝇为什么会对狗尿这么感兴趣呢？难道狗尿中有什么特别的成分？

这位医生就采了狗尿的样本，回到家后，对狗尿进行了化验，结果表明，在狗尿中含有大量的糖分。

这名医生是当时很有名气的冯梅林，也是德国大学的一名教授，他和病理学家闵可夫斯基一直在苦心研究胰腺在消化过程中的功能。

狗尿引来苍蝇的怪事给了他很大启发。他想办法捉住了那条狗，一检查，发现那条狗的胰腺坏了，失去了应有的功能。为了弄清问题，他又切除了另一条狗的胰腺，发现那条狗的尿同样会引来苍蝇，这说明这只失去胰腺的狗的尿中也含有大量糖分。

但是研究中期，因为生活的窘迫和身体的虚弱，他们不得不停止了探索。几十年后，加拿大多伦多大学医院讲师班丁对这个问题再次进行了苦心研究。

那个时候，糖尿病还被视为绝症。而班丁从摘除胰腺的狗撒的尿含大量糖分断定糖尿病与胰腺有着密切联系。

研究中班丁发现，在健康人的胰腺上，分布着很多像岛一样的小暗点，而患糖尿病人的胰腺上，小暗点只是健康人的一半。

班丁很快做出一个大胆的设想，只要想方设法增加胰腺上的小暗点，就能攻克糖尿病这个难关。

通过一段时间的研制，终于可以在胰腺不受破坏的情况下，对小暗点进行正常的提取，这就是胰岛素的诞生。

剑桥智慧

一件不起眼的事情，居然会引起科学家的注意，并最终悟出与人的胰腺有关，虽然听起来很神奇，但也充分说明，只要我们钻进一件事情去了，就有可能创造奇迹。

爱读书的流浪汉

作家杰克·伦敦出生于一个破产农民的家庭，他一生从事创作只有18

年，可是却给人类留下了51部著作，每部都深受读者喜爱，但是，他在年轻的时候，却是一位流浪汉。

有一天，杰克·伦敦又在街上游逛，他感到十分空虚，想到自己幼年时饱受了贫困与苦难，现在还要为生活所迫，难道这辈子，他就只能这样活下去了吗？

他边走边想，再抬头时，发现自己已经走到了一家公共图书馆前，他便随手拿起一本《鲁滨孙漂流记》翻阅着，却看入了迷，恨不得一口气就把书读完。

第二天一早，他又跑到图书馆，看完了《鲁滨孙漂流记》，又接着看别的书。看着，看着，他觉得眼前出现了一个新的天地，他读书的热情不可抑制，一天读十几个小时还不愿休息。他觉得从书中获得了新生。

从此，他把所有心思都用在读书和学习上，为了得到更好的学习条件，他进入了加利福尼亚州的奥克兰德中学念书，仅用三个月的时间就学完了四年的课程，顺利地通过了毕业考试，接着又考进了加利福尼亚大学。

后来，他立志从事文学创作，仔细研究其他人的著作，学习他们的艺术手法，还坚持每天都写5000字稿子。虽然一开始，他的稿子被不停地退回来，但他一直坚持了下去，不停地写，不停地读，终于能熟练地驾驭语言文字，写出了许多作品。

剑桥智慧

学习，来源于阅读，我们在学习的过程中，不能只读教科书上的内容，还要多学习教科书以外的知识，多读书，广读书，通过大量的阅读，来掌握语言的精华。

咖啡的由来

有一位埃塞俄比亚的牧羊人在赶着羊群回家的路上发现，羊群里有两只羊的行为特别反常，一路上欢蹦乱跳的。

他心里纳罕："这两只羊是不是生病了？"

为了弄清楚是怎么回事，他就一直注意观察这两只羊的举动。后来他看见，这两只羊经常吃一棵树上的小红果。

他想："这小红果难道有什么魔力？"于是他就想尝一尝。吃了几个以后，他果然觉得精神百倍，而且心情非常愉悦。后来他就经常到这里吃这种果子，而且越来越爱吃。

有一次，一位传教士经过这里，正好看见他从树上摘果子吃，于是就问："这果子好吃吗？"

他摇摇头说："不好吃。"

传教士奇怪地问："那你怎么还吃呢？"

他笑着说："吃了有精神，而且心情好。"

传教士听了觉得很神奇，心想："难道还有水果能让人心情愉悦吗？"

于是他就摘了一些果子拿回家，但是他没有直接吃，因为牧羊人说过，直接吃是不好吃的，而且他发现这种果子干了以后很硬，于是就把它们研成粉末放进水里煮，煮成深棕色的汤。

他细细品尝了几口，入口时有点苦，但是越喝越觉得味道醇厚，而且喝了之后的确是精神百倍、心情愉悦。

后来，传教士就把这种汤拿给他的朋友们喝，慢慢地，这种饮品就被推广出去了，而这种饮品就是后来人们非常喜欢喝的咖啡。

剑桥智慧

如果没有牧羊人的观察，咖啡豆就不会被人们发现，而如果没有传教士的观察和尝试，就不会有后来人们喜欢喝的咖啡。所以只要注意观察，生活中总会有惊喜和奇迹。

"智障儿童"——爱迪生

爱迪生从小就喜欢思考，不管遇到什么事都爱问个为什么，也因此被老师和同学们怀疑是弱智。

在数学课上，老师说："1+1=2。"其他的同学都没有任何疑问，只有爱迪生站起来说："老师，这是为什么呢？"

老师不假思索地说："没有为什么，1+1就是等于2。"

老师又说："2+2=4。"

爱迪生还是不解地问："老师，为什么？"

老师非常困惑，这么简单的问题他为什么一直不明白，所以就怀疑他的智商有问题，还对爱迪生的妈妈说："这个孩子可能是智障儿童，我实在没办法教他，您自己想办法吧。"

就这样，爱迪生刚上小学就被学校开除了。但是，他并没有因此而改掉自己爱问为什么的"坏习惯"，而且，头脑中的问号让他不断地进行探究和思索，最后，他成为一名享誉全球的科学家。

剑桥智慧

多问几个为什么，能够让我们始终保持好学多思的好习惯，并且还能够激发我们的想象力，培养我们的探究精神。

无限的想象力

有位教育专家曾到某小学进行教学交流。在一个班级做调查时，他发现班里学生的画技都非常高，老师布置的美术作业，他们都画得栩栩如生。后来，这位教育专家又让学生们每人画一幅卡通画。结果，大多数学生画出的卡通形象是相同的，就是一只"机器猫"。

他很奇怪，不知道为什么这些学生如此默契，不约而同地画机器猫。但经过仔细观察，他发现教室的一个窗台上摆着某个学生的"机器猫笔筒"，其他学生正是照着这个笔筒来描绘的。于是，这位专家让学生将机器猫笔筒收进书包里，然后要求所有同学发挥自己的想象，再画一幅与机器猫不同的卡通画。

然而，半个多小时过去了，好多学生的画纸上还是一片空白。这下他们真犯愁了，一直在苦思冥想，却无从下笔。最后，教育专家只好将此留作学生们的课后作业。

剑桥智慧

很多时候，我们缺乏的不是学习的能力，而是丰富的想象力和创新意识。爱因斯坦曾说："想象力比知识更重要，因为知识是有限的，而想象力概括着世界的一切，推动着社会的进步，也是知识进化的源泉。"

两位妈妈的态度

两位年轻的妈妈带着各自的女儿在公园玩。其中一个女孩从树下潮湿的泥土里挖出一块石头，她兴奋地拿给妈妈看。妈妈见女儿弄脏了手和衣服，便叱责道："怎么搞的，弄得满身脏兮兮的，快扔了这石头！"

看妈妈不高兴，女儿只好嘟着小嘴，心不甘情不愿地抛掉自己手中的"战利品"。

可相比这位年轻妈妈，当另外一个小女孩的妈妈看到自己的女儿在泥土堆上"劳作"时，便用温柔的语气问："宝贝儿，你在做什么？"

女儿说她在探索地下有什么东西，还拿起地上的一个石子儿说："妈妈，您看这块石头漂亮吗？"

她的妈妈回答道："很漂亮，要是把它清洗干净，我们就能看得更清楚了。下次我给你找一把泥铲子，我想你肯定能找到比这更好看的石块。"

剑桥智慧

同样是女儿从泥土里挖出石块，两位妈妈的态度却截然不同。而很多时候，我们需要的则是第二位妈妈的态度，让孩子自由地去探索和发掘我们所处的美好世界。

第七章
修炼财商，
让财富来敲门

小管家杰西卡

圣诞节快到了，杰西卡想给朋友们准备几份礼物，但零花钱早就花完了，她苦思冥想之后，想出了一个赚钱的好办法。

放学后她飞奔回家对父母说："爸妈，让我来管一个月的家。"

"好啊，我可以歇歇了。"妈妈听了很开心。

杰西卡又认真地说："你们先给我300美元的生活费，如果月底剩余了，那就要作为我的奖励。"

父亲听了，"扑哧"一声笑了出来，说："我给你500美元，如果月底有剩余的话，就通通给你。"

"太棒了！"杰西卡高兴地跳了起来。

第一天，杰西卡刚要上学去，妈妈拉住她说："小管家，你要把今天的菜钱给我。"杰西卡从口袋里摸出10美元递给妈妈，妈妈看后故意地说："我要买够一个星期的菜呢……"

杰西卡听了只好又掏出了20美元，一本正经地说："妈妈，您还是省着用吧，只有500美元的生活费。"

妈妈拿着钱摇了摇头："真是个小气的管家。"

自从当家以来，杰西卡每天都在给生活费做减法，刚过去10天，就只剩下200美元了。她非常着急，万一省不下钱来，这一个月就白忙活了。后来，妈妈再伸手要钱时，杰西卡就更小气了。

这个月快结束了，杰西卡的手里还剩下100美元。她原本以为这点钱能留到最后，可是，妈妈告诉她今天要交水电费和物业管理费。

"需要多少钱？"杰西卡小心地问。

"大概100美元吧。"

杰西卡一听就急了："不给，这个我不管了！"可是，无论怎么耍赖，她还是要把事情负责到底，这样一来，她连一美元都没有剩下。

看着垂头丧气的杰西卡，妈妈笑着说："虽然没有省下钱来，不过，为了奖励你，我决定给你50美元的零花钱。"杰西卡听了高兴得不得了，这一个月总算没有白辛苦。

剑桥智慧

主动当一次小管家，锻炼一下自己，不但能给父母减轻负担，还可以提高自己的家庭意识和责任感，对成长很有帮助。我们应该从小学着做个小管家，一边理财一边为家人的生活质量考虑，现在管好一个小家，将来才能管好一个"大家"。

富翁理财

某个小伙子一直挣不到钱，就去问一位富豪："您是怎样赚到这么多钱的，请教教我吧，我也想成为富翁！"

富翁说他是因为会理财才成功的，他问年轻人："你发财了以后想拿那么多钱做什么，你有什么梦想吗？"

小伙子愣了一下，说："我只想获得很多很多钱，但我没发过财，不知道有钱了该干什么。"

于是，富翁告诉他："现在我给你十分钟时间，想好你有钱了以后要做什么，如果可行我就教你理财。"

小伙子思考一会儿，告诉富翁："我希望明年就退休，然后拿着钱环游世界，过轻松逍遥的日子，不必再这么辛苦地赚钱。"

第七章

原来，小伙子现在的收入很低，除去日常所有开支，每个月基本没有多少钱可以用在储蓄或投资上。

富翁听了小伙子的回答后说道："很遗憾，我帮不了你，你还是回去继续努力工作吧！"

剑桥智慧

日常生活中，有很多人一心只做发财梦，却没有认真思考过如何才能实现，并没有明确的理财目标。

其实，理财和工作、学习一样，都要有具体的、合理的目标。因此，我们每个人都应理性地看待理财，要知道理财不是变魔术，不可能满足一个人无穷无尽的欲望。理财要有既定目标，但目标太高、期限太短也容易适得其反。

破产的拳王

世界拳王迈克·泰森的铁拳曾经令对手们闻风丧胆。

在他20年的职业生涯中，他聚敛了近5亿美元的财富。

然而，这些财富却在很短的时间内被花光了，迈克·泰森变得身无分文，失去了所有的财产。在2003年8月，驰骋世界拳坛多年的迈克·泰森不得不申请破产，这件事成为他人生中的一大败笔。

剑桥智慧

迈克·泰森破产，就是因为他没有管理好自己的财产，在理财、消费时没有制定一个符合自身现状和未来需要的合理目标。

两个"丘吉尔"

　　1929年，在美国证券巨头巴鲁克的陪同下，丘吉尔走进了股票交易市场。他将巨额资金投放到一只英国股票，以为自己深知该企业的老底，必然稳赚不赔，绝不会有什么风险。但变幻莫测的股市偏偏不买丘吉尔的账，仅仅一天时间，丘吉尔就资不抵债。

　　这时的丘吉尔几乎绝望，他都没有为自己留下一根救命稻草。幸亏聪明睿智的巴鲁克"久经沙场"，清楚投资股市的风险巨大，也明白丘吉尔的智慧不一定适用于股票市场。所以，在丘吉尔开户时，巴鲁克同时开了另一个"丘吉尔"的账户，丘吉尔买什么，另一个"丘吉尔"就卖什么；丘吉尔卖什么，另一个"丘吉尔"就买什么。最后，"丘吉尔"账户基本能挽回丘吉尔本人亏损的资金，他才不致破产。

剑桥智慧

　　丘吉尔的失败在于太过自信，他既没有认清投资股市的风险，更没有为承担风险做任何准备，否则他也不会在短短一天的时间里就资不抵债，濒临破产。

　　当然，丘吉尔的好运来自于巴鲁克的帮助，虽然很丢面子，但也及时帮他避免了"赔了夫人又折兵"的悲剧的发生。而我们作为普通人不可能像丘吉尔那样，时刻都有投资高手为我们做好两手准备。所以，投资人对投资风险的预测及其承担风险的准备情况，也是评估其理财目标是否合理的重要指标。

积累的经验

高尔夫球手"老虎"伍兹在获得自己职业生涯的第一个冠军时是20岁，但他当时已练习高尔夫球17年之久。

巴菲特真正被华尔街关注的时候却已年过半百，至此，他已为自己的财富人生积累了近50年的投资经验。从5岁起，巴菲特就学着做生意，11岁开始炒股，而十多年之后他才学到点皮毛。30岁以后的一段时期，是巴菲特理财的黄金时期。所以，到即将步入老年的时候，巴菲特的股市人生才到达顶峰。

剑桥智慧
———————————————————————————————

我们如果没有积累丰富的理财经验，那么即使到了人生的成熟期，也不会慎重对待理财的种种问题，更不会在选择投资项目时保持冷静的态度。

比尔·盖茨的决定

闻名世界的比尔·盖茨，他的财富用"富可敌国"四个字来形容一点也不为过。然而，2008年6月，盖茨正式退休的时候，却做出了一个让大部分人难以理解的决定——将绝大部分财产都捐给慈善机构，只给自己的子女留下极少的一部分财产。

虽然很多人不理解，但比尔·盖茨坚持这样做，也让人们逐渐了解了他的深意。

在美国人或西方家庭的理财观念里，他们一直坚持"谁的福谁享，谁的罪谁受"的做法，即我花我的钱，自己享受掌控金钱的快乐，至于孩子，有本事就自己去挣钱，之后再享受。

中国的父母应该向他们学习这一点，不要被金钱所累。

小小记账本

有个女孩，今年已经20多岁了，但却是个"糊涂虫"，自己买过什么东西转眼就忘。

一年前，女孩的一个好姐妹要结婚，她知道这个好消息后立马去珠宝店挑选了一条漂亮的珍珠手链，想将它作为贺礼送给好姐妹。那天买回手链后，她就将其放在床头柜的一个抽屉里，想等到好姐妹结婚的那天再拿出来。

可是一段时间后，女孩逛街时又买回来一条价格不菲的铂金手链给好姐妹做礼物。当她将这条手链也放入床头柜抽屉时，她才发现自己已经备好了礼物。虽然多出来了一条手链，她自己也可以戴，但她还是很自责："本来就没挣多少钱，还老忘了之前买过些什么，最后重复购买，真是太糊涂了！"

从那以后，女孩就开始记账，每天晚上回家后都认真记录下自己这一天买过些什么，为什么要买这些东西，每一件商品花了多少钱，等等。后来的日子里，女孩会时不时地翻开账本，回顾之前自己都有过哪些消费行为及其他活动，以避免今后再糊涂度日。

其实，当你像写日记一样，每天记下自己这一日的支出情况时，你同样也记下了自己一天的生活经历；当你统计每一天、每一月、每一年的收入和支出情况时，你也会看到一段时期内地方物价变化甚至经济发展的趋势。所以，记账也是在记录你每一天的生活，记录社会的发展变化情况。

信用卡的危害

有一个年轻人在银行工作，是大家羡慕的白领人士，但是有一天，他却被法院判了刑，罪责为信用卡诈骗。

这名年轻人几年前从大学毕业，在大城市找到了一份较为体面的工作，从此便梦想在大城市安家，购买一套属于自己的住房。

可是大城市的房价实在让他力不从心，他便想到了炒股，但他又没有本钱。最后，在银行工作的年轻人想到了用信用卡透支套现来聚敛炒股本金的方法。

然而，年轻人的股市人生却没有一帆风顺。仅仅两年的时间，他便亏损了几十万美元，大部分都是从信用卡套现而来，最后，他无力再还款，最终被警方逮捕归案。

剑桥智慧

如今的社会，我们使用信用卡没有错，但一定要掌握好分寸，千万不能恶意透支或套现，否则到期还不了钱，不仅要承担信誉风险，更严重的后果是要承担法律责任。

事实上，我们使用信用卡，一是图方便快捷，二是它能帮我们成功理财，但这一切的前提都是：我们必须有一定的自控能力，要学会适度消费，避免盲目、冲动的消费行为。假如在不考虑自己经济条件、可承受风险能力等的情况下过度消费、过度透支信用卡，到还款之日，我们必然要承担巨大的身心压力，"理财致富"就更无从谈起了。

富翁和金子

在一座富丽堂皇的别墅里，住着一个富豪，他每天吃着山珍海味，穿着绫罗绸缎，玩着珍奇古董，可他却一点儿都不开心，整天忧心忡忡的。原来，富翁每天晚上都会做噩梦，梦到自己的豪宅被怪物摧毁，他的所有金子和其他财物瞬间化为乌有。因此，富翁每天都被噩梦惊醒，整日都担心他的财产会消失，自己会过乞丐一样的生活。

一天早晨，富翁起床后仍然很忧愁，天上的神看到后，问他为什么不高兴。富翁将自己一直以来的苦恼告诉了神。

这时，神说："这样吧，你把你的金子给我一袋，我保证你在生病或遇到危难时给你五袋金子，等你老了，我每月都给你半袋金子。"

富翁照做了，从此他再也没有做噩梦。

剑桥智慧

天有不测风云，人有旦夕祸福。富翁担心自己会失去所有财产，这也是人之常情。在现实的日常生活中，我们每个人都可能面对各种风险造成的经济压力，比如生病、意外受伤引起的高额医疗费用，家庭主要成员过世后幼无所依、老无所养的情况等。这时，我们可能会埋怨自己拥有的财富太少了。而神的理财方法就不错，如果我们手中有较多的闲钱，不妨做一些投资，期待晚年的回报。

救命的保险

有个中年男子在回家的路上出了车祸，被路人看到后送进了医院，经过急救后脱离了危险。

有很多朋友来看他，给他送上鲜花，祝他早日康复，他很感谢。医生和护士也来看他，说他伤得不重，过几个月就会康复。护士走的时候留下了一张账单，催他们赶快去缴费。

看着这些账单，男人和妻子又一次陷入悲痛，他们根本没有那么多钱。就在这个时候，他们的保险代理人来了，他递给这个人的是一张支票，足以支付住院费。这家人拉住保险代理人的手说："是你救了我们。"

但保险代理人说："不对，是你们购买的保险真正帮助了自己。"

剑桥智慧

若不是购买了这份保险，这个遭遇车祸的男子可能因得不到有效治疗而难以康复。人身保险包括人寿保险、人身意外伤害保险和健康保险。

因此，从保障个人及家庭成员生命健康与安全的方面来看，人身保险其实是我们对健康的投资，是对健康风险的一种规避手段，是我们理财过程中必须考虑的一部分。

孩子的物质观

爱莉是个漂亮时髦的小姑娘，虽然才刚刚10岁，但对穿着打扮十分讲究，很有时尚造型师的架势。

爱莉的亲朋好友都对她的父母说："你们这孩子可真有才，以后能当个时尚设计师，挣大钱呢。"

爱莉的父母听后，却很无奈，经常看着爱莉连连叹气。

原来，爱莉因为喜欢打扮，所以就需要大量更换衣服，她还是个"物质女孩"，买衣服一定要名牌的、贵的，没达到她的要求，她就会纠缠不休，直到妈妈买回她指定的衣服才行。

久而久之，爱莉的父母就有点受不了了，每个月光给爱莉买衣服就要花掉很多钱，他们是普通家庭，这种消费水平哪受得了啊？

所以，爸爸在爱莉又一次开口要买衣服的时候，断然拒绝了她，并对她说："你没给家里挣回来一分钱，有什么资格穿名牌衣服？爸爸妈妈很辛苦地给家里挣钱都舍不得穿好衣服，你要体谅咱们家的情况，不能蛮不讲理，要形成正确的物质观念。"

剑桥智慧

俗话说，爱美之心，人皆有之。但是，爱美应当适度，一旦过了就是爱慕虚荣。比如故事中的爱莉，小小年纪就追逐"时髦"，买名牌衣服、买漂亮的东西，丝毫不顾及家长的经济压力，长大后还有可能因为"臭美"误入歧途。

让孩子去打工

在美国，有一位这样的父亲。他不仅鼓励儿子外出打工，还对儿子许下一个承诺给予儿子足够的动力。

他说："不论你打工赚多少钱，我都会给你相同的钱存在你的账户，直到你成年时结束。"

儿子听后觉得这真是一件太划算的事情了，于是很努力地外出打工，然后将自己赚的钱除去买学习用品以外的也存进账户。

最终，儿子毕业的时候，账户里已经有超过1万美元的存款，这对于初入社会的孩子而言，已经是一笔不小的存款。而儿子也因为工作经验丰富、工作能力强轻松地找到一份好工作。

剑桥智慧

其实，这位父亲的真正目的不是让孩子赚钱养自己，而是再用另一种方式教孩子把赚的钱存起来。而且孩子学会这一点的同时获得了额外收获，可见，让孩子走出家门打工是多么有意义的事情。

"狠心"的父母

有一个很富裕的家庭，富翁为孩子准备最好的生活环境和学习场所，但他从来不娇纵孩子，尤其是不允许孩子乱花钱。

当孩子具有外出打工的能力时，富翁对孩子说："从今天起，你所有的生活必需品和学习用品都要靠自己赚钱来买，爸爸妈妈已经养育你这么多年，不会再为你花这些方面的钱了。"

然后，他告诉孩子，可以去附近的一个农场挤奶来赚取生活费。

而面对狠心的父亲，富翁的孩子竟然一点也没有抗议，开心地去农场打工了。

剑桥智慧

我们要靠自己劳动保证自己的生活，我们可以采取温和一些的方式走出家门去打工，一开始不需要进行多么困难的工作，要量力而行。比如，去亲戚或朋友家打工等，以此体会"工作"的含义。

不道德的赚钱法

邻居爷爷在约翰家附近开了一个修车摊来养家糊口。

某天，约翰问邻居爷爷："你为什么要收别人钱呢？"

邻居爷爷和蔼地回答："我帮他们修车、打气，这些都是为他们服务，收钱是应该的啊。"

那天起，约翰就把这句话记在了心里。

几天后，有位叔叔来约翰家借打气筒。

当这位叔叔用完打气筒还给约翰，并微笑道谢时，却听见约翰理直气壮地说："叔叔，请给打气钱。"

叔叔顿时愣住，然后尴尬地掏出钱包。

刚好这时约翰的妈妈走了过来，对约翰说："邻居之间互相帮忙是应该的，怎么能要钱呢？如果这样的话，我们家不知道要欠别人多少钱了。"

约翰明白过来后赶忙向叔叔道歉，并且再没有做过这样的事情。

剑桥智慧

生活中有些钱是不能赚的，很多时候得到钱也意味着失去友爱和互助。我们要学会区分哪些钱可以赚，哪些钱不可以赚，要拥有正确的金钱观，在适当的时候提供无偿服务。

儿子的行为

妈妈带着儿子去参加朋友的生日宴会，一整天都玩得很开心，可是回到家后，妈妈不高兴了。

"儿子，这是什么？"妈妈拿着儿子脱下的外套，抖了两下，却发现从口袋里掉出了不少东西。

"叉子啊，妈妈真笨，这都不认识。"儿子笑道。

"可是叉子为什么会在你的口袋里呢？而且……"她把叉子拿在手里摇了摇，说道："这好像不是咱们家的叉子。"

"还有这把小刀，我记得，刚才在朋友家见过……"她说着说着，突然醒悟过来，板起脸来，问儿子："告诉妈妈，这些东西你是从哪儿拿的？"

儿子渐渐低下了头，小声说："从……刚才的阿姨家……"

"你什么时候学会偷东西了！"

"……我没偷……"

"那这些怎么会到你兜里！"

"我……我只是觉得好看……"

"这就是偷！"妈妈大声教训道。

儿子委屈地低下了头。

剑桥智慧

很多人都会有这样不经意的"偷盗"行为。他们只是觉得好看随意拿回家而已，完全不觉得自己做错了事，尤其是年纪尚小的孩子，更容易做出这些举动。我们要拒绝占小便宜心理，尽量避免这些行为。

谦让与荷包蛋

　　一位父亲想为儿子做荷包蛋面。

　　第一次，他将一个荷包蛋放在了面条上面。儿子抢着端走了，却发现父亲碗里有两个。

　　第二次，儿子学聪明了，主动端走了没有荷包蛋的那碗面条，却发现父亲碗里依旧有两个。

　　第三次，儿子学会了谦让，主动让父亲先吃，结果发现自己的碗里也有两个荷包蛋。

剑桥智慧

　　生活就是如此，一个不想占小便宜的人，生活也不会让他吃大亏。当我们对他人念叨着"占小便宜吃大亏"时，当我们不停嘲笑别人占小便宜吃大亏的窘态时，我们是否想过，自己也是如此？

小兔与白菜

　　有一天，有只老山羊给了两只可爱的小兔子不同的礼物：小灰兔得到了白菜，小白兔得到了白菜种子。它们都高高兴兴地将礼物带回了家。

　　后来，小白兔通过辛勤耕种收获了许许多多大白菜，可小灰兔却坐吃山空，没几天就吃完了老山羊送给它的所有白菜，之后它只能饿着肚子继续想办法寻找食物。

剑桥智慧

老山羊之所以给小白兔白菜种子，其实是在培养它们的"财商"。财商不可能让人立刻拥有大笔资财，但却能使人一生富有。生活在经济社会中，我们都不可避免地要与钱打交道，每天要考虑如何赚钱。每个人的财商水平不同，在赚钱、花钱、存钱、投资及进行其他与钱有关的活动时，使用的方法会有所不同，最后所得结果也可能大相径庭。

十 年 后

有两个年轻人，他们从小就是邻居，在同一所学校读书。两人都很聪明，小时候经常在一起搞些小发明，其中一些小发明还在全校甚至全市举办的各种创意比赛中获过奖。

从小学到大学，他们俩的学习成绩虽然不是最优秀的，但老师和同学都很喜欢他们，经常夸赞他们。大学毕业后，两个年轻人都选择了自己创业，还约定10年后如果他们都赚了钱，就拿出一部分捐赠给老家附近的那个孤儿院。

可是，10年过去了，两个年轻人创业的结果却截然不同。其中一人因为从小就对理财知识很感兴趣，所以在创业前已经学到了很多知识。于是，他用这10年时间一共赚得了近百万元资产，而且其间没有遇到太大的风浪，可算是小有成就；另一人的生意虽然在第10年时有了起色，赚到了一些钱，但在之前的几年里，一直处于亏损状态。

剑桥智慧

为什么两个都很聪慧精明、智商和情商水平不相上下的年轻人会在创业过程中产生如此大的差别？其实，创业成功的那个年轻人，从小就对理财感兴趣。与之不同的是，创业过程中遭遇许多挫折的年轻人，他从小接受的教育都类似于"好好学习，将来找个稳定的工作"，而缺少了如何理财的内容，所以才会屡遭失败。因此我们不难看出，理财知识对我们的成长是多么重要。

犹太人的理财教育

哈文夫妇的收入水平都不错，两人也都受过高等教育，平时很关心自己儿子的教育问题，还专门请理财规划师进行了一些规划。但是他们只看重儿子的学习成绩，并不想让他多接触理财知识。

可儿子十来岁的时候，哈文夫妇竟发现他学习时没有以前那么用心了，却时常专注于从外面收集饮料瓶，然后再卖给废物回收站，有时他还向同学卖自己不喜欢了的玩具、文具等。

哈文先生发愁道："我们给他的零花钱也不少啊，他怎么还爱琢磨挣钱的事。这样太影响学习了，该采取什么样的措施制止他呢？"

针对儿子卖废旧物品赚钱的行为，哈文夫妇时常会采取反对态度，有时免不了要教训他几句。可这样做的结果是，儿子并没有把全部心思回放到学习上，而是开始挖掘其他更有意思的活动，比如和同学拿一些旧物到街上叫卖。

几个月后，哈文夫妇更加担心了，也开始怀疑是不是自己的教育方法有问题。关于"该不该让孩子挣钱"，他们也开始矛盾起来。

与哈文夫妇不同的是，他们的邻居却在教育孩子的过程中选择让其尽早学会挣钱。邻居是位犹太人，他一直秉承着犹太人"赚钱从娃娃抓起"的传统，从孩子上小学起就鼓励他们自己想办法挣钱。

剑桥智慧

犹太人历来就注重对孩子赚钱能力的培养，甚至在孩子牙牙学语时就教他辨认不同币值的硬币、纸钞。我们也要向他们学习，不要害怕染上铜臭气，要在树立正确的价值观的基础上，进行理财学习。

没落的公司

在美国，有一个亿万富翁已经60岁了，虽然他有两个成年的儿子，但仍拖着疲惫的身躯对集团的事情亲力亲为。

"您为什么不把担子交给两个儿子呢？"公司的人问他。

富翁眉头一皱，回答道："他们都还是孩子，每天就知道吃喝玩乐，让他们接手我这一摊子，不得给我败光了啊。"

"我觉得他们都挺能干的啊，或许您应该多信任他们一些。"那人继续说道。

富翁有些生气了，对他说："我曾经分别让他们管理一个分公司，可最后却把事情连连搞砸，这样的人，怎么能得到我的信任。"

"可我听说，那是您不够信任他们，才导致了那样的结果。"

结果富翁不再理他，板着脸从他身边走了过去。

后来，这个人又来到富翁儿子们面前，对他们说："你们为什么不劝劝你们的父亲，让他把担子分给你们挑呢？"

"不行，不行，"大哥首先摆手摇头，对他说道，"父亲好不容易打下的江山，要是败在我手里怎么办？我可不想当败家子。"

"就是。"弟弟也点头附和道，"而且，我完全不懂生意上的事情，就这样在家里混吃混喝，挺好的，过几年再学习生意上的事情也不晚。"

这人听到双方的言辞后，便不再多言，默默地离开了。

结果，没等两年的时间，富翁因为操劳过度而住进了医院，两个儿子慌里慌张地接手了公司，因为缺乏管理公司的经验，致使集团的运行陷入了莫大的危机中，没几年，公司就没落了。

剑桥智慧

很多人以为自己打拼积累下来的财富，会让孩子有一个高起点，继续家族的辉煌，但是孩子大都守不住这份产业。而这其中很大一部分原因是父母不信任自己的孩子，不给他们锻炼的机会。

同样的钻石

从前，有一个富翁准备向他美丽的未婚妻求婚，他想把世界上最美丽的钻戒送给美丽的未婚妻，所以他开始寻找这样一块能配得上他未婚妻的钻石。

有一个小伙子手里正好有这么一块钻石，他找到富翁，开价5000美元。富翁一听这么便宜，马上觉得，这块钻石要么是假的，要么就是从不正当途径得来的。

小伙子见富翁不买，只好闷闷不乐地回了家，把这件事告诉了他的哥哥。哥哥一听，就骂小伙子傻，幸好没有把钻石贱卖出去。

第二天，小伙子的哥哥租了一间装修豪华的店铺，把钻石摆在店里出售。正好富翁走进了店里，一眼就看中了这块钻石，一看价码，20万美元！他马上从腰包里取出支票，放心地把钻石买走了。

剑桥智慧

有时候，同样的东西，包装不同、价格不同，最后的价值也会不一样。这也是很多厂家的商业营销手段之一。

品牌的力量

英国专家们对100名孩子进行了一项测试。

他们给孩子提供了两份品质相同但包装不同的食品，一份食品上有知名品牌的包装，另一份则是普通包装。

然后，专家们让孩子品尝这两种食品，看看哪种好吃，结果大多数孩子都认为知名品牌包装的食品更好吃。

剑桥智慧

品牌确实对人们选择产品有着十分重要的影响，尤其是经常在广告中出现的品牌，更是影响着我们对事物的选择。因此，深刻了解品牌的力量，也是理财的一门课程。

报纸上的信息

1985年的4月，亚默尔在报纸上看到一条信息："有消息称墨西哥畜牧群发现了一种奇特的病毒，当地有关专家怀疑这可能是一种传染性极强的瘟疫。"

虽然这条信息看起来还不是那么确切，但亚默尔马上意识到，如果这条信息是真的，那么瘟疫一旦传到与墨西哥相邻的美国南部区域时，美国政府肯定会禁止南部所在的加利福尼亚州和德克萨斯州向全美运输肉食，而这两个州偏偏是美国最主要的畜牧区，如果真的禁运，那么美国的肉食供应肯定会陷入困境。

亚默尔运用一切手段，查明了这条新闻的可靠度，当收到确切信息后，他马上着手准备，将大量的肉食囤积在了安全地域。

就这样，900万美元轻松收入了亚默尔的腰包。

剑桥智慧

仅仅是看到了报纸上一条不太可靠的信息就发现了商机，大家是不是觉得很不可思议？但事实就是如此，这些日常生活中最常见到的东西，往往记载了大量的信息，这些信息中，没准儿就有一个商机在等着你。

股神的故事

股神巴菲特在十岁的时候，就开始接触股票了。

那时，他的父母送给了他几只股票作为礼物，这让他对股票等投资产生了浓厚的兴趣。在课余时间，这个小孩子就开始"研究"股票，并尝试进行买入卖出，在两年的经验积累后，他已经从股票中赚得了上百美元，这在那个时候可是一笔不少的收入。

后来，到中学时他已经成为学校里师生眼中的股票专家，大家都向他请教。到他大学毕业时，已经拥有数万美元的资产了，这些钱，大都是他从股市中赚得的。

剑桥智慧

我们应从小就接触一些投资理财教育，这些经历对我们日后的成长有着很重要的影响。看看股神巴菲特的故事，我们就能深刻了解这一点了。

风险的由来

很久以前，以打鱼捕捞为生的渔民们每次出海前都要祈祷，祈求神灵保佑自己能够平安归来，其中主要的祈祷内容就是让神灵保佑自己在出海时能够风平浪静、满载而归。

他们在长期的捕捞实践中，深深地体会到"风"给他们带来的无法预测无法确定的危险。他们认识到，在出海捕捞打鱼的生活中，"风"即意味着"险"，也就有了"风险"一词。

剑桥智慧

任何理财产品都有一定的风险，我们要了解这些风险的大小，找出最适合自己的理财方案。

保险的历史

公元前2500年前后，古巴比伦王国国王命令收取税款，作为救济灾民的资金。后来，古埃及的石匠成立了丧葬互助组织，用交付会费的方式解决收殓安葬的资金。古罗马帝国时代的士兵组织，以集资的形式为阵亡将士的遗属提供生活费，逐渐形成保险制度。

随着贸易的发展，大约在公元前1792年，正是古巴比伦第六代国王汉穆拉比时代，这时的商业已很繁荣。为了援助商业及补偿保护商队的骡马和货物损失，在《汉穆拉比法典》中，规定了共同分摊补偿损失之条款。

1666年9月2日，伦敦发生巨大火灾，全城被烧毁一半以上，损失约1200万英镑，20万人无家可归。

由于这次大火的教训，牙科医生尼古拉·巴蓬在伦敦开办个人保险，经营房屋火灾保险，出现了第一家专营房屋火灾保险的商行，火灾保险公司逐渐增多。

剑桥智慧

保险是什么呢？保险是以合同形式确立双方经济关系，以缴纳保险费建立起来的保险基金，对保险合同规定范围内的灾害事故所造成的损失，进行经济补偿或给付的一种经济形式，是最古老的风险管理方法之一。我们要多了解保险知识，才能保障自己的财产安全。

偷筐不偷钱的小偷

"通货膨胀"一词起源于美国南北战争时期。南北战争时期，联邦政府总共发行了4.5亿美元"绿背"，占战争费用融资的13%，使价格水平上涨到战前的180%。大量的发行，使得绿背币值迅速下跌，物价上涨，好像空气吹入布袋似的膨胀起来，于是被称为通货膨胀。

从1922年初到1923年底，德国的货币发行量上升到天文数字，相当于战前的1280亿倍。1921年1月德国每份报纸的价格为0.3马克。在1923年秋季，一份报纸价格达到了7000万马克。

那时，一个小偷去别人家里偷东西，看见一个筐里边装满了钱，他把钱倒了出来，只把筐拿走了；一位家庭主妇正在煮饭，她宁愿不去买煤，而是烧那些可以用来买煤的纸币。

剑桥智慧

纸币并不完全等于钱，它也是会贬值的。我们要时刻牢记这个道理，学会关注自己兜里的钱的变化，主动寻找避免自己的钱贬值的方法，而这正是理财的最重要的目的。

创业的孩子

达斯汀·塞特洛夫是纽约曼哈顿学院的学生，他从10岁就开始和同学合作当老板，卖一些体育运动品。赚到了第一桶金后，达斯汀开了一家名叫SatBats的棒球球棒销售公司。在父亲的帮助下，他和中国宁波一家工厂建立了生意关系。他向这家工厂定制竹制球棒，然后再在美国市场上销售，生意非常不错。

剑桥智慧

孩子的创造力是很惊人的，他们的探索欲望和能力很强，只要得到父母恰当的指引和帮助，他们也会取得令人惊喜的成绩。孩子早晚都会接触到社会，了解财经知识，与其青年的时候再学，不如早一点了解它们。

蜜蜂的悲剧

几群蜜蜂居住在同一片花田旁，它们开始抢夺花田这片公共资源里的花粉。

于是，各个蜂群里的大雄蜂们便制定了限量采集花粉的规则，保证所有蜂群都能长远地生存下去。但一群蜜蜂"越轨"的行为，让其他蜂群看到了其中的利己因素，所有蜂群开始不守规则，大量采花粉，这便对公共资源开采过度，结果花田消失，蜜蜂也没有了食物。

剑桥智慧

蜂群从扎根花田到最后酿成悲剧的整个过程，就体现着合理利用公共资源的重要性。经济学中所讲公共资源，指那些不为某一个个人或企业组织所拥有，社会成员可自由利用的资源。我们要了解，公共资源具有"竞争性"特点，但却没有"排他性"，只有掌握了这些知识，才能合理地利用资源，创造财富。

乌龟和兔子

兔子和乌龟是邻居。一天，兔子突发奇想，叫乌龟一起去野炊。野炊自然要带吃的东西，乌龟把自己最喜欢吃的蚯蚓和虾装了满满一袋子，兔子则带了两棵白菜和几个萝卜。

它们出发后，刚开始是走在一起的。但乌龟走得太慢，兔子又是个急性子，它不愿意等，打算先走，然后到山那边的大树下等乌龟。兔子蹦蹦跳跳地穿过一片小树林，过了小山，马上就要到大树下了，没想到一条小河挡住了它的去路。

兔子过不了河，急得直跳。半小时过去了，乌龟慢悠悠地赶来，它不慌不忙地从河里游了过去。把身上的东西放下后，乌龟又转身游回对岸把兔子接了过来。

之后，乌龟和兔子高高兴兴地吃东西，它们玩得很开心，兔子原有的傲气也没有了，对乌龟也不再表现出盛气凌人的姿态。

剑桥智慧

乌龟和兔子的野炊是一次合作。兔子认为自己跑得快，想早点儿到达目的地，但在发挥了自己的长跑能力后，被小河挡住了去路，它的优势就此没有了发挥的余地。而乌龟虽然行动慢，却有会游泳的优势，顺利地帮助自己和兔子过了河。两只动物的合作，才使野炊顺利进行。我们在日常生活中，也应为了共同的利益，而学会与他人合作。

二八定律

19世纪末20世纪初，意大利的经济学家经过长时间的观察和研究，发现了一个有趣的现象，那就是在任何一组东西中，重要的一部分其实只占整组的一小部分，而多数都是不太重要的。重要和非重要的比例，大概是2：8。经济学家通过调查19世纪英国人的财富和收益模式了解到：全国80%的财富竟然只掌握在20%的人口手里。而且不仅是这一时期，其他不同时期、不同国度也都存在这种现象。

后来，在更深入的研究中，人们发现，越来越多的事物符合二八定律。比如，一个公司或企业中，大客户其实并不多，但却是公司的主要经济来源；而小客户虽然比大客户多得多，但是其总体为公司创造的收益还不如一两个大客户的多。

剑桥智慧

二八定律也叫巴莱多定律，是经济学上一条重要的定律。孩子在学习财务知识时，应了解只有合理利用二八定律，掌握那20%的重要知识或资源，我们才能学到真正有用的东西。日常生活中，我们也应合理利

用二八定律，获取更多的知识和财富。

肉食动物的猎杀法则

狮子、老虎等大型肉食动物在捕猎的时候，从来不会把猎物全部杀死。它们会先对猎物观察一段时间，然后找到弱小、生病的目标，当捕猎开始后，狮子或老虎就会死死盯着这些目标，伺机下手。狮子知道，如果它们把猎物全部杀死的话，那么以后在很长一段时间内，都有可能不会有一只猎物出现，那等待自己的，也将是灭亡。

剑桥智慧

在很多时候，动物比人类聪明多了，它们就知道垄断有可能会让自己灭亡。但是人类在很多时候，连这种认知也没有，只知道不停地争夺，往往想在争夺中完全消灭所有的对手，只让自己一方获利。

两个乞丐

在美国某个城市的一角有两个乞丐，每天他们都会坐在那里向路过的人乞讨。虽然他们从没挨过饿，但经常路过这里的一个人看不下去了，他把两个人叫过来，对他们说："我现在给你们每个人100美元，你们拿着这100美元去做些小生意，一个月后，谁赚的钱多，我就会资助他开一个小店面。"

一个月的时间转眼就过去了。两个乞丐如约回到了这里。

一个乞丐现在已经打扮得像模像样了，虽然穿着的是廉价西装，但看得出来，他很好地利用了那100美元，做出了些成绩。

这个乞丐感激地握住资助人的手，对他说："你是我的大恩人，我一个月的时间赚到了10倍的钱，我想我再也不用靠乞讨过生活了。"

资助人很高兴地对他说："太好了。我会遵照约定，资助你开一家小店铺的。"

而第二个乞丐还是一身乞丐打扮，他摊开手对资助人说："那100美元还不够我这一个月的饭钱呢，把它们花光后，我不得不继续向路人乞讨。"

资助人一听，生气地对他说："我不仅不会再给你钱，还要让你归还我那100美元。"

见第二个乞丐不服，资助人语重心长地对他说："给你们钱是想让你们靠自己的双手赚钱养活自己，而不是一辈子在这里讨饭吃。既然你没有自食其力的能力，那么我再怎么帮你，也是没用的。"

剑桥智慧

俗话说，强者越强，弱者越弱。我们虽然不能去争夺别人的东西，但可以在他人的帮助下，让自己更加有信心和勇气去提升自己的能力，这样才能让自己获得财富，成为强者。

成功的卡内基

卡内基从小生活在贫穷的家庭环境中，父亲以手工纺织亚麻格子布为业，母亲则替鞋铺缝鞋。父母虽没有太高的文化水平，却为人正直，有积极进取的心态，这让小小年纪的卡内基也受到了正面影响，养成了开朗、机智、幽默的性格。

13岁那年，卡内基随家人一起移民到美国，起初在东海岸的纽约港，后又辗转至匹兹堡。而移民生活的开始，也是他赚钱经历的开始。那一年，刚刚移居美国的卡内基一家，生活十分清苦，父母的收入很少，不得已之下，卡内基也开始了社会工作，白天做童工，晚上读夜校。虽然辛苦，但卡内基觉得这样的生活很充实，并且让他获益良多。

卡内基曾在匹兹堡的一家电报公司做信差。起初，他对匹兹堡的路一点都不熟，很多地方他都找不到，但他却敢向公司许诺，说自己定会在一个星期内记熟全城所有线路，并将信件顺利送到。当时，公司老板决定给他一个机会，且很快就被他的毅力打动，最终让他继续在公司打工赚钱。这一次，卡内基意识到信守诺言在工作及各种社会活动中的重要性，此后不管是打工还是自己创业，他都坚持做到诚信。

其实，卡内基的高财商在他很小时就表现出来了。一次有人送给他一只兔子，他非常喜欢。很快，这只兔子又下了一窝小兔，卡内基既欣喜又为难，因为他买不起豆渣、胡萝卜等可喂养这些兔子的饲料。但聪明的卡内基并没有被此事难倒，为了给一窝小兔子争取到食物，他告诉左邻右舍的小朋友们，谁愿意拿食物喂养这些小兔子，将来就用他的名字命名其中一只小兔子，以作为报答。小朋友们都很喜欢卡内基养的那些小兔子，所以都心甘情愿拿自己的胡萝卜喂养它们，有的甚至积攒了自己的零花钱为小兔子买饲料。就这样，卡内基的难题迎刃而解，而这样的心理策略后来也被他运用到自己的经营活动中。

成年后的卡内基曾在某铁路段上当监理，一次铁路线上的一座木制桥梁被烧毁，在工人们昼夜忙碌着搭新的木桥时，他的脑中却突然闪过一个念头：木制桥梁已不适应时代发展的需要，必定很快被铁桥代替。就因这个念头，他以最快的速度借钱开办了一家建造铁桥的公司，从此财富滚滚而来。

所以，成功后的卡内基常说："富有与贫穷往往就在一念之间，其中，积极的心态会帮助人从贫穷和阴暗中崛起。"

而这，也被他用来教育和引导自己的孩子。

剑桥智慧 ──────────────────────────────

我们在成长的过程中，要向卡内基学习，不但要培养自己的智商、情商，还要多培养自己的财商。既要不断学习新知识，还要注重培养自己乐观、积极的心态，更要正确认识和利用金钱。

"石油大王"的家教

作为世界上的第一位亿万富翁，约翰·戴维森·洛克菲勒被人们称为"石油大王"，而他的成功，很大程度上取决于父亲不断传授给他的生意经和理财经。

洛克菲勒虽出身贫寒，但却从小接受了良好的财商教育。小时候，每当夜幕降临，他就和父亲一起秉烛夜话，在家里那个放着小方桌的角落里，一边喝着咖啡，一边畅聊天下事，但话题总是围绕着如何做生意赚钱。他的父亲时常外出经商，在这方面的经验比较丰富，所以一有空就教他如何写商业书信、如何准确而迅速地付款或记账等，这让年龄还小的洛克菲勒变得越来越精明。

12岁时，洛克菲勒将自己积攒的几十元零花钱以贷款的形式借给了邻居，一年后除了拿回本金，还赚到了7.5%的利息。洛克菲勒小小年纪就学会让钱生钱，这令许多人惊奇不已。

后来，在创业之路上，约翰·洛克菲勒的勇气、智慧与坚持等都受到了众人的赞许。但当金钱源源不断流入他口袋的时候，他也曾变得贪婪、冷酷。许多年后，由于为金钱过度操劳，他的身体状况变得非常糟糕，当时医生告诉他，如果继续拼命赚钱，他就只能活到50岁。此事为洛克菲勒敲响了警钟，他开始反省，也开始重新领悟父亲当年灌输给他的金钱观，即做金钱的主人而不是奴隶，要会赚钱而不过分看重金钱。

于是，洛克菲勒相继成立了"洛克菲勒医药研究所"、"洛克菲勒基金会"等许多公益性机构，他决定在余下的生命里好好利用自己赚取的每一笔财富，将它们用到更有意义的事业中。

在此过程中，他不仅时常用自己早年的错误行为警醒孩子们，还抓住一切可以利用的机会教孩子们有关金钱的知识，帮助他们树立正确的金钱观，并学会有效管理自己的财富。

几个孩子小的时候，每人每天可得到25美分的零花钱，但有时他们觉得不够，还想再要。这时，洛克菲勒会告诉他们，如果想要更多，就得工作，而且每个人都必须记录下把钱花到了什么地方。并且，那个时候起，他就要求孩子们每天将自己拥有金钱的10%存起来，10%用于慈善事业，剩下的80%才可用于其他支出或储蓄。

剑桥智慧

只有把钱花在自己喜欢的事物上时，才能获得持久的满足。我们要知道，财富是身外之物，是勤奋工作的副产品，我们绝不能被金钱所束缚。

冒险家族

摩根家族在美国乃至全球金融市场上叱咤风云200多年，在铁路、电力、银行、保险等多个领域的成就卓著。之所以如此，不仅是因为摩根家族延续了犹太人会赚钱的商业传统，更是因为他们懂得如何理财。

早在皮尔庞特的祖父约瑟夫·摩根创业的时候，摩根家族敢做冒险家的本色就已显示出来。约瑟夫·摩根最初经营一家小咖啡馆，经过几年苦心经营后终于有了些积蓄。这时，旁人都以为他一生的事业都将在这个小咖啡馆上，毕竟在当时，能经营好这样一个小店实属不易。但约瑟夫并不满足于眼前的一点小成就，他还有更高更远的追求。

于是，约瑟夫鼓起勇气做出了新的决策，即用经营咖啡馆所得积蓄开了一家气派的大旅馆。这之后，他总比别人更具冒险精神，且每一次遇到困难，他都会坚持下去，不会中途放弃。

剑桥智慧

想要拥有财富，有时候就要抛弃传统的教育理念，不仅要学会正确的理财方法，还要拥有绝不做亏本生意的精明脑袋瓜，并且，要拥有一定的冒险精神。

泥板上的商人

在远古的苏美尔文明时代，商人们旅行到陌生的地点，和陌生人就陌生的商品进行交易，当生意比较复杂时，就会超出了单纯用羊皮交换陶罐的界限。这时候，商人们就会使用一种方式把他们之间的协议固定下来，而这，即是文字合同。

合同越是复杂，那么对它的监督就越加重要。简单的商品交换，几乎是自动进行的。但大笔交易，双方就必须得到保障，对那些违反协议中义务的人可以进行惩罚。

苏美尔商人对他们的书面协议是很认真的，每笔生意都详尽地记录在泥板上。他们按照规定的重量浇铸金锭和银锭，并在上面打上印章，当作支付手段使用。

苏美尔人还为称量制定了量器，最大的单位约为25千克，称为泰伦特，然后分为60米纳，每一米纳分为60谢克尔。今天，以色列国的货币被称为"新谢克尔"。

剑桥智慧

　　商人们之间，如果涉及的金额较大，就会向理财方面发展。古老的苏美尔人都能想到通过文字合约来约束复杂的交易，可见理财在积累财富方面是必不可少的。

钱让人们富裕起来

　　如果100名商人需要交换100种不同的商品，每个人怎么才能得到他正好所需要的东西呢？基于这种考虑，才出现了我们今天称之为"钱"的事物。

　　也就是说，钱对所有的商品都是通用的。

　　只不过，在不同的时代和地区，当作钱的物品是不一样的。

　　非洲的某些地区，人们的财富是用牛的数目来衡量的；在南海，人们把贝壳当作钱使用；东欧则用皮革表示；后来，还有金、银、纸币得到广泛的运用。

　　大约公元前700年，造币技术从小亚细亚很快就传到波斯和希腊，才逐渐开始了硬币的传播。当时硬币的大小和我们现在使用的相似，一面大多是各国国王或皇帝的头像，另一面则是数字。

　　当时，钱是一种很神秘的事物，而且钱不仅可以交易，还能让人们变得比以前更富裕，这让人们越来越喜欢钱，也不断地推动着社会经济的发展。

剑桥智慧

　　金钱所代表的并不只是财富的多少，还能体现不同时代的经济发展。如果我们想要了解一个时代的经济特征，不妨先了解一下当时的货币情况。

投机郁金香

1602年，荷兰一批商人组建了一个装备商船的协会，专门负责荷兰前往印度的航运事务。这个公司所需要的资金共由六个荷兰城市承担，并通过发行股票，使东印度贸易的风险不再由荷兰国家，而是由商人和投机者承担。

逐渐地，荷兰人开始使用一些物品进行投机，很多没用的普通东西，也都被列入了投机生意中。比如，郁金香根茎。

郁金香刚进入欧洲时是很昂贵的奇花，只有富裕的家庭才可能拥有。

有一个商人便打起了郁金香根茎的主意，买进了一批郁金香根茎。紧跟着，其他投机者也开始买进郁金香根茎，而郁金香的价格也在不断攀升着。

人们在各个小酒馆里进行着郁金香交易活动，整个民族都梦想着不费什么力气就发起财来。最夸张的时候，一种特殊品种的郁金香根茎竟然高达两三千荷兰盾。

不过，这种疯狂的局面只持续了三年。1637年的一天，一个投机者发现已经无法获得他所期望的价格。他陷入了惶恐之中，于是把手中的货物以他还能够得到的最好价格全部抛出。这时人们突然想到，郁金香根茎除了可种在花园里外，其实并无其他用途。

所有人都开始惊慌失措，大家都想把手里的郁金香卖出去，但此时已经没人想买了。

剑桥智慧

投机生意虽然能为人们带来巨大的利益，但如果过于狂热，令人们陷入疯狂之中的话，它将会成为一个灾难，让人们一无所有。

学会储蓄

年轻的韩国富豪姜邰然先生毕业于某名牌私立大学法律系，当年他还是拿着奖学金被录取的。

不过，与某些一心只想做学问的法律系学生不同，姜先生对司法考试没有丝毫的兴趣，当他的朋友在图书馆里跟司法词典"鏖战"时，他却满脑子只想去赚钱。

从中学开始，姜邰然就表现出了高人一筹的"掘金"能力。他花了1万韩元，从清溪川旧书店弄到了一本当时在韩国市面上很难找到的杂志，修整一番后卖给朋友，赚了1000韩元。

不久，他就在同班同学中间销售彩票，除了支付中奖者奖金之外，姜邰然每周都能赚到3000韩元。进入大学之后，姜邰然更是卖力地打工赚钱。最初他选择去当家教，不过，他很快就明白这种方法是赚不了大钱的，便将眼光瞄准别的地方。他首先报名参加了永登浦某鸡尾酒学校的调酒师学习班，取得调酒师资格证后在一个小酒吧里当了一名调酒师。调酒师的工作从晚上干到凌晨1点，所以，酒吧主人也乐得请一个半工半读的大学生，减少运营成本。

学习时间与上班时间不冲突，而且除了固定工资，调酒师还可以接受客人的小费，这也是让姜邰然动心的原因之一。这份工作姜邰然一直干到大学毕业服兵役之前，一共干了3年零6个月，由此他存下了4000万韩元。

参军虽然中断了姜邰然继续靠当兼职调酒师赚外快的计划，但聪明的姜邰然立即想到了炒股，他把近4年来的积蓄全部购买了股票。退伍之后，姜邰然进了某公司当了一名普通白领，虽然工资并不如理想中的那么多，但他还是每月拿出一定的工资存到银行，从未间断。

姜邰然就是这样，通过自己的努力，一点点把挣到的钱储蓄起来，终于成了富豪。

剑桥智慧

财富是通过一点点的积累而储蓄起来的。不要小看最初那一丁点的小钱，积少成多，我们只有学会挣小钱，才能慢慢积累出大钱来。

吸烟让你的钱更少

乔治先生从来不吸烟，他说："我不吸烟最主要的原因还是出于商业礼貌，我向商业伙伴展现一个不吸烟、在任何时候都充满活力、洁净的印象，而且如果把积累起来的烟钱投资出去，也不是一笔小数目。"

乔治先生曾经调查过，他发现吸烟者比非吸烟者的平均财产要少得多。假如他一天吸一包烟，一年的损失金额虽然有限，但如果将这些钱存成复利，复利率为5%的话，10年的损失金额将会十分惊人。

乔治经常对身边的人说："吸烟是一种消磨时间、以自我为中心的行为。如果你想要在商业世界里赚到大钱，你就不得不考虑他人的欲求和需要，但是吸烟就是一种不为他人考虑的行为。从某种意义上来说，吸烟者是被烟统治的人，但是在商业世界里要想成为王者，你就不能成为被统治者，而应该成为统治者。"

剑桥智慧

吸烟影响的不只是你的健康，还会减少你的财富。就像乔治计算的那样，一包烟可能没有多少钱，但如果把这些钱积累起来，用在投资上，将会是一笔很大的数目。如果你把它用来吸烟，损失将会是巨大的。

敢于借钱的约翰

希特勒入侵波兰的1939年，也是美国经济比较萧条的时期。在纽约证券交易所上市的股票中，1股连1美元都不到的股票不计其数。当时26岁的青年约翰·邓普顿向公司老板借了1万美元，将每个上市公司的股票都买了100股。

小伙子之所以会有这样大胆的判断，是因为他觉得战时各种物品的需求量将会猛增，连二流或三流企业都能获得较大的收益，因此，他下决心哪怕是借钱也要投资。

结果，时间验证了约翰投资战略的正确性，借来的1万美元为他挣下了一辈子都花不完的钱。

有人问他："难道你不怕借来的钱还不了吗？"

约翰回答道："只想还债的人是成不了富翁的，我借钱是为了投资，而不是为了还钱。"

剑桥智慧

我们要了解"借钱投资学"，要明白，借钱并不是为了有朝一日能还钱，挣钱也不是为了不再欠人钱，这两者都是为了投资而进行的。

利用自身特色投资

有个女孩长得很漂亮，但她的身高只有130厘米。因此，她感到非常苦闷和烦恼。

有一天，她毫无目的地在马路上闲逛，当她看到一位身高190厘米的英俊男子走过身边时，忽然眼前一亮，顿觉商机涌动。

于是，她借故接近高个男子，并建议他利用两人的身材特点，开办世界上第一个"极端"食品店，专营大小两极分化的糖果，并用夸张的手段，使之形成鲜明的对比，以引起大人、小孩的好奇心。

高个子男人听后觉得很有道理，便欣然同意。食品店开张后，果然顾客盈门，财源广进。

剑桥智慧

做投资，并不一定要有多少金钱资本，有时候一个好点子，或者是自己与众不同的特色，就可以成为我们获得成功的最合适的投资成本。

废物也能挣钱

有位年轻人，生活十分拮据，但他有着丰富的想象力。

有一天，他把自己穿烂的一只皮鞋随手丢在地板上，谁知这只皮鞋鞋尖开了口子，像是咧着嘴在嘲笑他。

他一怒之下就捡起破烂的皮鞋，想要把它抛到楼下去。就在这个时候，他突然发现这只皮鞋面太像一张脸谱了。

于是，他立即收集各种破皮鞋，并对它们进行艺术加工，使之变成一副副外形各异、表情极为夸张的面具。

当这些或笑或怒的特色的面具推上市场后，很快成为抢手货，他也因此告别了拮据的生活，挣到了不少钱。

后来，他又开始琢磨新的事物。一开始他去经营地板砖，但由于同行多，竞争激烈，生意一直做得很艰难。

有一天，他去厂家进货，看到工厂旁堆着许多无人问津的破损地板砖，忽然觉得这是个很好的赚钱机会。

因为破损地板砖经过切割，可以加工成正品地板砖或地脚线。于是，他立即大量购进这些破损的地板砖，用自己装配的几台切割机，进行统一规格切割，再以适当价格售出，又挣到了一桶金。

剑桥智慧

世界上没有百分百的废物和垃圾，只要你善于发现，任何事物都有可能变废为宝，为你带来经济效益。

影印纸的发明

有位名叫格德纳的加拿大人，他原是一家公司的普通员工，因一直没有得到晋升，一度思想消沉。

有一天，他在复印机旁复印文件，因思想不集中，失手把一瓶液体泼洒在了文件上，结果把文件搞得一塌糊涂，他也因此而失去了这份工作。

格德纳伤心地拿着那张使他失业的复印件离开了公司。一路上，他看着那张复印纸发呆，忽然，他悲伤的眼中露出了喜悦的光彩。

他发现在被液体污染过的相应部分留下了漆黑的斑块，也就是说，这种液体能使复印机印不了文件。于是，几经试验，他终于研制出一种写字、打字、印刷图文与普通纸张无异但可以防止盗印的影印纸，并大量生产销售。

尽管这种纸张价格昂贵，但它在保密文件、军事材料、秘密图纸等方面具有极高的使用价值，所以销售量很大。而格德纳也因此获得了丰厚的回报。

剑桥智慧

有时候，错误并不代表着失败。很多宝贵的财富，正是因为我们所犯下的错误而被发掘出来的。所以，在理财的时候，我们不要害怕犯错，只有犯过错，才能成长，获得更多的财富。

年轻人的财富

有个年轻人十分聪明，总能利用身边的小事物挣到钱。

有一天，他在大街上捉到一只老鼠。后来，他发现有家药铺在收老鼠，就把这只老鼠卖到药店，得到了一枚硬币。他用这枚硬币买了一点糖浆，和着水给花匠们喝后，花匠们每人送他一束鲜花。他卖掉这些鲜花，挣到了8枚硬币。

在一个风雨交加的日子里，城堡里满地都是被狂风吹落的枯枝败叶。

这个年轻人对园丁说："如果这些断枝落叶全归我，我可以把花园打扫干净。"

园丁们当然很高兴，就对他说："先生，你都拿去吧！"

年轻人走到一群玩耍的儿童中间，分给他们糖果，让他们去捡那些枯树枝。在糖果的诱惑下，孩子们很快就把这些树枝捡干净了，并交到了年轻人手里。年轻人把这些枯枝卖给了需要取暖的工厂，挣到了20枚硬币。

后来，年轻人又在离城不远的地方摆了一个水罐，让附近的割草工人来这里饮水。逐渐地，年轻人认识了很多人，还结识了一个商人，商人告诉他："明天有个马贩子会带着几百匹马进城。"

听了商人的话，他对割草工人说："今天能请你们每人给我一捆草吗？"

割草工一直受年轻人的照顾，当然很乐意帮助他。

于是，第二天，当马贩子来后，他把这些草卖给了马贩子，挣到了几千枚硬币。

年轻人挣的钱越来越多，终于成为当地有名的富翁，而当人们问他怎么挣到这么多钱时，他说："我只是捉到了一只老鼠而已。"

剑桥智慧

关于财富，有时候只是一个想法而已。如果你有从点滴做起的想法，并慢慢积累财富，就一定会获得成功，拥有你值得拥有的财富。

不为钱工作

美国百万富翁罗·道密尔，是一个在美国工艺品和玩具业富有传奇性的人物。道密尔初到美国时，身上只有5美元。他住在纽约的犹太人居住区，生活拮据。

然而，他对生活、未来充满了信心。18个月内，他换了15份工作，虽然他因此经常挨饿，但他认为，那些工作除了能果腹外，都不能展示他的能力，也学不到有用的新东西。

有一次，道密尔到一家生产日用品的工厂应聘。当时该厂只缺搬运工，而搬运工的工资是最低的，但道密尔却应征了这份工作。

之后，他每天准时上班，晚上，他一直工作到工厂关门时才离开。除了他自己分内的工作，凡是他看到的需要做的工作，总是顺手把它做好，就好像工厂是他自己开的。

就这样，道密尔不但靠勤劳工作、比别人多付出努力学到了很多有用的东西，而且赢得了老板的绝对信任。

但半年后，当老板决定给他涨薪升职时，他却拒绝了这份工作。

面对老板的挽留，他说："这不是我的最终目标，我不想为钱工作一生。"

之后，他按着自己的计划矢志不渝地向着最终目标前进。他做过很多工作，都做得很好，但只要他认为自己已学到足够多的知识，便会朝着另一个目标前进。

他说："我不是为了钱才工作的。"

剑桥智慧

为钱而工作的人是不会成为人生真正的大赢家的，只有多了解经济发展，学会让钱为你工作，你才能迈向成功的前方。

重要的是去做

惠尔特和普克德毕业于斯坦福大学，但是毕业后，两个人在寻找工作的过程中，尝尽了谋生的艰辛。

而且，不止他们，还有许多人因为找不到工作而陷入困境，他们看着这些惨状心里有了思量。思来想去，两个人决定摆脱受雇于人的想法，合伙开创自己的事业。

但是，当时两个人几乎是穷光蛋，所有积蓄加起来，才凑了538美元，但支持他们继续做下去的，却是他们的想法和决心。

他们从没有停止过脚步，在加利福尼亚州的一间车库里，他们办起了一家公司。这家公司以两人姓氏的第一个字母来命名，也就是现在的惠普公司。

剑桥智慧

创业是一件很辛苦的事情，但有了想法，就要去做，如果不去做，那我们就无法从他人的嘲笑中站起来，也无法改变自己的现状。

发明与财富

美国的海曼曾是一位卖不出画的画家。当他画素描时，经常为寻找橡皮而苦恼。因为贫穷，所以买一块橡皮也不能随随便便。橡皮虽小，但管大用。小小的橡皮既容易滚落，又容易夹在纸物中间，常常为找它而使人烦恼。当这小东西失落时，画就画不成了。海曼想出了一个主意，就是设法在铅笔的尾部装上一块小橡皮。起初，是用线缠法将橡皮固定，后来决定用小软铁片将其固定。

海曼的亲友威廉见此后，建议海曼申请专利，结果以55万美元卖给了铅笔公司，获得了成功。

另外，现在所采用的可口可乐瓶样式，是1923年后才有的。当时25岁的青年路透，是美国某家玻璃瓶公司吹玻璃瓶的工人。

有一天，久别的女朋友到他这里来拜访。她穿着流行的紧身裙，美极了。这种裙子在膝部附近变窄了，强调了人体的线条美。约会归来后，路透迅速按照裙子样式制作了一个瓶子，然后作为图案设计进行了专利登记，并将此瓶子设计带到可口可乐公司，最终获得了巨额的财富。

剑桥智慧

我们不要小看一个小小的发明，有时候就是这样一个小发明，却能让我们获得无法想象的财富。

冰激凌的蜕变

20世纪30年代，冰激凌开始风行于美国纽约街头。年轻的波兰移民鲁本·马塔斯做天然冰激凌的手艺很不错，也从不卖假货，因此他的冰激凌作坊一直很有名气。

但是，几年后，这一行的竞争越来越厉害，有一些冰激凌的作坊甚至开始在冰激凌里面加稳定剂和防腐剂以延长产品的保质期。而且加入添加剂的冰激凌，吃起来味道比以前还要好一些，从而受到了消费者的青睐。

此外，加入添加剂反而能使冰激凌的成本降下去。马塔斯渐渐苦恼了起来，如果他也加了添加剂，就意味着他的冰激凌从此与"天然"绝缘。

那他到底是加还是不加呢？

有一天，马塔斯和几位从事冰激凌业的朋友一起去商店买东西。当时天气很热，有几个穷孩子在商店门口买冰激凌吃。这时，一对夫妇从商店门前走过。

丈夫说："买两份冰激凌吧！"

女人的脸上刚出现一种赞同的神情，但是她看了看那几个正津津有味地吃着冰激凌的穷孩子之后，却又改变了主意。

马塔斯的朋友觉得这个女人真是太过分了，就因为穷人在吃，她就放弃这么美味的冰激凌吗？

但是马塔斯却从这件事看到了商机，他决定，要做一款象征高贵与时尚的冰激凌出来！

就这样，马塔斯不惜加大成本，立志要生产出纯天然、高质量、风味绝佳的冰激凌，抢占"矜贵冰激凌"的市场空间。半年之后，他先后推出香草、巧克力和咖啡三种口味的高档冰激凌，主要提供给一些高级餐厅和高级商店，销售状况非常不错。

之后，马塔斯将他的冰激凌正式命名为"哈根达斯"，以顶尖奢侈品牌的形象出现在市场上。

多年之后，马塔斯的那些同行朋友问他是怎么想到要生产"矜贵"冰激凌的，他回答说："其实很简单，当时那个妇女不肯跟穷人们吃一样的冰激凌的神情确实让人不屑，甚至为人所不齿。但你们只看见了鄙夷，而我却看见了创造财富的机会！"

剑桥智慧

有时，我们要灵活运用自己的观察力和思考能力，要学会从事情的表面，看到机会和财富。

最终的赢家

瓦努阿图，是太平洋上的一个岛国。在瓦努阿图附近的海域，生长着一种大海贝。这种海贝的外壳十分坚硬，用手是掰不开的，只有用斧头等利器才能把它劈开。大海贝里面会长出一种珍珠，名叫黑珍珠，其价格特别昂贵，一颗就能卖到十几万美元。

但能长出黑珍珠的大海贝寥寥无几，稀少到千里挑一，甚至万里挑一。当地的渔民把大海贝捞上来之后，他们不是一只只去砸开大海贝，靠运气去碰上一只长黑珍珠的大海贝，去达到一夜暴富的目的，而是出售一只只大海贝，让一只大海贝卖上几十美元到上百美元，让别人去碰运气。一些梦想发一笔横财的外地人，千里迢迢来到这个岛国，来赌一把自己的运气。这些人每次都会一口气买下几十只甚至几百只大海贝，运气好的，大赚了一把，运气不好的，就会血本无归。

剑桥智慧

靠运气赚钱只会赚一时，却不能赚一世，运气再好，也有倒霉的日子。所以，真正的赢家其实是那些渔民，他们正确的金钱观和价值观，让他们的财富逐渐增加起来。

311

垃圾也能变成财富

　　卡里米得到了一份新工作，在一家金融机构做职员。他一边诅咒着自己从前那份该死的职业，一边却又把那份职业介绍给了朋友亨特。

　　那是一份需要长途奔波的职业，要从一个国家飞到另一个国家。在那个陌生的国度，他需要到一个加工厂去，督促他们把一种小树做成一种叫"白蜡杆"的东西，然后发货到美国。

　　这种白蜡杆有很强的韧性，是练习功夫的上好工具。公司在美国的客户，就是一些武馆和健身场所。

　　亨特对卡里米很感激，他一直想得到一份工作。他拍着胸脯保证：将来如果我发达的话，我一定会回报你的。

　　卡里米却把这话当成了一句笑话。但让卡里米没想到的是，几年后，亨特竟然开着一辆崭新名牌车出现在自己面前。

　　亨特高兴地对他说："嘿，伙计，这是送给你的，感谢你给了我一个世界上最好的职业，让我有了发财的机会。"

　　卡里米问他是怎么发财的。

　　亨特说："伙计，你注意过那些白蜡杆加工过程中被抛弃掉的树冠吗？在我第一次到那家工厂时，我就发现了那些被随意扔在角落里的树冠。那些树冠对工厂来说是垃圾，但对我来说，却有非常独特的特性——它非常像圣诞树。"

　　正是因为亨特发现了这一点，才会拥有今天的财富。

剑桥智慧

　　相同的职业，不同的遭遇。请随时关注我们身边的事物，有时候，看似是垃圾的东西，没准都能变成宝贝，成为我们的巨额财富。

发财的机会

　　有个年轻人，乘火车去某地。列车行驶在一片荒野中，在一个拐弯处，火车开始减速，这时前方出现了一幢异常醒目的平房，尽管很简陋，但在一望无际的荒野上，这平房却显得格外"抢眼"。这个单调旅途中的特殊"风景"，让乘客们纷纷议论起来。

　　年轻人在见到这幢房子的瞬间，内心为之一动——这房子是不是会有更大的用途呢？

　　返程时，年轻人在此地下了车，不辞辛苦地找到了那幢房子。房子的主人告诉他，火车的噪声使他不能忍受，他正想出售这幢房子，但卖了很久也无人问津。

　　年轻人用很便宜的价格买下了那幢平房后，开始和一些大公司联系，希望有公司能在这里做广告。后来IBM公司看中了这个地方特殊的广告效应，在三年的租期中，支付给年轻人18万元租金。

剑桥智慧

　　发家致富，需要机会，更需要眼光。有时候，不经意间的某个决定，或者是某项事物，都有可能成为我们收获财富的重要契机。

从失败中得到的财富

有一个绰号叫"斯帕奇"的小男孩，他对学校里的日子可以说是忍无可忍。他读小学时，各门功课常常不及格。到了中学，物理成绩通常都是零分。

在整个成长时期，斯帕奇笨嘴拙舌，社交场合从来就不见他的人影。这并不是说，其他人都不喜欢他或讨厌他。其实在大家眼里，他这个人仿佛不存在。如果有哪位同学在学校外主动向他问候一声，他会受宠若惊，感动不已。

很多人都认为斯帕奇是个无可救药的失败者，然而他对自己的表现似乎并不十分在乎。从小到大，他只在乎一件事情——绘画。

他深信自己拥有与生俱来的绘画才能，并为自己的作品深感自豪。但是，除了他本人以外，从来没有其他人对他的画看得上眼。上中学时，他向毕业年刊的编辑提交了几幅漫画，但最终全部落选。尽管有多次被退稿的痛苦经历，斯帕奇从未对自己的绘画才能失去信心，决心今后成为一名职业的漫画家。

到了中学毕业那年，斯帕奇向当时的沃尔特·迪士尼公司写了一封自荐信。该公司让他把漫画作品寄来看看，同时规定了漫画的主题。

于是，斯帕奇开始为自己的前途奋斗。他全力以赴，以一丝不苟的态度完成许多幅漫画。然而，最终迪士尼公司并没有录用他，他再一次吞下失败的苦果。

前途对斯帕奇来说十分渺茫。走投无路之际，他尝试着用画笔来描绘自己失败的人生经历。他以漫画语言讲述了自己灰暗的童年、不争气的青少年时光，和没人注意的成年经历。

结果，他所塑造的漫画角色一炮走红，连环漫画《花生》很快就风靡全世界。这个绰号叫斯帕奇的小男孩，就是世界闻名的漫画家查尔斯·舒尔茨。

剑桥智慧

每次的失败经历，都会增加我们的人生阅历，而这份阅历，将会为你的生活添加很多颜色，或许某个时刻，就会为你带来成功和财富。

失去的订单

华人首富李嘉诚接到来自美国商人的订货单，可就在他完成订货后，美商却突然变卦不要了，他只好解除订单。

按照合同，违约方必须给出巨额赔偿。可是，当美商试探地问李嘉诚需要多少赔偿金时，李嘉诚却说："生意场上的事，变幻莫测，换了我发生这种事情也没办法。虽然你不要了，但我这批产品还未受到损失，所以就不必赔偿了。中国有句话'生意不成情意在'嘛！"

美商千恩万谢而去。

两年后，美国来了另一个商人，专找李嘉诚要买他的塑料花，一下子让他赚了一大笔。事成之后，李嘉诚问道："先生为什么专门要我的产品？"

对方回答："我有一个生意上的朋友，经常谈到你，说你这个人不错，待人仁厚，不斤斤计较，可以打交道，所以我就找上门来喽。"

李嘉诚这才恍然大悟，会意地笑了。

剑桥智慧

孩子在进行财商修炼时，应了解做生意有挣就有赔的道理，每时每刻都会发生意想不到的事情变化。我们要学会积极应对这些变化，摆正自己的心态，学会宽容他人。

刘永好的"家规"

出生于20世纪50年代初的刘永好，家庭境况并不好。虽然父亲在国有的技术部门工作，但刘永好兄弟共四人，真可谓是"僧多粥少"，所以父母的经济负担一直不小。但即使如此，父亲仍对未来抱有希望，并教育刘永好兄弟几人，今后要不畏艰难，要敢于出去闯荡，还要有社会责任感。

而刘永好的母亲，一个普普通通的乡村教师，平日里既忙于教育学生，也不忘时常要求自己的儿子不断学习，且会帮助刘永好兄弟几人从学习中寻找乐趣，以增强他们对学习的兴趣。不幸的是，刘永好还年幼的时候，父母亲就去世了，但他从没忘记双亲的教诲，并在此后的日子里利用一切可利用的时间认真地学习，专注地做每一件事。

1982年，刘永好兄弟四人终于下决心砸掉"铁饭碗"，在父亲"敢闯才会赢"的激励下，开始他们的个体户生涯。此前的刘永好是四川省机械工业管理干部学校的一名教师，而此后，他卖掉手表、自行车、黑白电视等所有可以变卖的东西，以此换来资本，在市集卖鸡、养鹌鹑、卖饲料，最终成为"中国饲料大王"。

在几十年的创业历程中，刘永好始终努力去做到父亲所说的"不畏艰难"，并坚持学习。在他看来，自己最成功的地方就是"把别人打高尔夫球的时间用来学习"。走南闯北的这些年，无论在坐车、坐飞机还是在闲暇时刻，他几乎都会读书看报，而且每天晚上都会腾出两三个小时，十分专注地去学习各种新知识。

不仅如此，刘永好还是个很节俭的人，拥有数百亿资产的他并不追求奢华的生活，而是和最初创业时一样，希望生活得简单、舒适便可。

小时候，刘永好生活得贫苦、艰难，20岁之前他没有穿过一件新衣服。几十年后的他拥有了许多人梦寐以求的名和利，他的孩子也有着更优越和富裕的生活。但同时，他也意识到孩子将要面临的更大竞争，意识到国内"富二代"面临的挑战。所以，他一直要求女儿不畏艰难，认真学好本领。为此，女儿十几岁时，刘永好便将其送出国求学，希望她在独自闯荡的过程中学会勇敢、自立，也学会更多创造财富、拥有成功人生的好方法。

刘永好为女儿立下"家规"：要不断学习，将来在合法的前提下取得财富，但不能将挣钱当成人生唯一的目标。

剑桥智慧

刘永好对女儿的教育是成功的，让她成了一个优秀的人才，尤其是在财富管理的方面，能力更显突出。我们在学习的过程中，也要如此，在合法的前提下取得财富，但要学会约束它，不被金钱所迷惑。

不做金钱的奴隶

在一个家庭中，父亲是某商贸公司的普通员工，每月的薪水不算太多，但他仍然要拿一部分钱接济那些没有工作的兄弟姐妹。对此，儿子很不理解，还常常抱怨说："为什么爸爸总要拿自己家的钱帮助别人，怎么不把这些钱给我？"

于是，母亲便告诉他："孩子，一个人有骨气、有爱心，就等于拥有了一大笔财富。而且生活中还有许多东西是比钱更重要的，像安全、幸福等，这些都是拿钱买不到的。所以，你没必要这么看重金钱。"

孩子似懂非懂地点点头。

几个星期后的一天，父亲下班回家后告诉母亲："今天公司的同事买彩票中了大奖，因为这注彩票是我帮他选的，他说要把奖金分给我一半，但我拒绝了。老婆，你会支持我的，对吧？"

"当然了，虽然彩票是你帮忙选的，但终究还是不属于我们。"母亲平心静气地说。

这话被刚刚放学回来的儿子听到了，他立马大声质问父母："为什么我们不能要，这是人家主动给的啊，难道我们接受了就是不道德的吗？"

"过来，孩子。"母亲温柔地说，"你记得我曾经跟你说过，生活中还有很多比金钱更重要的事吗？别人买彩票中奖，想分给我们一半，这是人家慷慨、讲义气，但我们不能在金钱面前迷失了自己，把原本并不属于我们的东西据为己有，否则会招人厌恶的，你明白吗？"

儿子认真想了想，觉得母亲说得有道理，于是也微笑着说："哦，我明白了。如果让我在'零花钱'和'与好朋友一起开心玩乐'之间做选择，我也选后者，您说好吗？"

"好，好，乖孩子，你这样想就对了。"母亲欣慰地笑道。

剑桥智慧

金钱并不代表一切。虽然我们离开钱是没有办法生活的，但钱可以买商品却不能买安全、快乐、感情，也买不到发自内心的满足感。因此，很多家财万贯的人过着普通人望尘莫及的奢侈生活，可是他们除去钱一无所有，反倒不如那些普通人，虽然终日奔波劳碌，却有人真诚地分享他们的喜和乐。

欠　条

一个8岁的小男孩曾沉迷奖赏，做什么事都想获得金钱、物质方面的奖励。

一次，他很认真地写了一个"欠条"，偷偷放进妈妈的包里。他这样写道：这周，妈妈欠我倒垃圾费2美元、小狗看护费10美元、洗书包费2美元，还有其他几项"欠费"，总计一共20美元。

妈妈看到这张"欠条"，没有立即做出反应。但第二天，她也写了一张类似的账单，连同她"欠"下的20美元一起夹在儿子的课本里。

小男孩打开这张账单一看，上面写着：宝贝欠妈妈教养费0美元、生病时的看护费0美元、服装费0美元、文具和玩具费0美元、饮食费用0美元……所有费用总计还是0美元。

看到妈妈写的账单，小男孩愣住了。过了一会儿，他把那20美元放在妈妈手中，说这些都是他自己应该做的事，以后不会再向妈妈索要奖励了。

剑桥智慧

生活中，很多事原本就是孩子应该做的，我们不能以此来向父母要求物质奖励。

学 会 节 俭

西罗最喜欢用新东西，她觉得只有新的才是干净和卫生的。

这一天，西罗发现自己的裤子破了个小洞，虽然只是破在膝盖的地方，补一补还能穿，但她觉得这件裤子已经脏了、旧了，肯定就不能穿出去了。

于是，西罗让妈妈给她买两条新裤子回来。

下午放学回家后，她一眼就看见了自己的新裤子，旁边还有一条很时髦的短裤，夏天穿肯定很凉快。

西罗问妈妈为什么要给她买短裤。

妈妈笑着说："那是你的旧裤子改的，好看吧。"

"嗯。原来旧东西还能变成新东西啊。"西罗恍然大悟，从那以后，总是想方设法地从身边找出一些旧物"变"新的方法，别提多开心了。

很快夏天就来了，西罗穿着自己的短裤去同学家玩，刚一进去，就冷得打了个哆嗦。

"天啊，你们家怎么这么冷，空调不费电啊？"西罗说。

同学笑了笑，回答道："可是不开空调会很热的，不过空调开的时间长了，我的脸和喉咙总是干干的，很不舒服。"

"我教你个节约的好方法吧，既不用浪费电费，又不会让脸蛋变干。"

"什么方法？"

"用冰块！"

在西罗的示范下，同学终于可以不用空调也能凉爽地待在房间里了。而且，有时候口渴了，妈妈不让她吃雪糕，她还能偷吃两个冰块解解馋，惬意极了。

俗话说"由俭入奢易，由奢入俭难"，我们要从小培养节俭节约的习惯，远离奢侈和浪费的行为。在培养自己的理财观念时，我们更要从小事做起，从小就养成节约的好习惯。

一件旧T恤

艾米的T恤旧了，还扯破了一个大口子，就把它随手扔到了垃圾筐里，想下楼的时候直接把它扔掉。

结果晚上她把这件事给忘记了，直到睡觉前泡脚的时候，找不到擦脚布了，才想起自己的T恤很吸水，完全可以拿来当擦脚布。

于是，她把旧T恤剪裁好，用来擦脚果然和想象中一样，很舒服。

后来，她又在网上找到了很多用旧衣服制作家庭小用品的方法，开心地把很多实在穿不了的旧衣服做成了抹布和针包，用起来都很棒。

爸爸妈妈见女儿从小就这么节俭，夸奖道："女儿，我们太为你感到自豪了。"

艾米不好意思地笑了起来。

生活中很多旧东西都是很有使用价值的。这些旧东西只要稍微改造一下就完全可以派上大用场了，我们千万不要小看这些旧衣服和破袜子，要学会合理利用它们。

银行的来历

很早以前，商人赚到钱后，会把钱存放在国王的金库里，这样他们的金子就会得到国王的保护。但是这些商人却忘记了一件事情——金库是属于国王的，如果国王要使用自己金库里的黄金，商人们是阻止不了的。

后来，商人的国家发生了战争，为了筹借军费，国王便征用了商人的黄金，虽然最后国王把这些黄金还给了商人，但商人觉得再把钱放在国王那里已经不安全了，于是他们开始寻找新的存放黄金的方法。这时候，一个金匠站了出来，说："商人们啊，你们可以把钱放在我这里，我写下凭证给你们，怎么样？"

商人很信任这个金匠，就同意了金匠的意见，从那以后，商人们凭借着手里的凭证，开始在金匠那里存钱、取钱。后来，商人又发现，其实他们根本不需要把钱从金匠那里取出来，直接用金匠的凭证和其他商人交易就可以了。这样，渐渐地银行就产生了。

剑桥智慧

我们应从小了解银行的基本作用，并进一步认识不同的银行，以及它们不同的作用。要了解不同银行间的区别，知道银行是用来做什么的，可以为我们提供什么样的帮助。